블록체인,
플랫폼 혁명을
꿈꾸다

나남
nanam

나남신서 1999

블록체인,
플랫폼혁명을
꿈꾸다

2019년 6월 21일 발행
2019년 6월 21일 1쇄

지은이   이차웅
발행자   趙相浩
발행처   (주) 나남
주소   10881 경기도 파주시 회동길 193
전화   (031) 955-4601(代)
FAX   (031) 955-4555
등록   제 1-71호(1979.5.12)
홈페이지   http://www.nanam.net
전자우편   post@nanam.net

ISBN 978-89-300-8999-9
ISBN 978-89-300-8655-4(세트)

나남신서 1999

블록체인,
플랫폼 혁명을
꿈꾸다

이차웅 지음

나남
nanam

Platform Revolution
through Blockchain

by

Chawoong Lee

nanam

비트코인은 일단 잊자. 블록체인을 제대로 이해하려면 비트코인이 심어준 강렬한 인상과 그로 인해 머릿속에 박힌 편견을 씻어내는 것부터 시작해야 한다. 만약 블록체인 혁명이 이루어진다면 그것은 비트코인과 그것의 친구들이 주도하는 '화폐 혁명'이 아니라 블록체인 플랫폼이 주도하는 '플랫폼 혁명'일 것이다.

화폐를 빼고서 인류의 경제사를 얘기하기는 어렵다. 화폐 없이는 사실상 경제활동도 없다. 그러나 경제라는 무대에서 화폐의 배역은 늘 '없어서는 안 될 조연'助演이었다. 앞으로도 마찬가지다. 경제와 비즈니스 관점에서 블록체인에 접근할 때도 명심해야 할 대전제다.

2017년 하반기부터 이듬해 초까지, 비트코인을 필두로 암호자산 가격이 폭등할 때에는 블록체인이 세상을 곧 뒤집을 것 같은 기세였다. 그 후 1년여간, 반대로 가격이 속절없이 떨어지니 이제 이곳에는 희망이 사라진 듯한 비관론이 속출했다. 비트코인 가격이 열탕과 냉탕을 오가듯 이 세계에는 한 편에 치우친 목소리가 크다.

　이 책은 블록체인을 체계적으로 이해하고 싶은 우리 사회의 모든 이들을 위한 책이다. 블록체인, 암호자산 업계와 아무 이해관계 없이, 몇 발짝 떨어진 중립적 시각에서 블록체인을 바라봤다. 20대 중반부터 제법 오랜 기간 몸담아온 기획재정부와 몇 년간 이코노미스트로 일했던 IMF, 이 두 기관은 모두 균형 잡힌 준거틀framework로 세상을 이해하도록 요구한다. 이 요구는 습관화되어 이 책에 남아 있다. 그러나 이 책이 지향하는 중립은 애정이 담긴 중립이다. 이 세계에 대한 관심이 없고, 여전히 깊이 숨겨져 있는 큰 가능성에 주목하지 않았다면 글쓰기는 애당초 시작조차 하지 않았을 것이다.

　처음부터 책을 쓸 목적은 아니었다. 업무의 작은 일부였다. 온 세상을 떠들썩하게 만든, 그러나 평가가 극과 극인 대상을 대충 이해하고서 "이게 맞습니다"라고 보고서를 쓸 수는 없었다. 꽤 많은 자료를 찾아 공부했다. 업계의 고수들도 여럿 만나 많은 얘기를 들었다. 그 얘기들 중 상당수는 진지하고 깊이 있는 고민의 결과였다. 그러나 블록체인의 핵심에 대한 그들의 주장에는 공통점만큼 차이점도 많았다. 생각이 정리되기는커녕 '왜?'만 늘어갔다.

　블록체인과 암호자산에 대한 정보는 너무 많아서 탈일 지경이다. 그러나 아쉽게도 대부분은 이 변화를 지지하는 쪽에 편향된 정보들이거나 단순히 변화를 나열하는 피상적 설명이다. 변화의 핵심을 이해하는 방법도 여러 가지이고, 주장도 제각각이다. 지지자들 사이에서는 어떤 것이 답인지에 대해 활발한 토론이 이루어지고 있지만, 한편에서는 그 토론을 허무맹랑하게 생각하는 이들도 많다. 이들 사이에는 도무지 좁히기 어려운 큰 간극이 존재한다.

사실 절대 다수는 무관심자들이다. 이들 중에는 무관심을 강요당한 이들도 많다. 블록체인에 대해 공부를 해보고 싶어도 수많은 주장들 속에서 정수精髓를 추려내기 어렵다. 각각의 주장들의 타당성을 따져보려 해도 스스로 판단할 수 있을 만큼 블록체인의 핵심을 이해하는 것도 쉽지 않다. 이런 상황이 지속되어서는 건강한 토론을 바탕으로 한 사회적 합의가 불가능하다. 블록체인과 암호자산 분야 종사자의 시각에서 벗어나 객관적 관점에서 변화의 핵심을 얘기해줄 수 있는 지침서가 필요하다. 이 책을 쓰기 시작한 이유다.

책에 채울 내용을 써 나가던 동안 직장 안팎에서 처해 있던 상황을 감안하면 사실 무모한 도전이었다. 매일 늦은 밤 두세 시간씩 꼬박꼬박 글을 쓴다는 건, 평생 올빼미족으로 살아왔음에도 불구하고 만만치 않았다. 책을 쓰기 시작할 때 2만 달러에 근접하던 비트코인 가격은 토막글들이 모여 어느 정도 책의 모양새를 잡아갈 즈음에는 3천 달러 근처까지 내려가 있었다. 블록체인에 대한 뜨거운 관심은 식었지만 긴 안목에서 생산적인 토론을 시작하기에는 오히려 좋아졌다.

초고가 완성되고 보니 여러모로 부족했다. 블록체인이 세상을 바꾸는 힘 중 하나이기도 한 집단지성에 기대는 수밖에 없었다. 스스로는 깨닫기 어려운 관점의 치우침을 교정하고 논리의 부족을 메꾸기 위해 다양한 분야의 내공 있는 전문가들로부터 리뷰를 받았다. 상당수는 앞서 얘기한 '강요된 무관심자'다. 블록체인에 대한 선입견 없이 상식과 통찰력에 바탕을 둔 이들의 꼼꼼한 코멘트 덕분에 부족한 초고가 당초 집필의도에 어느 정도 부합하는 모습을 갖추게 되었다.

바쁜 일상 속에서도 기꺼이 리뷰에 응해준 분들에 대한 감사의 말씀은 에필로그에 담아 두었다. 많은 이들의 지혜를 빌려 완성되었지만, 이 책에 기록된 모든 내용은 전적으로 저자의 책임이다. 그리고 저자가 소속된 기관의 공식 입장과는 전혀 관련 없다는 점도 분명히 밝혀둔다.

블록체인은 이론상 모든 분야에 적용되어 그 분야의 오랜 작동원리를 근본적으로 바꿀 수 있는 저력을 가진 기술이다. 이 말의 의미는 크게 세 가지 측면에서 새겨볼 수 있다.

첫째, 제대로 된 개념 공부가 필요하다. 무엇이 우리의 삶 구석구석에 영향을 미칠 수 있는 변화의 원동력인지 직관적이고 엄밀하고 균형 잡힌 이해를 시도해 볼 만한 가치가 있다.

둘째, 가능성과 한계를 알아야 한다. 어떤 분야에서든 활용될 수 있는 범용 기반기술이다. 그러나 그 혼자만으로는 가치를 만들어내기 어렵다.

셋째, 핵심을 꿰뚫어야 한다. 너무 많은 영역에 적용될 수 있다 보니 관점에 따라 주장이 제각각이다. 무엇이 세상을 바꿀 수 있는 원동력인지 짚어내기 쉽지 않다.

이 책은 이 세 화두에 대한 고민의 결과물이기도 하다. 고민의 결과를 이야기로 풀어 가는 두 키워드로 '생존퍼즐'과 '3대 장벽'을 택했다. 생존퍼즐은 블록체인 기술이 어떤 용도로 활용되든 반드시 풀어야 할 숙제다. 사용되는 환경에 따라 생존퍼즐의 난이도가 달라진다. 3대 장벽은 블록체인 기술 활용의 핵심인 플랫폼, 구체적으로 거래 플랫폼이 되기 위해 헤쳐 나가야 할 주요 난관을 뜻한다. 생존퍼즐을 풀고 3대 장벽을 넘는 방법에 관한 논의를 큰 줄기로 하고 이와 관련된 이슈들을 곁에 담았다.

블록체인 기술은 다양한 용도로 사용될 수 있다. 어떻게 사용되는지에 따라 정부나 기업의 데이터 관리 환경을 '개선'하는 데에서 그칠 수도 있고, 특정 분야의 기존 시스템을 대체하는 '혁신'을 이룰 수도 있다. 나아가 세상의 작동 원리를 근본적으로 바꾸는 '혁명'의 원동력이 될 수도 있다. 블록체인이 반드시 플랫폼의 기반기술로 사용되어야 하는 것은 아니다. 그러나 혁신과 혁명을 꿈꾼다면 그것은 플랫폼을 통해 실현될 가능성이 높다.

플랫폼은 비즈니스 영역뿐만 아니라 사회규범 영역에서도 기존 질서를 창조적으로 파괴하고 있다. 다만, 대한민국은 글로벌 플랫폼의 파고를 막아주는 법적, 사회적, 문화적 규제로 인해 플랫폼화의 그 큰 도도한 흐름에서 한 발짝 비켜 서 있다. 그러다 보니 블록체인 플랫폼의 한 부분인 비트코인 등을 통해 맛본, 플랫폼의 기존 질서 파괴적 속성에 우리 사회 전체가 더 크게 놀랐던 것일 수도 있다. 플랫폼화를 직시하지 않으면 블록체인을 통해 시도하고 있는 변화의 핵심을 따라잡기 어렵다.

이 책에서는 블록체인 기술을 활용한 거래 플랫폼에 기반을 둔 경제

시스템, 즉 블록체인 기반 플랫폼 경제를 지칭하기 위해 '블록체인 경제'라는 용어를 제시한다. 앞에서 얘기한 3대 장벽은 곧 블록체인 경제 성립을 위한 선결 과제다. 블록체인 플랫폼이 3대 장벽을 넘고 형성한 블록체인 경제는 국가를 중심으로 형성되어 있는 기존 아날로그 질서에 구애 받지 않는 새로운 개념의 경제시스템이 될 수 있다. 블록체인 경제가 고도화된다면 기존 국가 관념에서 탈피한 네트워크상의 국가와 사실상 같아질 수도 있다. 물론, 실현되더라도 상당한 시간이 흐른 뒤의 일이다.

제조업에 기반을 두고 있는 우리 경제는 성장 동력을 잃어가고 있다. 온 사회가 혁신을 얘기하지만 우리에게 익숙한 낡은 비즈니스 패러다임을 과감히 떨쳐내지 못하고 있다. 그러다 보니 글로벌 플랫폼 경쟁에서도 변방에서 맴돌고 있다.

이 책에서 블록체인 플랫폼을 얘기하는 것은 플랫폼 시대에 우리가 무엇을 할 수 있고, 어떤 것을 해야 하는지에 대한 고민의 연장선상에 있다. 블록체인으로 도전하는 플랫폼 혁명의 앞날은 여전히 불투명하다. 그렇지만 성공하면 플랫폼 세계의 패러다임을 송두리째 바꾸는 혁명이 될 수도 있다. 그래서 플랫폼의 불모지 대한민국은 이 기술이 플랫폼 시대에 가져올 수 있는 변화에 더욱 주목해야 한다. 그리고 이를 우리 경제의 양적·질적 재도약을 위해 어떻게 사용할지 진지하게 토론할 수 있는 환경을 만들어야 한다.

이 토론이 또다시 옆길로 새 비트코인이 화폐인지 아닌지와 같은 소모적이고 단편적이며 핵심을 벗어난 논쟁으로 흐르게 하지 않으려면 우선 블록체인과 암호자산을 바로 알아야 한다. 바로 알아야 바로 논쟁할 수 있고, 바로 논쟁하는 가운데 이 기술의 혁신적 활용법과 이를 뒷받침할 좋은 제도가 나온다.

이 책이 블록체인 세계, 나아가 플랫폼 세계에 우리 사회가 한 발짝 더 가까이 접근하는 데에 작은 기여라도 할 수 있기를 기대한다. 대한민국이 주도하는 블록체인 혁명, 아니 플랫폼 혁명, 아직 늦지 않았다.

2019년 6월

이 차 웅

블록체인,
플랫폼 혁명을
꿈꾸다

차 례

PART 2 **블록체인 첫걸음**
블록체인 기술과 생존퍼즐

블록체인을 통한 플랫폼 혁명으로 가는 길

인류의 생산성을 비약적으로 높인 몇 번의 변곡점이 있었다. 이를 산업혁명이라고 한다. 앞으로 우리가 목도할 산업혁명은 생산성의 상승을 넘어 노동생산성이 무의미해지는 변화가 될 수도 있다. 인공지능 기기의 도움으로 사람의 개입이 거의 없이 효율적으로 생산이 이루어지는 시대로 이행해 가고 있다.

이런 변화는 인간의 삶을 편리하게 하지만, 한편으로는 인간의 존재 이유, 인간다운 삶, 그리고 생존 수단에 관한 근원적인 질문을 던질 수도 있다. 생산에서, 가치의 창출에서 인간은 어떤 역할을 할 것인가? 일자리가 줄어든 만큼 새로운 일자리가 늘어나지 않는다면 인간은 어떻게 소득을 얻고 소비할 수 있을까?

미래 사회가 다수 인류를 낙오자로 만드는 디스토피아가 되지는 않을 것이라 믿는다. 지금까지 생각하지 못했던 효율적인 방식으로 높은 가치를 창출해내는 많은 방법이 생길 것이다. 직업과 일자리의 의미,

돈을 버는 방법이 달라질 뿐 오히려 같은 노력으로 더 큰 돈을 벌게 될 수도 있을 것이라는 뜻이다. 그 답을 찾기 위해 특히 주목해야 할 분야는 '디지털 데이터'와 이것을 원료로 만든 '디지털 서비스', 그리고 그 서비스가 거래되는 '디지털 플랫폼'이다.

미래의 글로벌 경제에서 낙오되지 않으려면 플랫폼 선진국이 되어야 한다. 우리나라라고 예외는 아니다. 그렇다고 오해하지는 말자. 제조업을 버려야 한다는 뜻이 아니다. 제조업 밖에서, 그리고 시대의 흐름에 순응하는 분야에서 또 다른 성장 엔진을 찾아야 한다는 얘기다. 과거에 돈이 되기 어려웠던 것들이, 혹은 감히 도전할 수 없었던 영역의 것들이 디지털 서비스화를 통해 플랫폼에 실리면서 가치를 만들어 내고 있다.

우리나라가 플랫폼 강국이 되는 일은, 아쉽지만 지금으로서는 쉽지 않은 것이 사실이다. 그러나 디지털 데이터, 서비스 그리고 플랫폼을 빼고서 우리 경제의 미래에 대한 답을 찾기는 더더욱 어려워 보인다. 한국 경제의 돌파구를 찾지 못하고 다음 세대에 미안함을 물려주지 않으려면 절박감을 갖고 글로벌 플랫폼 비즈니스에 도전해야 한다. 아직은 가능성뿐이지만 플랫폼 세계, 나아가 세계경제의 패러다임을 바꿀 저력이 있는 블록체인에 대한민국이 더 관심을 가져야 하는 이유다.

비트코인 지우기

18세기 영국에서 시작된 첫 번째 산업혁명은 단지 증기기관의 발명으로 이루어진 것이 아니다. 주식회사 제도의 확립, 자본주의의 확산, 무역의 확대, 농업혁명1 등의 토대 위에 증기기관 등 몇 가지 핵심기술이 혁신적으로 활용되었기에 비로소 가능했다. 블록체인 혁명도 마찬가지다. 그것이 만약 이루어진다면, 경제사의 큰 흐름 위에 블록체인이 올라타 그 줄기를 바꾸는 것이지 아예 없던 흐름을 처음부터 만들어내는 게 아니다.

블록체인이 함께 할 경제사의 큰 흐름이란 '디지털 플랫폼화', 간단히 '플랫폼화'다. 경제활동의 중심이 데이터를 기반으로 한 디지털 서비스의 거래가 이루어지는 플랫폼으로 이동하고 있다. 플랫폼으로 인해 전 세계 곳곳에 흩어져 있는, 과거와 같았다면 평생 서로의 존재도 알기 어려웠을 이들의 상호작용이 가능해지고 그 과정에서 큰 경제적 가치가 창출되고 있다. 블록체인 기술은 플랫폼 기업이 주도하는 이 변화를 플랫폼 참여자 모두가 주인이 되는 변화로 바꿀 수 있다. 블록체인 혁명의 핵심이다.

그런데 블록체인 업계에서는 이와 같은 큰 흐름 전체를 블록체인만으로 이해하고 설명하려는 경우가 종종 있다. 블록체인 시스템을 통해 네트워크상에서 불특정 다수의 상호작용을 매개할 수 있고, 이 과정에

---

1 농업 생산성이 높아져 농업 이외 분야에 대규모 노동 투입이 가능해졌다.

서 그 시스템의 가치가 커질 수 있다. 그러나 이는 그 시스템이 블록체인 기술에 기반을 두어서라기보다는 그것이 일종의 플랫폼이기 때문에 나타나는 현상이다. 이처럼 모든 플랫폼에 공통적으로 적용되는 특성까지도 블록체인에 대입하다 보면 블록체인을 과대평가하게 될 수밖에 없다. 그러다 보면 무리한 주장이 나오기도 한다.

가장 대표적인 것은 암호화폐 또는 가상화폐라고 흔히 부르는, 오해를 줄이기 위해 이 책에서는 '지불토큰'이라고 이름 붙인 그것에게 과도한 의미를 부여하는 것이다. 지불토큰은 개방도가 높은 이상적 형태의 블록체인 플랫폼이 성립하려면 꼭 필요한 요소이기는 하지만 그 자체를 플랫폼과 동일시해서는 곤란하다. 그런데 플랫폼의 작동원리로 이해해야 할 것들에 블록체인의 대표 브랜드인 지불토큰을 대입하는 경우가 많다. 예를 들면, 플랫폼이 참여자를 모으는 기본원리 중 하나인 좋은 유인과 보상체계가, 마치 지불토큰을 가진 블록체인의 고유한 특징인 것처럼 얘기하는 것이다.

지불토큰은 보상수단이지 보상체계 그 자체가 아니다. 우리가 일한 대가로 받는 돈과 유사하다. 좋은 보상체계는 좋은 보상규칙에서 비롯된다. 돈 자체가 중요한 것이 아니라 어떤 경제적 행위에 대해 보상으로 얼마의 돈을 주는지가 중요하다는 뜻이다. 그런데 수단에 불과한 지불토큰을 보상체계의 핵심으로 놓는 순간 지불토큰이 해야 할 일이 많아진다. 일단 좋은 화폐도 되어야 하고 동시에 좋은 자산증식 수단도 되어야 한다. 그러다 보면 화폐가 되기를 희망하고 태어난 지불토큰의 정체성이 애매해진다. 지불토큰이 열성 지지자들과 함께 수많은 냉소주의자를 낳은 근본 원인이다.

지불토큰으로 블록체인이 가져올 변화를 설명하면 몇 가지 편리한 점이 있다. 지불토큰의 인지도가 높다보니 사람들의 관심을 끌기 쉽다. 그리고 이것이 블록체인 플랫폼에서 상호작용의 매개수단, 즉 결제수단으로 사용될 수 있다 보니 플랫폼에 관한 설명들을 지불토큰에 대입하더라도 얼핏 들어맞는 것처럼 들리기도 한다. 또한, 지불토큰에 대한 사람들의 이해도가 낮다보니 엄밀하지 못한 설명의 논리적 흠결을 찾아내기도 쉽지 않다.

블록체인을 제대로 이해하려면 일단 상식적이어야 한다. 화폐는 중요하다. 그러나 화폐는 경제활동을 지원하는 필수적인 수단일 뿐이다. 경제활동의 매개수단인 화폐가 잘못되면 그 경제를 확실히 망칠 수 있지만, 그 수단만으로 경제가 잘될 수는 없다. 지불토큰은 그것이 세상에 태어난 목적을 충실히 수행한다면 화폐가 된다. 그 얘기는 지불토큰 역시 블록체인에 기반을 둔, 혹은 블록체인과 관련된 경제시스템을 앞에서 진두지휘하는 주연은 되기 어렵다는 뜻이다.

일단 비트코인과 그 친구들이 곧 블록체인이라는 오해부터 버리자. 머릿속 한 곳에 블록체인과 비트코인이 함께 자리 잡고 있다면 일단 그 둘을 떼어 놓는 것부터 시작해야 한다. 그리고 비트코인이 비켜 난 그 자리에 플랫폼이라는 단어를 대신 입력하자. 물론 플랫폼 역시 친숙한 듯 생소한 개념이라서 그 단어로 비트코인을 대체한 것만으로는 블록체인을 바로 이해할 수 없다. 그러나 이제야 비로소 블록체인의 핵심에 다가서는 바른 길을 걷기 시작한 것이다.

길잡이

이 책은 플랫폼 관점에서 블록체인에 관한 얘기를 풀어간다. 블록체인의 일부만 보여주는 게 아닌가 하는 생각부터 들 수 있지만 그렇지 않다. 플랫폼 관점에서 바라봐야 블록체인을 제대로 볼 수 있다. 블록체인의 시작인 비트코인 시스템부터가 플랫폼이다. 그리고 플랫폼이 아닌 블록체인 활용법에 대해서도 얘기하니, 뭔가 중요한 걸 일부러 빠뜨리고 오도하는 건 아닌지 걱정하지 않아도 된다.

본문에서는 블록체인과 플랫폼에 관한 수많은 용어와 정의, 그리고 그에 관한 설명이 연달아 등장한다. 플랫폼 관점에서 블록체인을 이해해야 한다고 강조하지만, 친숙하지 않은 얘기들이 줄지어 등장하다보면 각각의 부분들을 이해하는 데에 벅차 플랫폼 관점에서 블록체인에 관한 무엇을 보아야 할지 헷갈릴 수 있다. 세세한 논의에 붙잡혀 큰 줄기를 놓치는 일이 없도록 아주 단순한 길잡이를 제시한다.

이 책의 핵심은 셋으로 요약할 수 있다. 첫째, 블록체인은 플랫폼 세계의 패러다임을 바꿀 저력을 갖고 있다. 둘째, 그 가능성을 현실화하려면 우선 블록체인 기술의 '생존퍼즐'부터 풀어야 한다. 플랫폼으로 활용되든 아니든 해결해야 할 숙제다. 셋째, 생존퍼즐을 풀고 나면 블록체인 플랫폼 앞에 놓인 만만치 않은 '3대 장벽'을 넘어야 한다.

이 세 핵심에 다가서기 위해 가장 먼저 해야 할 것은 블록체인의 실체를 파악하는 것이다. 블록체인을 통한 플랫폼 혁명으로 가는 길을 찾기 위한 여정의 첫걸음이다.

공통점 찾기

비트코인은 블록체인 기술의 첫 활용사례다. 금융기관에 의존하지 않는 지급결제 시스템을 지향한다. 이 시스템상의 고유한 결제수단인 비트코인 가격은 2017년 말 한 단위당 미화 2만 달러 언저리까지 오르기도 했다. 비트코인을 전문적으로 채굴하는 기업도 생겨났다. 그러나 비트코인의 실체에 대해서는 여전히 갑론을박 중이다.

두바이는 블록체인 기술로 100% 가동되는 세계 최초의 도시가 되고자 한다. 두바이 블록체인 전략Dubai Blockchain Strategy이다. 여러 공공 분야에 블록체인 기술을 도입하고 있다. 블록체인을 기반으로 하는 사업자 등록 시스템, 여권 관리 시스템, 법원 문서 관리 시스템 등을 구축하고 있다. 부동산 금융, 매매·임대계약, 공과금 부과·납부 등 부동산 관련 분야를 블록체인 시스템을 통해 하나로 묶는 프로젝트도 추진 중이다.

세계 최대 선사이자 종합 물류회사인 머스크Maersk는 IBM과 함께 블록체인 기반 글로벌 공급망 관리 시스템을 구축하고 있다. 2018년 트레이드렌즈TradeLens라는 이름으로 출범한 이 프로젝트는 전 세계에 흩어져 분절된 회사와 기관들을 묶어 글로벌 물류 흐름의 처음과 끝까지 하나의 시스템으로 관리하기 위한 시도다. 주요 화주, 통관 당국, 물류 주선사 등이 참여하고 있다.

필름의 몰락 과정에서 파산 직전까지 갔다 되살아난 코닥Kodak은 코닥원KodakOne이라는 이미지 저작권 관리 시스템을 개발하고 있다. 이 블록체인 기반 플랫폼에 각종 이미지의 저작권을 등록하고, 등록된 이미지가 사용될 때마다 사용료를 징수해 이를 저작권자에게 지급한다. 이미지 관련 상품이나 서비스의 거래 기능도 포함한다.

비트코인, 두바이 블록체인 전략, 트레이드렌즈, 코닥원 모두 블록체인 기술을 기반으로 하고 있다. 그러나 이 넷 사이의 공통점은 쉽게 찾기 어렵다. 가장 유명한 비트코인을 보면 컴퓨터로 네트워크상에서 금 비슷한 것을 캐내는 디지털 연금술 같아 보이는데, 나머지의 활용법을 보면 전혀 다른 기술을 얘기하는 것 같다. 이제 공통점을 짚어 볼 시간이다.

첫째, 이들은 모두 플랫폼이다. 플랫폼이란 모든 상호작용interaction의 매개체를 일컫는다. 장소가 될 수도 있고 네트워크상의 시스템이 될 수도 있다. 시장이나 대형마트는 아날로그 플랫폼이고 전자상거래 기업은 디지털 플랫폼이다. 디지털 시대 플랫폼의 기본은 참여자들이 네트워크상에서 원활하게 상호작용할 수 있도록 지원하는 것이다. 비트코인은 금전을 주고받는 경제적 상호작용을 매개하는 지급결제 플랫폼이다. 두바이가 구축하고자 하는 것은 두바이 시민, 여행객 등의 도시이용 편의를 도모하는 공공 서비스 플랫폼이다. 트레이드렌즈는 전 세계 공급망 참여자들의 정보 교환을 촉진하는 공급망 관리 플랫폼, 코닥원은 이미지 저작권자와 사용자 간 상호작용을 지원하는 저작권 등록·거래 플랫폼이다.

둘째, 이들 플랫폼에서 상호작용은 디지털 데이터의 관리를 통해 이루어진다. 결제 플랫폼에서 가장 중요한 것은 결제수단의 소유권 데이터를 정확히 기록·갱신하는 것이다. 공공 서비스 플랫폼에서는 공문서라는 데이터의 관리가 핵심이다. 공급망 관리 플랫폼에서는 물류 데이터의 관리, 저작권 플랫폼에서는 저작권의 등록과 사용내역의 기록이 핵심이다. 데이터와 그 데이터의 관리 기술이 없다면 디지털 시대의 플랫폼이 작동할 수 없다.

셋째, 그와 같은 디지털 데이터의 기록, 저장, 활용을 위해 블록체인 기술을 활용한다. 그 얘기는 블록체인은 기본적으로 '데이터 관리'data management 기술이라는 뜻이다. 한국에 투기광풍을 몰고오고 세상을 그토록 시끄럽게 한 기술이, 이름부터 고리타분하기 짝이 없는 데이터 관리 기술이라니 수긍이 잘 안 된다. 그런데 데이터 관리 기술이 맞다. 데이터 관리 기술은 겉으로 모습을 드러내지 않는다. 어떤 분야에서 활용되는지에 따라 구현되는 양태가 매우 다르다. 네 가지 활용사례에서 공통점을 찾기 어려웠던 이유다.

데이터 관리 기술은 그 자체만으로 중요성을 쉽게 인식하기 어렵지만, 우리가 살아가는 디지털 시대의 중추신경과도 같은 기반기술이다. 대부분의 경제·사회적 상호작용은 축적된 데이터를 기반으로 이루어지고, 그 상호작용은 새로운 데이터를 만들어낸다. 따라서 상호작용의 무대인 플랫폼을 만들고 유지하고 키워 나가는 데에도 데이터 관리 기술은 핵심 기반기술이다.

블록체인을 아주 간략하게 정의하면 '분산형 데이터 관리 기술'이다. 데이터 관리 기술이기는 한데, 기존 방식과는 달리 데이터 관리를 전담하는 '중개자'를 두지 않는다. 대신, 데이터의 '중개기능'을 도처에 분산된 다수의 컴퓨터들이 공동으로 수행한다. 인류는 경제적, 사회적 파급 효과가 큰 데이터, 예를 들어 금융거래 정보나 출생기록 같은 중요한 데이터의 관리를 금융기관, 정부 등 신뢰할 만한 중개자에게 맡겨왔다. 이와 같은 인류의 오랜 전통에 대한 반기反旗라는 점에서 블록체인은 혁신이다.

니덤 문제

인류 문명의 발전에 아주 큰 영향을 미친 종이, 인쇄술, 화약, 나침반 등 4대 발명품이 중국에서 처음 발명되었다는 것은 널리 알려진 사실이다. 중국은 인류 역사에서 아주 오랫동안 경제, 군사력, 그리고 과학기술 분야에서 세계 최강대국이었다.

제임스 와트James Watt의 증기기관과 그 원리가 유사한 동력 장치가 그보다 수 세기 전에 중국에서 먼저 발명되었다. 그러나 인류의 생산력을 비약적으로 발전시킨 최초의 산업혁명은 중국이 아니라 영국에서 시작되었다. 이와 같은 중국의 실기失期가 누적된 결과는 모두가 알고 있다. 중국은 오래도록 유지해온 최강대국의 지위를 근대에 와서 서구에 내주어야만 했다.

과학기술 선진국 중국이 산업혁명을 선도하는 데에 실패하고, 결국 앞서던 과학기술 수준마저 뒤처지게 된 이유에 대해서는 여러 해석이 있다. 조지프 니덤Joseph Needham은 저서 《중국의 과학과 문명》Science and Civilisation in China에서 이와 유사한 질문을 던지고 그 답을 여러 각도에서 분석했다. 이를 '니덤 문제'Needham Question라고 부른다. 2

어느 하나가 답이라고 얘기하는 것은 무모하다. 그 원인 중 하나로 여기에서는 혁신적 기술을 혁신적으로 사용하지 못한 데에 주목한다. 세상을 바꿀 수 있는 기술은 세상을 바꿀 수 있는 활용법을 만나야 꽃을 피운다. 새 기술을 활용해 세상을 바꾸고 큰 부를 창출하고자 하는 노력과 능력에서 중국은 서구에 뒤처졌다. 산업혁명을 이끌 범용성 높은 동력원으로 개량되지 못한 증기기관뿐만 아니라, 대항해 시대를 여는 데 활용되지 못하고 정화의 남해 원정에만 쓰이고 말았던 조선・항해 기술도 마찬가지다.

블록체인은 산업혁명을 촉발한 증기기관처럼 범용 기반기술이다. 이 기술을 어떻게, 어떤 분야에 쓰느냐에 따라 그 결과는 삶의 개선에 그칠 수도 있고, 세상을 바꾸는 혁명이 될 수도 있다. 이 책에서는 블록체인 기반 '플랫폼 경제', 즉 '블록체인 경제'를 구축하는 것이 블록체인 기술 활용의 정수라고 제시한다.

디지털 거래 플랫폼이 글로벌 비즈니스의 중추로 이미 자리를 굳혀가고 있다. 기업가치 상위기업 상당수가 플랫폼을 중요한 비즈니스 모델로 채택하고 있다. 2018년 말 기준 전 세계 시가총액 상위 5개 기업인 애플, 아마존, 알파벳(구글의 모회사), 마이크로소프트, 페이스북은 모두 플랫폼기업이다.

플랫폼을 경제활동의 작은 부분으로 치부해서는 안 된다. 인류의 삶에서, 생산과 소비에서, 플랫폼의 영향을 받지 않는 분야가 줄어들고 있

---

2 정확히 얘기하면 니덤 문제는 중세 이전 과학기술에서 앞섰던 중국이 근대화 과정에서 서구에 따라 잡힌 원인이 무엇인가에 대한 질문이다.

다. 데이터와 이를 활용하는 다양한 디지털 기술을 토대로 수많은 경제, 사회활동이 서비스 관점에서 재해석되어 디지털 서비스로 재탄생하고 있다. 디지털 서비스가 되면 네트워크로 연결된 디지털 플랫폼에서 시간과 공간의 제약을 뛰어 넘어 효율적으로 거래될 수 있다.

　플랫폼은 블록체인 기술을 통해 도전해 볼 만한 분야고, 도전해야 할 분야다. 디지털 플랫폼은 데이터로부터 시작한다. 따라서 데이터 관리 기술인 블록체인을 디지털 플랫폼의 기반기술로 사용하는 것은 매우 자연스럽다. 여러 사람들에게 가치 있는 데이터를 신뢰도 높고 안정적으로 관리하는 블록체인의 기본 기능은 플랫폼의 데이터 관리 환경과 잘 들어맞는다. 높은 수준의 탈중앙화를 지향하고 완전한 개방성을 추구하는 비트코인, 이더리움과 같은 블록체인의 경우 태생적으로 거래 플랫폼이 되는 것을 피할 방법도 사실상 없다.

　플랫폼 참여자, 특히 소비자의 이익 관점에서도 블록체인에 기반을 둔 플랫폼이 기여할 여지가 있다. 디지털 시대의 플랫폼 비즈니스는 자연적으로, 글로벌 수준에서 독과점화해 간다. 독과점화된 시장에서는 소비자의 이익을 극대화하기 어려운 비즈니스 환경이 조성되는 경우가 흔하다. 디지털 플랫폼이 장악한 시장도 그러지 말란 법은 없다. 반면, 블록체인 기반 탈중앙 플랫폼은 모두가 주인이다. 이 플랫폼은 독과점화 하더라도 플랫폼이 창출한 가치의 배분 문제에서 기존의 플랫폼보다 훨씬 더 참여자 친화적일 수 있다.

어느 받아쓰기 시험

어느 초등학교 1학년 국어 수업시간, 받아쓰기 시험 중이다. 20명의 아이들이 귀를 쫑긋 세우고 있다.

"1번 문제, 큰 소리로 응원합니다."

선생님이 첫 번째 문제를 불러주자 일제히 받아 적기 시작한다. 그런데 이 받아쓰기 시험에는 특이한 규칙이 있다. 열 문제를 모두 받아쓰고 나서 채점하는 게 아니다. 1번 문제의 답을 쓰고 나면 아이들이 서로 답을 비교하고 무엇이 정답인지 의논한다. 의견이 일치되면 모두 같은 답으로 통일한다. 같은 답을 적었는지 서로 확인한 후 선생님께 알린다. 그러고 나면 선생님이 2번 문제를 불러준다. 이런 과정을 반복해가며 10번 문제까지 받아쓴다.

이 특이한 방식의 받아쓰기 시험은 블록체인을 통한 분산형 데이터 관리와 유사점이 많다. 선생님은 데이터 관리 시스템에 기록을 요청하는 사용자이고, 받아쓰기 문제는 기록되어야 할 데이터다. 시험을 보는 20명의 아이들은 이 시스템의 관리자들이다. 각자 적어 냈으나 답안이 모두 통일된 20개의 답안지는 블록체인 기술을 통해 관리되는 데이터 장부다.

시험을 마치고 나서 20명의 답을 비교한다. 그러면 이 20개의 받아쓰기 답안지는 모두 같은 내용일까? 답을 통일하도록 기회를 줬고, 같은 답을 썼는지 서로 확인까지 했음에도 불구하고 모든 답이 똑같으리라는 보장은 없다. 확인 과정에 문제가 있을 수도 있고, 누군가가 장난 삼아 슬쩍 답을 바꿀 수도 있다. 답안지별로 작성자의 이름을 안 적는다면 규칙을 위반하는 아이들이 여럿 나올 개연성도 크다.

모두 같은 답을 써냈다고 해도 그것들이 전부 정답이라고 확신하기도 어렵다. 중간에 어려운 문제가 하나 있어서 열아홉 명이 주장한 오답이 공통의 답으로 선택되었을 수도 있다. 아주 똑똑한 아이 혼자서 받아쓰기 하는 경우보다 좋은 점수를 받지 못할 수도 있다는 뜻이다. 그리고 이런 방식으로 시험을 보면 서로 자기 답이 옳다고 우기느라 받아쓰기 시험 한 번 보는 데 한 시간이 넘게 걸릴 수도 있다.

블록체인을 통한 분산형 데이터 관리가 제대로 작동하려면 이 독특한 받아쓰기 시험에서 발생할 수 있는 것과 유사한 문제점들에 대한 해법이 필요하다. 블록체인 기술에는 이 책에서 반복적으로 강조할 '3대 강점'이 있다. 데이터의 높은 '신뢰도', 시스템의 높은 '안정성', 그리고 '탈중앙화'다. 그런데 이 강점은 상당한 비용을 치르고 얻는 강점이다. 바로 효율성의 상실이다. 열 문제 받아쓰기에 한 시간이 넘게 걸릴 수 있는 것과 같은 비효율을 말한다.

가장 기초적인 형태의 블록체인 시스템인 비트코인의 경우 데이터 기록이 확정되는 데에 최소한 한 시간이 소요된다. 2013년 3월에는 앞의 받아쓰기 예에서 서로 자기 답이 옳다고 우기는 것과 비슷한 상황이 지속되면서 시스템이 여섯 시간 정도 마비되기도 했다. 비트코인 시스템이 현재와 같은 비효율을 그대로 유지한다면, 가치변동성 등 다른 우려 요인들을 제쳐 두더라도 일상생활에서의 빈번한 결제 환경에서 사용되기는 어렵다.

블록체인 기술 도입이 성공하려면 각각의 데이터 관리 환경에서 요구되는 처리속도, 관리비용 등의 효율성 요건을 충족한 가운데 데이터 신뢰도, 시스템 안정성, 탈중앙화라는 3대 강점을 극대화해야 한다. 모든 블록체인 기반 시스템이 피할 수 없는 공통의 숙제다. 이를 해결하는 노력을 이 책에서는 블록체인의 생존퍼즐에 대한 해법 찾기라고 한다. 블록체인 기술이 어떤 환경에서, 어떤 방식으로 사용되는지에 따라 생존퍼즐의 난이도는 천차만별이다. 그리고 한 번 풀고 나면 끝나는 것도 아니다.

잘못 붙인 이름

철갑상어는 그 알을 염장해 만든 캐비아caviar로 유명한 어류다. 카스피 해에 서식하는 철갑상어가 특히 유명하지만 우리나라에도 산다. 대부분의 사람들이 철갑상어를 가죽이나 비늘이 철갑처럼 단단한 상어의 일종으로 생각한다. 반은 맞고 반은 틀렸다. 철갑을 두른 듯이 튼튼한 것은 맞지만 영화 〈죠스〉Jaws에 나오는 바다의 폭군 상어와는 생물학적으로 전혀 다른 물고기다.

이런 오해가 생기는 것은 '잘못 붙인 이름'misnomer 때문이다. 상어가 아닌데 상어라고 부르니 이 물고기의 실체를 잘못 이해할 수밖에 없다. 사람들의 무지를 탓할 게 아니라 잘못된 이름을 탓해야 한다. 그렇지만 철갑상어의 이름이 생물학적으로 잘못된 것이라 해도 크게 문제될 건 없다. 식탁에 오르는 생선도 아니고, 설령 자주 먹는 생선이더라도 잘못된 이름 때문에 큰 피해가 발생하는 것도 아니다. 물고기는 물고기일 뿐이다.

그러나 투자 대상이 될 수 있는 신종 자산에 잘못된 이름을 붙이면 심각한 문제를 야기할 수 있다. 그 자산의 실체를 잘못 이해하고 투자하도록 오도할 수 있다. 투자사기에 악용될 우려도 커진다. 그래서 신종 자산은 작명에 신중해야 한다. 금융관련 법령에서 금융상품의 정의를 엄격하게 규정하는 것도 이와 같은 이유에서다.

블록체인에 대해 얘기하면서 흔히 암호화폐, 가상화폐라고 부르는 그것을 빼놓을 수 없다. 그것은 블록체인 기술의 활용법 중 하나다. 특별한 의미를 갖는 활용법이다. 블록체인 기반 거래 플랫폼 관점에서도 매우 중요하다.

그것에 돈을 의미하는 단어를 포함한 명칭을 붙이고서 그것을 돈으로서 이해하기 위해 화폐의 3대 조건을 대입해 보기도 하고, 그리고 나서 '이건 돈이 맞다, 아니다' 논쟁도 한다. 어떤 이는 이게 돈이 아니고 주식이나 다름없다고 한다. 그런 반론에 대해 비트코인의 채굴 방식 등을 설명하며 이건 주식이 아니라 디지털 금과 같다고 얘기하는 이들도 있다. 그러다 보면 평행선을 달리는 논쟁에 빠지기도 한다. 상당수는 본질에서 비켜간 지엽적이고 소모적인 논쟁이다.

이쯤에서 뭔가 잘못되고 있다는 점을 인식하기 시작해야 한다. 이름에 분명히 문제가 있다. 그것을 돈과 관련지은 명칭은 모두 오해를 가중시킨다. 그래서 이 책에서는 '암호자산', 간단히 '토큰'이라고 부른다.

최초의 암호자산인 비트코인은 설계자의 의도가 무엇이었든 간에,

생존에 성공한다면 화폐보다는 다른 용도로 자리 잡을 가능성이 높다. 그런데 비트코인을 필두로 암호자산 가격이 폭등하고, 이것이 이른바 '나쁜 화폐'인 법정화폐를 대체할 신개념 화폐 등장의 전조로 잘못 받아들여지면서 여러 부작용이 발생했다. 가장 나쁜 것은 대중大衆의 이해의 부족을 틈타 블록체인과 암호자산을 투자사기 또는 사기에 가까운 투자 모금 수단으로 악용하는 이들이 많아진 것이다.

암호자산은 그 본질을 정확히 꿰뚫어 보면, 블록체인 시스템으로 소유권이 관리되는 자산일 뿐이다. 그중에는 주식도 있고, 채권도 있다. 화폐 또는 화폐성 자산도 가능하다. 화폐성 자산의 경우 블록체인 시스템으로 소유권이 관리될 뿐만 아니라 그 시스템 자체가 발행주체가 될 수도 있다.

블록체인 시스템이 발행하고 블록체인 시스템 사용자의 신뢰를 바탕으로 가치가 형성되고, 블록체인 기반 지급결제 플랫폼에서 지급수단으로 사용되는 화폐성 암호자산을 지불토큰이라고 부르기로 하자. 화폐라는 명칭이 야기하는 불필요한 오해를 최소화하기 위해 선택한 중립적 표현이다. 이 책에서 암호화폐라는 용어는 지불토큰 중 화폐의 성격이 뚜렷한 것에 한하여 제한적으로만 사용한다. 비트코인을 포함해 이름이 널리 알려진 지불토큰 가운데 화폐라는 명칭이 합당한 것은 아직 없다.

미국경제 홀로 서기

블록체인 플랫폼이 플랫폼 세계에서 자리 잡는 것은 결코 호락호락하지 않다. 우선, 거래 플랫폼으로서 요구되는 수준의 효율성을 확보하는 것부터가 쉽지 않다. 블록체인의 생존퍼즐은 거래 플랫폼의 기반기술로 활용되어야 한다는 제약조건이 붙으면 풀어내기가 더 까다로워진다. 퍼즐을 쉽게 풀기 위해 다른 제약조건을 완화하는 이들이 있는 반면, 우직하게 어려운 문제를 풀어내려는 이들도 있다. 궁극적으로 무엇이 옳은 접근법이 될지는 아직 알 수 없다.

플랫폼의 기반기술로 사용되기 위한 생존퍼즐을 풀었다고 해서 끝이 아니다. 이것은 어디까지나 이 기술이 특정한 플랫폼의 데이터 관리 환경에서 사용될 수 있음을 확인한 것일 뿐, 그것을 기반기술로 활용한 플랫폼 비즈니스의 성공 여부와는 무관하다. 본격적인 게임은 그때부터 시작이다. 블록체인 플랫폼이 경쟁력을 확보하고 플랫폼 세계에서 살아남기 위해 극복해야 할 난관이 기다리고 있다.

19세기 미국으로 잠시 가 보자. 18세기 후반 영국으로부터 독립한 이후 미국경제가 식민지경제에서 벗어나 빠르게 성장하던 시기다. 그 한 세기 동안 미국은 전기, 기계, 화학, 철강 등의 분야에서 기술 발전을 선도하고 산업생산 능력을 크게 끌어 올렸다. 두 번째 산업혁명의 주 무대를 미국으로 만들면서 20세기 들어 세계 최강대국으로 우뚝 설 수 있는 실물경제 기반을 닦았다.

그 한 세기가 순탄했던 것만은 아니다. 남북전쟁과 같은 경제 외적인 요인을 제외하더라도 수많은 굴곡이 있었다. 사람들은 1929년의 대공황Great Depression만 기억하지만 그 이전에도 미국에는 수많은 공황panic과 불황depression이 있었다. 18세기 말부터 20세기 초까지 미국경제에는 이와 같은 경제위기가 수시로 찾아왔다. [3]

대도약의 한 세기 동안 미국경제를 괴롭힌 공황과 불황의 주범은 화폐였다. 이들 위기의 상당수가 화폐시스템의 불안정, 조금 더 구체적으로는 물가가 지속적으로 하락하는 디플레이션으로 인해 발생했다. 경제가 빠르게 성장하는데 화폐 공급이 따라가지 못해 돈이 제대로 돌지 못하고, 이로 인해 잘 나가던 경제가 위축되고 대량실업이 발생하는 것은 당시 경제위기의 흔한 모습이었다. 안 좋은 화폐는 경제에 분명 독이다. 지금은 인플레이션이 기본인 시대에 살고 있으니 인플레이션의 해악이 크게 느껴진다. 그러나 과도하지 않은 수준의 인플레이션을 안정적으로 만들어내고 화폐가 경제위기의 원인이 되지 않도록 기틀을 잡는데에 미국은 한 세기가 넘는 시행착오가 필요했다.

1913년 미국의 연방준비제도가 출범하고, 연준의 통화관리 능력이 본궤도에 오르기 전까지 미국의 화폐발행 시스템은 후진적이었다. 중앙은행의 역량이 부족했고, 아예 중앙은행이 없던 시기도 있었다. 중앙은행이 존재하던 시기에도 그 필요성에 대한 의구심이 컸다. 예를 들면, 18세기 말 설립된 중앙은행인 미국제일은행First Bank of the United States에 대해서도 미국 건국의 아버지들Founding Fathers 중 상당수가 반대 입장

---

3 공황과 불황은 경기침체(recession)보다는 경제위기(crisis)에 가까운, 경제활동이 심각하게 위축되는 상황을 뜻한다.

이었다. 그래서 이 중앙은행은 의회가 승인한 20년 동안만 영업하고 문을 닫을 수밖에 없었다.

우리는 19세기 미국경제사의 교훈으로부터 성공적인 경제시스템을 만들기 위한 세 가지 요건을 추려낼 수 있다. 실물경제가 경쟁력이 있어야 하고, 좋은 화폐가 이 실물경제와 조화를 이루어야 한다. 마지막으로 정부가 좋은 제도를 통해 이 둘을 탄탄히 뒷받침해야 한다. 지극히 상식적인 결론이다.

다시 블록체인 얘기로 돌아오자. 이 책에서는 블록체인 플랫폼을 기반으로 형성되는 경제시스템을 블록체인 경제라고 한다. 2019년 상반기까지는 가능성만 보여주고 있는 단계다. 다양한 블록체인 기반 플랫폼 인프라가 다양한 분야와 조합되어 다양한 형태의 블록체인 경제를 형성할 수 있다. 블록체인 경제가 플랫폼 세계의 판도를 바꿀 만큼 성장하려면, 19세기 미국경제가 그랬듯이 극복해야 할 과제가 있다. 블록체인 경제를 구축하기 위해 넘어야 할 3대 장벽이다.

첫째, 블록체인 플랫폼 자체가 비즈니스 모델로서 확실한 차별성과 경쟁력을 입증해야 한다. 플랫폼 세계에는 난공불락의 강자들이 즐비하다. 둘째, 화폐시스템의 난관을 극복해야 한다. 지불토큰 얘기다. 이들은 블록체인 플랫폼에 제대로 된 경제 생태계가 형성되기 시작하면 블록체인만의 장점이자 동시에 해결하기 만만치 않은 골칫거리가 될 가능성이 높다. 셋째, 국가권력과 조화를 이루어야 한다. 비트코인 등이 지향하는 이상적인 블록체인은 기존의 중앙집권적 질서로부터의 자유를 지향한다. 그러다 보면 국가권력과 충돌할 우려가 커진다.

이 책에서는 첫 번째와 두 번째 장벽에 대한 논의를 중심으로 블록체인 플랫폼이 직면한 어려움과 해결 가능성을 여러 각도에서 들여다본다. 그러나 세 장벽을 구체적으로 어떻게 극복할 수 있는지에 대한 답은 제시하지 못한다. 생존퍼즐과 함께 블록체인 세계가 스스로 풀어야할 숙제다.

본문의 구성

PART 1에서는 플랫폼 경제 관점에서 블록체인이 어떤 역할을 할 수 있을지 점검하고, 이를 위해 극복해야 할 문제들을 제시한다. 핵심은 이책에서 반복적으로 등장할 생존퍼즐과 3대 장벽이다. 플랫폼에 대한이해 없이 블록체인에 접근하면 생소한 두 개념이 혼재되어 더 혼란스러워진다. 그래서 아예 플랫폼만을 다루는 부분(3장 플랫폼과 데이터 관리)을 두었다.

이 책에서 PART 1의 역할은 책 전체에서 다룰 중요한 논점들을 제기하는 것이다. 그러다 보니 궁금증만 유발하고 넘어가는 부분이 많다. 그답들은 PART 2 이후를 읽다보면 자연스럽게 찾을 수 있다.

PART 2에서 다룰 이슈는 블록체인 기술이다. 데이터 관리 기술로서살아남기 위해 풀어야 할 생존퍼즐을 이해하기 위해 필요한 부분이다. 이 기술의 활용, 특히 플랫폼으로서의 활용을 위하여 알아두어야 할 것들만 추려냈다. 그럼에도 불구하고 어떤 독자에게는 여전히 난해할 수있다. 핵심은 생존퍼즐을 왜 풀어야 하는지 이해하는 것이니 기술적인 부분이 명쾌하게 와 닿지 않더라도 좌절할 필요 없다. 반대로 PART 2의 설명만으로는 지적 호기심이 충족되지 않는 이들도 있을 것이다. 이들을 위한 추가 읽을거리를 별도로 준비했다.[4]

PART 3은 블록체인 기술이 어떻게 활용될 수 있는지, 주로 플랫폼의 관점에서 살펴본다. 플랫폼으로서 직면한 첫 번째 장벽, 거래 플랫폼으로서의 경쟁력 확보 문제를 어떻게 해결할 것인지에 대한 단서들을 찾을 수 있다. 그리고 블록체인 분야의 최대 관심사인 암호자산에 대한 이슈들도 본격적으로 다루기 시작한다.

PART 4의 주제는 독자적인 화폐시스템으로서 블록체인 경제의 성립 요건이다. 블록체인 경제 앞에 놓인 두 번째 장벽을 넘는 과정에서 어떤 문제가 생길 수 있고 이를 극복하기 위해 어떤 노력이 필요한지 살펴본다. 자체 지불토큰이 없는 블록체인 플랫폼에는 해당되지 않는 이슈다. 지불토큰의 화폐성, 법정화폐와의 관계 등 화폐로서의 암호자산에 관한 여러 쟁점들도 함께 다룬다.

이 책의 본론에서는 블록체인 기술의 생존퍼즐과 블록체인 경제의 첫 번째와 두 번째 장벽에 관한 논의에 집중한다. 세 번째 장벽에 대해서는 책 말미에 간략히 다룬다. 이유가 있다. 마지막 장벽은 앞의 둘을 해결하고 나면 손쉽게 넘어설 수도 있고, 반대로 아무리 블록체인 경제의 효용을 입증하더라도 기존의 중앙집중식 질서와 조화를 이루지 못해 난공불락의 장벽이 될 수도 있기 때문이다. 전자라면 특별히 길게

---

4 이 책의 설명이 부족한 독자들을 위해 PART 2의 추가 설명자료를 중심으로 몇 가지 읽을거리와 참고자료를 블로그(chaine.tistory.com)에 게시하였다.

할 얘기가 없고, 후자라면 주로 경제와 비즈니스 관점에서 블록체인에 접근하는 이 책의 범위를 넘어서게 된다.

용어 선택과 서술

블록체인과 암호자산 분야에서 실제 사용되고 있는 용어를 최대한 살려 쓰려고 노력했다. 그럼에도 불구하고 적잖은 수의 새로운 용어들을 제시한다. 두 가지 중요한 이유가 있다. 우선, 기존 용어가 일반인들의 오해를 야기하는 경우다. 오해를 최소화하는 표현으로 바꿨다. 또한, 알아두어야 할 개념이지만 영어든 우리말이든 정립된 용어 자체가 없는 경우도 있다. 이 경우에는 새로 용어를 만들었다.

이 두 경우 모두 중요한 개념들을 정확하게 전달하기 위해 불가피한 선택이다. 블록체인 세계에서 통용되고 있는 용어에 익숙한 이들에게는 어색할 것이다. 그러나 오해를 불러일으키는 용어나 용어 자체의 부재는 잘못된 개념 이해로 귀결되는 경우가 흔하다. 새로운 용어를 제시한 경우가 하나 더 있다. 굳이 영어로 쓸 필요가 없는 용어는 우리말 이름으로 대체했다. 앞으로 우리 생활에 광범위하게 영향을 미칠 수 있는 분야인 만큼 용어의 한글화에도 신경 써야 할 것이다.

이 책은 암호자산을 중심에 두고 서술하지 않는다. 블록체인에 대해 최대한 균형 잡힌 이해를 돕고자 용어 선택에서부터 서술방식까지 암호자산 위주의 설명으로 흐르지 않도록 조심했다. 암호자산은 블록체인이 바뀌갈 세상을 이해하는 데에 빼놓을 수 없는 매우 중요한 요소다. 이 책에서도 후반부에서 비중 있게 다룬다.

그러나 암호자산을 중심으로 블록체인을 이해하는 것은 위험하다. 플랫폼 관점에서도 마찬가지다. 이미 얘기했듯이 암호자산에 과도한 의미를 부여해서는 수단과 목적을 뒤바꾸는 우를 범할 수 있다. 이러한 이유로 암호자산을 본격적으로 다루는 PART 3의 후반부까지는 의도적으로 암호자산의 노출을 최소화한다.

암호자산을 편견 없이 제대로 이해하기 위해서도 우선 블록체인이 무엇인지 정확히 알아야 한다. 투자할 목적으로 암호자산을 공부하려는 이도 마찬가지다. 주식투자를 제대로 하려면 주식이 무엇인지 알아야 하고, 주식을 제대로 이해하려면 주식 가치평가 이론뿐만 아니라 주식회사가 무엇인지, 기업이 어떻게 돌아가는지에 대한 기본지식이 있어야 하는 것과 같은 이치다.

이 책에는 블록체인 분야의 최신 동향, 새롭게 제안된 기술, 아이디어에 대한 소개가 거의 없다. 아주 빠르게 변화하는 분야이다. 그 빠른 변화를 일일이 쫓아가는 것은 책보다는 다른 매체가 적합하다. 여기에서는 책의 강점을 살릴 수 있는 부분에 집중한다. 프롤로그에서도 강조했듯이 이 책의 목적은 독자들이 블록체인의 핵심을 균형 잡힌 시각으로 이해하고, 그 이해를 바탕으로 블록체인 세계에서 일어나는 일들을 비판적으로 해석하는 안목을 기르도록 돕는 것이다.

데이터^{data}

숫자, 문자, 음성, 영상 등 모든 형태의 자료.
이 책에서 데이터는 주로 컴퓨터가 처리할
수 있는 디지털 데이터를 의미한다. 디지털
데이터는 디지털 시대, 플랫폼 시대의 가치
창출 과정에서 가장 중요한 원료로 사용
된다.

데이터 관리^{data management}

데이터를 가치 있는 용도로 활용하기 위한
모든 행위. 데이터의 기록·저장뿐 아니라
데이터의 수집·가공을 통해 사용 가치를
높이는 데이터 처리^{data processing}까지
포함한다. 데이터 처리를 위해 컴퓨터
명령어를 실행하는 컴퓨팅^{computing}
기술도 데이터 관리의 연계선상에 있다.

블록체인 기술

새로운 기록 추가만 가능한 디지털 데이터
장부를 분산된 다수가 함께 관리하는 데이터
관리 기술. 이 기술을 구현하기 위해
일정량의 데이터를 모아 기록한 후
봉인하고, 봉인된 데이터 묶음에 다음번
데이터 묶음을 순차적으로 연결시키는
방식을 사용한다. 각각의 데이터 묶음을
블록이라고 부른다. 이와 같은 데이터
구조가 체인으로 연결된 블록을 연상시켜
블록체인이라는 이름으로 불린다.

중개자

기존의 중앙집중형 데이터 관리 서비스를
제공하는 개인 또는 단체. 정부, 금융기관,
플랫폼 기업 등이 대표적인 중개자다.

관리자

블록체인 데이터 관리 시스템을 구동하는
개별 컴퓨터, 또는 그 컴퓨터를 제공하는
개인이나 단체. 블록체인 시스템에서는
다수의 관리자들이 기존 중앙집중
시스템에서 중개자가 수행한 역할을
대신한다. 독립된 다수의 관리자가 참여해야
이상적인 블록체인 시스템이 성립할 수
있다. 블록체인 시스템에서 데이터 관리
서비스를 제공하는 것은 시스템 그
자체이고, 개별 관리자들의 기본적인 역할은
기계적이고 반복적이다.

사용자

블록체인 데이터 관리 시스템에 데이터
기록을 요청하는 사람, 조직 또는 사물.
블록체인이 플랫폼의 기반기술로 사용되는
경우 사용자는 플랫폼의 참여자, 즉
플랫폼에서 거래되는 서비스의 공급자 또는
수요자가 된다.

합의체계

사용자로부터 입수한 데이터를 담은 블록 초안을 관리자들끼리 회람하고, 이에 대해 관리자 집단 다수의 동의를 얻어 블록생성을 확정할 수 있도록 정해둔 규칙. 합의규칙·방법·알고리즘 등으로 바꿔 부를 수 있다. 합의체계는 블록체인 데이터 관리에서 가장 중요한 부분으로서 블록체인 시스템의 탈중앙화 수준과 효율성에 직접적인 영향을 미친다.

스마트계약

계약의 체결부터 실제 이행까지 거래의 전 과정을 디지털화하고 자동화하기 위한 컴퓨터 규약protocol. 블록체인 시스템에서 다양한 컴퓨터 명령어, 코드code를 실행할 수 있게 되면서 이상적인 스마트계약의 구현이 가능해졌다. 스마트계약을 구동할 수 있는 블록체인을 스마트계약 블록체인 이라고 부른다.

앱app

응용 소프트웨어application software의 줄임말. 응용 소프트웨어란 특정 기능을 수행하기 위해 구동되는 컴퓨터 프로그램을 통칭한다. 모든 디지털 서비스는 앱을 통해 제공된다.

탈중앙앱decentralized app

중앙집중 서버가 아니라 탈중앙화된 시스템에서 작동하는 앱. 블록체인과 관련된 탈중앙앱 중 대표적인 것은 스마트계약 블록체인에서 중요 코드가 실행되는 앱이다.

플랫폼platform

모든 경제·사회적 상호작용interaction의 매개체. 경제적 관점에서는 플랫폼 참여자들 간의 경제적 상호작용, 즉 거래가 이루어지는 무대이자 그 거래를 매개하고 성사시키는 중개자를 뜻한다. 전통적인 시장, 대형마트는 아날로그 플랫폼이고 전자상거래 기업은 디지털 플랫폼이다.

디지털 플랫폼digital platform

디지털화된digitized 플랫폼을 기반으로 가치를 창출하는 비즈니스 모델. 구글, 아마존, 비자, 우버 같은 거래 플랫폼transaction platform과 마이크로소프트사의 앱 개발 플랫폼과 같은 기술 플랫폼technology platform을 포함한다.

디지털 거래 플랫폼

디지털 플랫폼의 일종으로 디지털 서비스가 거래되는 플랫폼. 디지털 거래 플랫폼이 형성되기 위해서는 디지털 데이터와, 데이터를 주원료로 여러 가치 창출 요소를 디지털 기술로 조합해 만들어 낸 디지털 서비스가 필요하다. 이 책에서 플랫폼은 주로 이 디지털 거래 플랫폼을 뜻한다.

플랫폼 경제platform economy

디지털 거래 플랫폼을 기반으로 형성된 경제시스템. 여러 개의 가치사슬이 다층적으로 엮인 가치네트워크형 경제시스템이다. 이에 대응되는 것은 산업화 시대를 대표하는 파이프 경제pipe economy다. 파이프는 원재료부터 중간·최종제품의 제조와 판매까지 가치사슬상에서 형성되는 단선적인 가치 흐름의 통로를 상징한다.

플랫폼화platformization

글로벌 경제의 무게중심이 파이프 경제에서 플랫폼 경제로 이동하는 비즈니스 패러다임의 대전환. 좁은 의미로는 디지털 서비스가 플랫폼에서 거래되도록 만드는 것을 뜻한다. 성공적인 플랫폼화를 위해서는 혁신적인 디지털 서비스도 중요하지만 서비스의 수요자와 공급자를 플랫폼에 모으고 묶어두는 합리적인 유인·보상체계도 반드시 구비되어야 한다.

블록체인 플랫폼

블록체인 기술을 기반으로 구현되는 디지털 거래 플랫폼. 보통 스마트계약 블록체인을 플랫폼 인프라로 활용해 구동되는 탈중앙앱을 통해 구현된다. 플랫폼의 핵심 구성 요소인 디지털 데이터와 서비스를 어느 수준으로 블록체인 시스템에 내부화하는지는 블록체인 플랫폼마다 천차만별이다. 최소한 디지털 서비스의 거래매개는 블록체인 시스템을 통해 이루어져야 블록체인 플랫폼이라고 부를 수 있다.

블록체인 경제

블록체인 플랫폼을 기반으로 형성되는 경제시스템. 즉, 블록체인 기반 플랫폼 경제를 뜻한다. 이상적인 블록체인 경제는 기존의 소유 관념에서 자유로운, 특정 개인이나 기업이 좌지우지할 수 없는 탈중앙화된 플랫폼 경제다.

암호자산crypto-asset

블록체인 시스템으로 소유권이 관리되는 자산. 비트코인 등 블록체인에 기반을 둔 자산을 흔히 암호화폐, 가상화폐라고 부른다. 하지만, 이들 중에는 2019년 상반기를 기준으로 엄밀한 의미에서 화폐로서의 요건을 갖춘 것이 거의 없다. 화폐와는 전혀 무관한 자산도 섞여 있다. 따라서 오해를 없애기 위해 암호자산이라는 용어로 대체한다. 짧게 토큰token이라고도 부른다.

지불토큰

화폐성을 가진 암호자산. 블록체인 시스템이 발행하고, 블록체인 시스템 사용자의 신뢰를 바탕으로 가치가 형성되고, 블록체인 기반 지급결제 플랫폼에서 지급수단으로 사용되는 화폐성 암호자산을 지칭하기 위해 이 책에서 제시하는 용어이다. 비트코인도 지불토큰의 일종이다. 지불토큰의 화폐성이 충분히 커져 화폐의 수준에 이를 때 비로소 암호화폐라 부를 수 있게 된다.

명목화폐fiat currency

사실상 내재가치intrinsic value가 0인 화폐.
명목화폐의 시장가치market value는
사용자들의 신뢰에 기반을 두어 형성된다.
과거 통용되던 금화나 은화는 내재가치와
시장가치가 비슷했다. 달러화, 유로화, 원화
등 대부분의 법정화폐는 명목화폐다.
지불토큰이 화폐로 발전하게 되면 이 역시
명목화폐가 된다. 이 책에서 화폐라는
용어는 주로 명목화폐를 의미한다.

지급수단means of payment

명목화폐라는 추상적 거래매개 수단이 실제
결제에 사용될 수 있도록 화폐에 결부시킨
매개물. 중앙은행이 발행한 지폐나 동전은
화폐이자 곧 지급수단이고, 수표나 어음
등은 화폐가 아닌 지급수단이다. 화폐와
지급수단을 구분하지 못하면 오류를 범하는
경우가 종종 있다.

디지털 화폐digital currency

디지털 방식의 화폐 또는 지급수단.
화폐라는 명칭으로 부르기는 하지만, 엄밀한
의미에서 화폐가 아니라 아날로그 화폐를
사용하기 편리하도록 보완하는 디지털화된
지급수단을 지칭하는 경우가 많다. 암호화폐
역시 일종의 디지털 화폐다.

PART 1

플랫폼 혁명

블록체인을 통한
플랫폼 비즈니스의
탈중앙화

1장

블록체인이란?

블록체인은 데이터 관리 기술이다. 데이터 관리 기술은 눈에
띄지 않는 곳에서 화려하지 않는 방식으로 세상을 바꾼다.

데이터 관리의 역사는 인류의 역사와도 같다. 그 근원은 선사시대까지
거슬러 올라간다. 당시에는 동굴이나 암벽에 투박한 방식으로 기록을
남겼다. 이후 동물 뼈, 거북이 딱지龜甲, 가죽, 목간木簡, 죽간竹簡, 비단
등에 정보를 기록했다. 이때까지 데이터를 기록하는 데에 사용되던 물
건들은 무겁고 부피가 너무 크거나 매우 비쌌다. 기록하는 데이터의 양
에 제약이 클 수밖에 없었다.

2세기 후한後漢 시대, 채륜이 중국 각지의 종이 제조법을 체계화해 종
이의 대량생산이 가능하도록 발전시켰다고 전해진다. 종이가 발명되
고 종이를 묶어 책을 만들면서 아날로그 시대의 데이터 관리에 대변혁
이 일어났다. 이후 천 년이 넘는 기간에 걸쳐 종이를 중심으로 한 아날
로그 시대의 데이터 관리 패러다임이 형성됐다. 컴퓨터가 발명되고 데
이터 관리에 사용되기 시작하면서 이 분야는 또 한 번 비약적으로 발전

했다. 빠른 속도로 데이터 관리의 디지털화, 네트워크화가 진행되고 있다. 이러한 기술 발전의 연장선 위에 블록체인이 놓여있다.

아날로그 시대의 종이나 디지털 시대의 컴퓨터처럼, 블록체인 기술도 이론상 모든 분야의 데이터를 관리하는 데에 활용될 수 있다. 종이가 처음 도입되었을 때 일부 상류층의 전유물이었고 컴퓨터가 처음 발명되었을 때는 어려운 수학문제를 푸는 데에 주로 사용되었지만, 결국 인류의 모든 데이터 관리 분야에 구석구석 영향을 미치게 된 것과 유사한 변화가 일어날 수 있다.

데이터 관리와 삶

데이터가 산업화 시대의 원유原油만큼 중요해질 것이라고 한다. 이미 데이터는 가치 창출의 가장 중요한 원료다. 그런데 과거에는 데이터가 중요하지 않았을까? 데이터가 중요하지 않았던 적은 없다. 다만, 그것을 만들고 가공하고 저장하고 활용하는 기술에 한계가 있었을 뿐이다. 디지털 시대에 접어들어서 데이터의 처리·저장 기술이 비약적으로 발전하고 있다.

'데이터 관리'란 데이터를 가치 있는 용도로 활용하기 위한 모든 행위를 포함한다.[1] 데이터 관리의 기본은 데이터를 기록하고 저장하고 열람

---

1 영문판 위키피디아(Wikipedia)는 데이터 관리를 "데이터를 가치 있는 자원으로 관리하는 모든 방법(all disciplines related to managing data as a valuable resource)"이라고 정의한다.

하고 갱신하고 활용하는 것이다. 한 걸음 더 나아가면 데이터를 수집하고 가공하고 변환해 사용가치를 높이는 데이터 처리data processing까지도 포함한다. 데이터를 처리하려면 컴퓨터 명령어를 실행하는 것, 우리가 흔히 컴퓨팅computing이라고 부르는 능력도 요구된다. 따라서 데이터 관리와 데이터 처리, 그리고 컴퓨팅은 모두 같은 선상에 놓여 있는 기술이다.

데이터 관리는 우리 삶의 거의 모든 부분에 아주 깊숙이 영향을 미치고 있다. 아침에 눈을 뜨면 스마트폰으로 오늘의 미세먼지 지수를 확인한다. 출근길 버스정류장에서는 기다리는 버스가 몇 분 후 도착할지 알려준다. 버스를 타면 교통카드로 요금을 결제한다. 회사 앞 커피전문점에서 선불카드로 아메리카노를 한 잔 사고 멤버십 포인트를 적립한다. 매일 아침 발생하는 이 일상적인 일들 중 데이터 관리가 개입되지 않은 것은 없다. 날씨정보 시스템, 대중교통정보 시스템, 교통카드결제 시스템, 선불카드관리 시스템, 멤버십적립 시스템 모두 일종의 데이터 관리 시스템들이다. 디지털 혁명은 디지털 데이터 관리가 일상생활에 구석구석 스며들면서 현실화되고 있다.

그런데 데이터 관리 기술은 왜 눈에 띄지 않을까? 겉으로 나서는 기술도 아니고, 활용 분야가 정해진 것도 아니며, 작동방식이 화려하지도 않기 때문이다. 데이터 관리 기술은 전형적인 후단back-end 기술이다. 응용 소프트웨어의 사용자 인터페이스user interface 기술처럼 사람들과 직접 대면하는 전단front-end 기술의 반대편 끝에 있다. 어떤 분야에 적용되는지에 따라 활용되는 양태와 그 효과가 천차만별이다.

그림 1-1. 전단과 후단

응용 소프트웨어(앱)

사용자

전단 front-end	후단 back-end

데이터

스마트폰 뱅킹 앱을 예로 들어 보자. 앱을 실행한다. 인증서 비밀번호를 입력해 로그인한다. 본인의 잔고를 확인하고 계좌이체 메뉴로 이동한다. 돈 받을 사람의 계좌번호와 이름, 보낼 금액을 입력한다. 실수가 없는지 확인하고 문제가 없으면 인증서 비밀번호를 다시 입력해 계좌이체를 완료한다.

전형적인 네트워크 기반 시스템의 이용 사례다. 그런데 고객 입장에서 크게 기억에 남는 것은 앱의 디자인, 메뉴들의 구성 등 시각적 인상과 사용의 편리함 정도다. 블록체인과 같은 데이터 관리 기술은 거래의 처리속도와 신뢰도, 시스템 안정성 등을 좌우하는데 일반인이 앱이 작동하는 저 뒤편에서 이루어지는 일까지 관심 갖기는 어렵다. 시스템 장애로 앱 이용에 문제가 생기면 불만을 터뜨리는 정도다.

따라서 데이터 관리 기술의 일종인 블록체인 역시 기술 그 자체로서 사람들에게 받아들여지기보다는 그것이 대표적으로 활용되는 분야와 사용자 환경이 주는 인상으로 기억되기 쉽다. 여전히 많은 사람들이 블록체인을 디지털 연금술로 오해하는 것도 그 때문이다. 사용자 입장에서는 자신이 이용하는 서비스가 블록체인 기술에 기반을 둔 서비스라는 것을 알아채지도 못할 가능성이 매우 높다. IP, SSL, https 등 인터넷 기술 용어를 전혀 몰라도 인터넷을 사용하는 데에 아무 지장이 없는 것과 마찬가지다. 블록체인 혁명은 사람들의 눈에 띄지 않는 곳에서 조용히 일어난다.

분산원장?

아날로그 방식으로 데이터를 기록하기 위해서는 사람과 펜, 종이 또는 다른 기록 도구, 그리고 그 데이터를 안전하게 보관하기 위한 금고, 서고 같은 저장소가 필요하다. 여러 사람의 이해와 직결되는 중요한 데이터를 기록하고 원본을 저장하는 역할은 아무에게나 맡기지 않는다. 매우 높은 신뢰도가 필수적이고, 필연적으로 중앙집중적일 수밖에 없다. 토지대장 원본을 등기소 두 곳에서 관리하는데, 어느 한 곳이 실수를 하거나 악의적으로 잘못된 정보를 기입한 경우를 상상해보자. 데이터를 관리하는 것은 권력이고 이권이다.

컴퓨터가 도입되면서 데이터 관리에 많은 발전이 있었다. 그러나 데이터를 관리하는 권한에 대한 사람들의 생각은 쉽게 바뀌지 않고 있다. 데이터 원본은 공신력 있는 기관으로 집중시켜 관리하는 것이 가장 안전하고 효율적이라고 믿는다. 이 책에서는 중앙집중형 데이터 관리를 책임지는 자를 '중개자'라고 부를 것이다.

아날로그 시대이든, 디지털 시대이든 데이터를 한 곳에 모아서 관리하는 방식에는 여러 가지 문제점이 있다. 우선, 중개자에게 과도한 권한과 리스크가 집중된다. 중개자의 선의에 전적으로 의존하다 보니 중개자가 실수하거나 악의를 갖고 데이터를 조작하면 데이터의 주인이나

그림 1-2. 중앙집중형과 분산형 데이터 관리

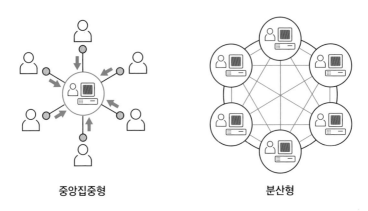

중앙집중형   분산형

이용자는 본인의 잘못이 없어도 피해를 입을 수 있다. 시스템 공격자 입장에서 보면 중개자 한 곳만 공략하면 된다는 것도 무시할 수 없는 단점이다.

중개자에게 수수료도 부담해야 한다. 수수료는 직접 지불할 수도 있고 간접적으로 부담할 수도 있다. 더 심각한 문제점은 지리적, 정치적 상황 등으로 인해 중개자가 없거나 중개자가 제대로 기능하지 못하는 경우도 많다는 것이다. 오랜 내전에 시달리고 있는 국가의 상황을 떠올려 보자. 신뢰할 만한 중개자가 없으면, 그 피해는 그런 환경에 놓여있는 사람들에게 고스란히 돌아간다.

데이터의 원본을 중앙집중형 중개자가 단독으로 관리하지 않고 분산된 다수가 공동으로 관리하는 기술을 흔히 '분산원장'distributed ledger 기술이라고 한다. 원장이라고 부르는 것은 데이터의 분산관리를 처음 도입한 영역이 결제 시스템이기 때문이다.[2] 그러나 이제 이 기술이 다루는 데이터는 거래정보에 국한되지 않는다. 따라서 분산원장이라는 말은 더 이상 이 기술을 충실히 설명하는 명칭이 아니다.

이 기술에 대한 오해를 줄이기 위하여 분산원장 대신 '분산형 데이터 관리'distributed data management 기술이라는 표현을 사용하기로 한다. 분산형 데이터 관리 기술을 사실상 처음으로 실용화하고, 동시에 상당히 넓은 지지층을 확보하는 데에도 성공한 것이 바로 블록체인이다. 분산형 데이터 관리 기술의 주류는 블록체인이지만 분산형 관리가 블록체인으로만 가능한 것은 아니다.

정의

영문판 위키피디아는 블록체인을 "암호화 기술을 이용하여 연결되는, 블록이라고 부르는 증가하는 기록물 리스트"[3]라고 정의한다. 정의에 사용된 핵심 단어는 '암호화', '연결', '증가', '기록'이다. 데이터가 저장되는 방식과 구조에 초점을 맞춘 정의다. 간결하지만 분산형 데이터 관리 기술에서 중요한 '다수에 의한 분산관리'가 빠져 있다.

세계경제포럼World Economic Forum은 2016년 포럼에서 미래의 핵심 기술 중 하나로 블록체인을 포함했다. 컨설팅회사인 딜로이트Deloitte는 세계경제포럼에서의 논의를 인용해 블록체인을 "네트워크 내에 있는 서

---

2 원장(元帳)은 거래정보를 기록하는 장부를 뜻한다.

3 a growing list of records, called blocks, which are linked using cryptography

로 다른 계약 당사자들이 중개자 개입 없이도 데이터를 직접 교환하게 해주는 기술 프로토콜"이라고 설명한다. 그런데 위키피디아의 정의와는 반대로 데이터 관리 시스템의 사용자와 관리자 측면에 치중하고 있다. 블록체인보다는 블록체인을 포함한 분산형 데이터 관리 기술 전체에 대한 정의에 더 가깝다.

세계은행World Bank은 블록체인을 "지속적으로 증가하는 추가만 가능한 체인 형태의 데이터 구조를 생성하고 검증하는 암호학적, 알고리즘적 방법을 사용하는 분산원장 기술"이라고 정의한다. 데이터 관리 주체와 데이터 구조에 대한 내용을 모두 포함하고 있다. 그런데 정의의 대부분을 데이터 구조의 설명에 할애하고 있고 관리 주체 부분은 분산원장이라는 용어로 대신한다.

이 책에서는 블록체인을 "새로운 기록 추가만 가능한 디지털 데이터 장부를 분산된 다수가 함께 관리하는 기술"이라고 정의한다. 조금 더 짧게 표현하면 "비가역적 데이터 장부 기반 분산형 데이터 관리 기술"이다. 기록되는 데이터의 구조 측면에서 보면 '비가역적 데이터 장부'이고, 데이터의 관리 주체·방식 측면에서 보면 '분산된 다수가 함께 관리'하는 기술이다.

블록체인을 정의할 때 중요한 단어는 '비가역성'과 '분산관리'이다. 다만, 비가역성은 블록체인 기술을 특징짓는 매우 중요한 요소이기는 하지만, 이것을 위해 블록체인 기술이 고안된 것은 아니다. 가장 중요한 핵심은 분산관리이고, 비가역성은 분산관리를 구현하기 위해 부여된 특성이다.

그림 1-3. 블록체인 개념도

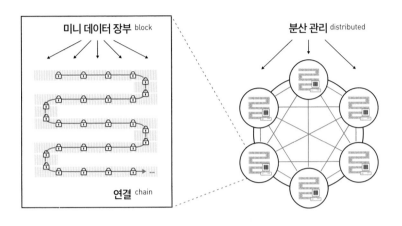

블록체인 시스템에서는 하나의 장부에 데이터를 계속 기입하지 않는다. 대신, 시간이 흘러감에 따라 순차적으로 생성되는 '미니 데이터 장부'(블록)에 일정량의 데이터를 기록한 후 봉인하고, 이 봉인된 장부에 다음 번 장부를 계속해서 '연결'(체인) 시키는 방식을 사용한다. 이 구조가 체인chain으로 연결된 블록block을 연상시켜서 '블록체인'blockchain이라는 이름으로 부른다.

블록체인은 여러 기술의 복합체이다. 그 정의에 부합하는 방식으로 분산형 데이터 관리를 구현할 수만 있다면 어느 것이나 블록체인이라고 부를 수 있다. 어떤 기술을 조합해 블록체인을 구현할지는 정해진게 없다. 다만, 암호화·보안, 데이터의 변환·구조화 등 일반적으로 데이터를 관리할 때 필요한 기술은 필수적으로 채택될 수밖에 없다.

이 책은 블록체인이라는 용어를 기술technology로서 정의하고 있다. 그러나 블록체인은 기술 자체를 지칭할 수도 있고, 이 기술을 기반으로 작동하는 시스템이나 이 기술로 관리되는 데이터 장부를 가리키는 용도로 사용할 수도 있다. 앞에서 예로 든 다른 정의들도 블록체인을 '기술 프로토콜', '기록물 리스트' 등 각각의 관점에 따라 다르게 규정하고 있다. 이 책에서 블록체인은 주로 블록체인 기술을 의미하지만, 시스템이나 데이터 장부를 뜻하는 경우도 있다.

3대 강점

영화 〈미션 임파서블〉Mission: Impossible 다섯 번째 시리즈 '로그네이션' Rogue Nation에서는 IMFImpossible Mission Force 요원들이 비밀조직 '신디케이트'의 핵심 정보를 탈취하기 위해 삼중 보안망 뚫기를 시도한다. 마지막 관문을 통과하려면 물 26만 리터가 채워진 탱크 바닥에 있는 보안서버에 접근해 3분 안에 조직 보스의 ID 카드 정보를 조작해야 한다. 아슬아슬하게 데이터 바꿔치기에 성공한다.

강력한 보안장치를 두더라도 중앙집중형 시스템이 데이터 조작에 취약할 수 있다는 것을 보여주는 예다. 신디케이트 조직이 ID 관리 시스템에 블록체인 기술을 채용했다면 IMF 요원들을 훨씬 더 애먹였을 것이다. 제대로 작동하는 블록체인 시스템에 기록된 데이터를 바꾸는 건 불가능에 가깝다. 그래서 데이터 신뢰도가 매우 높다.

블록체인의 장점은 많다. 이 장점 중 중요한 셋만 꼽는다면 높은 '데이터 신뢰도'data credibility와 '시스템 안정성'system stability, 그리고 '탈중앙

표 1-1. 블록체인의 3대 강점

	기존 시스템	블록체인
데이터 신뢰도 시스템 안정성 탈중앙화	데이터 중개자를 신뢰 단일실패지점 존재 데이터 관리 권한 집중	데이터 자체를 신뢰 단일실패지점 없음 데이터 관리 분권

화decentralization다. 이 책에서는 이를 '3대 강점'이라 한다. 블록체인의 다른 장점들은 큰 틀에서 이 3대 강점에 포함되거나 상대적으로 중요성이 낮다. 예를 들면, 블록체인을 통해 데이터 관리의 투명성transparency이 제고되고 데이터의 검증가능성auditability이 높아진다. 그런데 이는 넓은 의미의 데이터 신뢰도에 포함된다.

3대 강점은 블록체인 기술의 정의에서 바로 도출된다. 앞에서 얘기했듯이 블록체인을 정의하는 두 키워드는 비가역성과 분산관리다. 새로운 기록 추가만 가능한 비가역적 시스템이고 여럿이 함께 데이터를 관리하니, 처음에 제대로 된 데이터가 기록된다는 것을 전제로 저장된 데이터의 신뢰도가 매우 높다. 그리고 분산된 다수가 나누어 관리하니 어느 하나가 공격당해도 시스템 전체의 안정성에 큰 위해가 없다. 또한, 데이터 관리 권한을 여럿에게 나누는 분권과 탈중앙화에 따르는 이점을 기대할 수 있다.

중앙집중형 데이터 관리 시스템의 메인 서버가 공격당하면 이 시스템에 의존하는 모든 서비스가 동시에 중단되기도 한다. 2011년 4월 농협은행 전산시스템이 해커의 공격을 받았다. 중요한 파일들이 삭제되어 거의 모든 은행업무가 멈춰 섰다. ATM 등 주요 대고객 서비스가 모두 정상화되는 데 수 일이 소요됐다. 복구되기는 했지만 신용카드 거래원장 일부는 한때 유실되기도 했다. 검찰은 북한의 소행이라고 밝혔다. 누가 해킹을 했건 시스템 해킹으로 은행업무가 마비되고 일시적이라도 원장이 지워지는 것은 대형 사고다.

한 번의 공격으로 이런 일이 벌어지는 것은 기존 중앙집중 시스템의 경우 단일실패지점single point of failure4이 존재하기 때문이다. 은행 전산 시스템 전체를 순수한 블록체인 기술만으로 구현하는 것은 현재로서는 어렵다. 그러나 중요한 고객정보나 원장 데이터는 블록체인으로 관리해 시스템의 안정성을 높일 수 있다. 블록체인 시스템은 서버 한두 곳이 공격당하더라도 시스템이 마비되는 일은 없다.

데이터 관리의 중앙집권화로 인한 부작용이 드러난 경우도 적잖다. 약 5천만 명의 페이스북Facebook 사용자 정보가 유출되어 2016년 미국 대통령 선거 등에서 부적절하게 사용되었다는 스캔들이 터졌다. 페이스북 CEO 마크 저커버그Mark Zuckerberg가 의회 청문회에서 재발 방지를 약속했지만, 그 이후로도 고객 정보를 상업적 목적으로 외부에 제공하고 있다는 의혹이 지속적으로 제기되고 있다.

페이스북은 2018년 말 기준 전 세계 상장기업 중 시가총액 5위인 초대형 기업이다. 이 기업은 고객의 데이터를 바탕으로 성장했다. 품질 높은 소셜 네트워크 서비스SNS를 무료로 제공해 고객들을 모으고, 고객

---

4 중앙실패지점(central point of failure)이라고도 한다.

들의 페이스북 활동 정보를 이용한 맞춤형 광고 판매 등으로 수익을 내는 비즈니스 모델을 갖고 있다.

페이스북과 같은 SNS 기업은 사람들을 네트워크상에서 연결해주는 전형적인 중앙집중형 중개자다. 고객정보 유출 사례에서 보듯이 데이터를 만들어내는 고객들의 이익과 사생활 보호보다는 기업의 이익을 우선시하는 경우가 종종 발견된다. 탈중앙화된 SNS가 활성화된다면 기업형 SNS에 비해 고객의 이익과 권리를 더 적극적으로 보호할 수도 있을 것이다.

탈중앙화된 데이터 관리는 탈중앙화된 디지털 비즈니스 환경의 밑바탕이 된다. 탈중앙화는 비즈니스의 무게중심을 고객으로 이동시킨다. 블록체인을 통한 탈중앙화는 그 자체가 목적이 아니라 고객에게 더 큰 금전적 이득과 만족을 주기 위한 수단이다. 결국 탈중앙화의 지향점에는 고객, 즉 사람이 있다. 이처럼 탈중앙화는 소외된 다수 입장에서는 사람으로의 무게중심 이동이 될 수 있지만, 기득권자의 관점에서 보면 기존 질서로부터의 일탈로 받아들여질 수 있다.

그런데 블록체인의 3대 강점 중 데이터 신뢰도와 시스템 안정성은 상대적인 강점이다. 기존 중앙집중형 시스템에서도 시스템별로 정도의 차이는 있지만 이 둘은 달성할 수 있다. 해킹사고 소식이 끊이지 않고 있기는 하지만, 우리가 기존 시스템을 사용하면서 데이터 신뢰도와 시스템 안정성 때문에 걱정하는 일은 별로 없다는 점을 상기하자.

그러나 탈중앙화는 그 정의상 중앙집중형 데이터 관리를 통해서는 달성할 수 없다. 블록체인과 같은 분산형 데이터 관리 시스템의 고유한 강점이다. 따라서 블록체인과 기존 시스템과의 진정한 차별화는 탈중앙화를 어떻게 구현하는지에 크게 좌우될 수밖에 없다. 문제는 분권과 탈중앙이 블록체인 기술을 도입한다고 해서 자동으로 보장되지 않는다는 것이다.

분산과 분권

실록實錄은 조선 왕조가 남긴 소중한 기록유산이다. 우리 선조들은 이 중요한 기록이 사라지는 것을 막기 위해 여러 벌의 실록을 만들어 조선 전기에는 4개, 후기에는 5개의 사고史庫에 분산分散해 보관했다. 이런 분산관리 덕분에 임진왜란 때 3개의 사고에 보관된 실록이 불타 없어졌음에도 불구하고 그 기록이 사라지지 않고 지금까지 전해진다. 이처럼 여러 곳에 원본을 분산하면 데이터 위조에 대한 대응과 데이터의 안전한 보관 측면에서 강점이 크다.

조선시대 실록 관리에는 기록의 공정성과 신뢰도를 높이기 위한 분권分權의 노력도 상당했다. 널리 알려진 것처럼 왕권王權에 의해 기록이 왜곡되지 못하도록 왕이 본인 사초史草는 물론 선왕先王의 실록도 열람하지 못하게 했다. 특정인의 시각에 의해 기록이 왜곡되지 않도록 여러 명의 전임·겸임 사관史官을 두었다. 다만, 사고에 실록을 분산해 보관하는 것과 기록 과정을 분권화한 것은 각각 별개의 노력이었다.

블록체인은 일종의 분산형 데이터 관리 시스템이다. 그러면 블록체인은 분권적인 시스템일까? 분산과 탈중앙이라는 말은 같은 뜻일까?[5] 이 질문에 답하려면 우선 '중앙집중'의 의미부터 엄밀히 해야 한다. 데이터 관리의 중앙집중이란 데이터를 한 곳에서 '집중관리'한다는 뜻으로도, 데이터 관리 권한을 한 곳에 집중, 즉 '중앙집권'한다는 뜻으로도 풀이될 수 있다. 데이터의 집중관리는 앞에서 얘기한 단일실패지점의 문제를 야기한다. 실록의 사고를 한 곳만 둘 경우 이곳에 불이 나면 모든 기록이 없어지는 것과 같은 위험이다. 한편, 데이터 관리의 중앙집권은 데이터 관리 권한의 오남용 문제를 야기할 수 있다.

그런데 데이터의 집중관리와 데이터 관리의 중앙집권이 붙어있으라는 법은 없다. 중앙집권 상황에서도 분산관리는 가능하다. 실록이 여러 사고에 나뉘어 관리되기는 하지만, 각각의 사고가 독립적으로 실록의 기록을 수정할 권한도 없거니와 보관방식을 마음대로 바꾸지도 못하는 것과 같다. 중앙집권화된 분산관리의 좋은 예다. 디지털 시대에 중앙집권 방식의 데이터 분산관리의 예는 흔하다. 중개자가 데이터 센터를 여럿 두고 서버를 분산해 관리하는 방식이 널리 사용되고 있다.

데이터 중앙집권과 분산관리가 병존할 수 있다는 것은 블록체인을 이해할 때에도 유의해야 할 부분이다. 블록체인은 기본적으로 데이터를 분산관리하는 시스템이다. 여기에서의 분산은 다수의 데이터 관리자가 물리적으로 분산되어 있다는 뜻이다. 이들 각각은 독립적일 수도 있고 특정인에게 모두 종속될 수도 있다. 관리자 숫자가 1만을 넘고 이

---

5 이 책에서 데이터 관리의 '분권'과 '탈중앙화'는 같은 뜻으로 사용한다.

들이 전 세계에 흩어져 있다면 충분히 분산적이다. 그러나 그중 하나의 관리자가 관리 권한의 70%를 행사한다거나, 90%의 관리자가 한 기업의 통제를 받는다면 분권적이라고 하기는 어렵다.

따라서 블록체인의 분산형 데이터 관리 구조는 탈중앙화된 데이터 관리를 자동으로 보장하지 못한다. 분산적인 시스템인 것은 확실하지만 분권적인지는 시스템별로 따져봐야 한다. 분산화 수준이 낮다면 탈중앙적이지 않을 가능성은 매우 높다. 그러나 높은 수준의 분산화가 높은 수준의 분권화로 이어지려면 관리자들 간의 독립성, 그리고 권한의 실질적 분산이 뒷받침되어야 한다.

하나 더 유의할 점이 있다. 이렇게 달성한 높은 수준의 탈중앙화가 모든 경우에 더 나은 결과를 가져다주리라는 보장은 없다는 것이다. 예를 들어 극소수에 의한 고도의 기밀 유지가 필요한 분야에는 탈중앙화 수준이 높은 이상적 블록체인 시스템을 도입하는 것이 오히려 나쁜 결과를 초래할 수 있다.

---- ⚭ **2장** ⚭ ----

험난한 여정

블록체인은 플랫폼과 만났을 때 가장 빛난다.
다만, 그 길은 순탄치 않다.

시작은 독자적인 가치 형성 체계를 갖는 디지털 화폐를 만드는 기반기술이었다. 사토시 나카모토Satoshi Nakamoto라는 신원 미상의 인물 또는 단체가 최초의 블록체인 시스템인 비트코인의 첫 블록genesis block을 만든 것은 2009년 1월 3일 18시 15분이다.[1] 이 블록에는 최초로 생성된 비트코인이 어떤 비트코인 주소에 할당되었는지 기록되어 있다. 이 주소의 소유자가 아마도 사토시일 것이다.

최초의 블록에는 그 날짜 영국 일간지 〈타임스〉The Times의 1면 머리 기사 제목이 부기되어 있다.[2] 글로벌 금융위기가 진행 중이었던 당시, 은행들에 대한 두 번째 구제금융을 지원하는 영국 재무장관의 결정이

---

1 그리니치 표준시(GMT) 기준
2 Chancellor on brink of second bailout for banks

임박했다는 기사였다. 이를 두고 사토시가 품었던 기존 화폐질서에 대한 불신을 상징하는 것이라고 해석하는 이들도 있다.

비트코인 시스템은 블록체인 기술의 신뢰도 높은 데이터 관리 능력과 탈중앙화의 힘을 화폐성 디지털 자산인 비트코인을 만들어내고, 그 소유권을 관리하고 결제를 지원하는 플랫폼을 구축하는 데 활용한 것이다. 보유자의 신뢰에 기반을 두어 가치가 형성되는 화폐성 자산은 블록체인 기반 시스템이 데이터 관리 능력만을 활용해 스스로 만들어낼 수 있는 거의 유일한 형태의 자산이다. 이 책에서 지불토큰이라고 부르는 그것이다. 그러나 블록체인의 첫 작품이 그것이고, 그것의 정체가 '화폐성 자산'이 아닌 '화폐'라는 주장이 널리 확산되다 보니, 이 기술에 대한 심각한 오해를 키우는 주범이 됐다. 블록체인은 데이터 관리 기술이지 돈 찍어내는 기술이 아니다.

걸어온 길

말도 안 되는 시도로 여겨지던 비트코인에 유의미한 가치가 형성되자 비슷한 지불토큰이 수없이 생겨났다. 비트코인과 유사한 토큰을 만들어내는 것은 기술적으로 어렵지 않다. 비트코인을 조금씩 변형해 만든 화폐성 자산들을 '알트코인'alt-coin이라고 부른다. 비트코인에 대한 대안 alternative 코인이라는 뜻이다. 기술적으로는 비트코인보다 훨씬 뛰어난 것들이 많지만 비트코인의 경쟁자라 불릴 만한 알트코인은 아직 없다. 비트코인을 흉내 낸 화폐성 자산 만들기에 도전하는 것은 블록체인 세계의 가장 중요한 '목표'였다.

2015년, 데이터 관리 시스템으로서 블록체인의 가치를 획기적으로 높이는 혁신이 일어났다. 외계인이라고 불리는 1994년생 청년 비탈릭 부테린Vitalik Buterin이 개발한 '스마트계약smart contract 블록체인, 이더리움이 출범했다. '블록체인 2.0'의 시작이다. 블록체인 시스템에서 다양한 컴퓨터 명령어, 코드code를 실행할 수 있게 되었다.

스마트계약은 이더리움과 같은 진일보한 블록체인에서 가능해진 대표적이고 중요한 기능이다. 스마트계약 블록체인 시대가 열리면서 지불토큰은 그 자체가 목표라기보다는 블록체인을 토대로 형성된 경제시스템의 발전을 위해 활용할 '수단'이 되어가고 있다. 그러나 화폐 만들기를 블록체인 세계의 가장 큰 목표로 여기는 이들이 여전히 많다.

블록체인 데이터 장부에 데이터를 기록하듯 컴퓨터 명령어를 기록하고, 그것을 자동으로 실행할 수 있게 되면서 데이터 관리 기술로서 블록체인의 활용도는 급상승했다. 이 시스템으로 유의미하게 관리할 수 있는 데이터의 범위가 크게 넓어졌을 뿐만 아니라 활용 방법에도 이론상의 제한이 없어졌다. 데이터 관리 기술을 넘어 컴퓨팅 기술로 발전하는 초석이 마련된 것이다.

이더리움은 획기적 시도이기는 하지만 개선할 점이 많다. 2019년 상반기까지는 ICO라고 불리는 투자자금 유치 수단으로 큰 인기를 끈 것 외에는 이렇다 할 스마트계약 활용 성공사례를 보여주지 못하고 있다. 스마트계약 블록체인을 개선하려는 시도가 활발히 이루어지고 있다. 이더리움 스스로도 변신 중이고, 경쟁자들도 꽤 나타났다. 비주류 세계의 도전으로 여겨지던 분야에 기존 대기업들이 속속 참여하고 있다.

한편, 데이터 관리의 분권을 실현하고자 하는 블록체인이 다수가 아니라 소수를 위한 시스템이 되어가는 조짐이 관찰되고 있다. 현실 세계보다 더한 부와 권력의 편중이 우려되기도 한다. 기득권을 완전히 배제한 시스템을 만들고 나니 새로운 기득권층이 형성되고 있다.

비트코인 커뮤니티는 이미 소수의 채굴자 그룹이 좌지우지하고 있다. 2017년 기준 전 세계 상위 1% 부자가 약 50%의 부household wealth를 소유하고 있다. 비슷한 시기 상위 1% 비트코인 주소address가 소유하고 있는 비트코인은 전체의 87% 쯤 된다. 3

상당수 블록체인 프로젝트들은 기업이 아니라 재단foundation 형태의 조직들에 의해 수행되고 있다. 탈중앙을 지향하는 블록체인이 과도하게 영리 목적을 추구해서는 안 된다는 취지에서다. 비영리 소프트웨어의 대명사인 리눅스가 재단 방식으로 운영되는 것과 일맥상통한다. 그러나 탐욕만 가득한 프로젝트들도 적잖다. 기득권을 대신해 또 다른 기득권이 되고자 하는 욕심이 우선한다면 블록체인 시스템의 성공적 탈중앙화를 기대하기는 점점 어려워질 것이다.

---

3 비트코인 주소는 비트코인 시스템 내에서 ID의 역할을 한다. 한 사람이 여럿을 소유할 수도 있고, 한 주소에 여러 사람이 공동 소유하는 비트코인이 담겨 있을 수도 있어서 가계의 부 편중에 관한 통계와 엄밀한 비교는 어렵다. 그러나 블록체인 세계에도 부의 불균형이 심각하다는 근거로는 충분하다.

생존퍼즐

블록체인의 3대 강점은 저절로 생기는 것이 아니다. 기존 중앙집중 시스템의 장점을 상당 부분 포기하며 얻는 강점이다. 특히 효율성의 상실이 크다. 효율성 상실은 여러 형태로 나타난다. 데이터 처리속도가 떨어질 수도 있고 관리비용이 높아질 수도 있다. 블록체인으로 관리해서는 비효율이 너무 커 다루기 어려운 형태의 데이터도 부지기수다. 낮은 효율성은 데이터 관리 기술로서 치명적 약점이다.

블록체인을 데이터 관리 기술로서 사용하려면 3대 강점을 훼손하지 않으면서 동시에 어느 수준 이상의 효율성 요건을 충족시켜야 한다. 3대 강점과 효율성이라는 4개의 제약조건을 만족시키는 방법을 찾아내는 것을 블록체인 기술의 생존퍼즐 풀기라고 부르기로 하자. 블록체인 기술이 어떤 데이터 관리 환경에서 사용되든지 충족시켜야 할 필수요건이다.

생존퍼즐, 어떻게 풀어야 할까? 이상적인 정공법은 기술혁신으로 3대 강점도 양보하지 않고 효율성도 높이는 것이다. 어려운 풀이법이다. 조금 더 쉬운 방법은 제약조건을 완화하는 것이다. 3대 강점, 특히 탈중앙화 수준을 낮추면 답 찾기가 수월해진다. 조금 더 자세히 얘기해보자.

블록체인의 3대 강점은 분산화 수준과 대체적으로 비례관계다. 이들 강점은 분산관리에서 비롯된다는 것을 기억하자. 반대로 분산화 수준과 효율성은 반비례한다. 블록체인의 분산화는 왜 효율성을 떨어뜨릴까? 어려운 일을 나눠서 하면 분업의 이득으로 효율성이 개선된다. 그러나 똑같은 데이터를 동시에 기록하고 저장해야 하는 일은 나눠서 하면 할수록 비효율적이 될 수밖에 없다.

그런데 관리자 수가 만(萬)인 경우와 천(千)인 경우를 비교했을 때 블록체인의 3대 강점에 각각 어떤 차이가 있을까? 이 셋 모두 십분의 일로 낮아질까? 그렇지 않다. 데이터 신뢰도와 시스템 안정성은 크게 낮아진다고 보기 어렵다. 관리자 집단의 규모가 일정한 크기를 넘어서면 데이터 조작이 발생하거나 시스템이 통째로 중단할 가능성에는 사실 큰 차이가 없다. 그러나 탈중앙화는 다르다. 관리자 수를 줄이기 위해 관리자로 참여하는 것을 인위적으로 제한하면 탈중앙화는 적잖이 훼손될 수 있다.

정리하면 분산관리 수준을 낮출 경우 탈중앙화를 다소 양보해야 하지만 데이터 신뢰도와 시스템 안정성은 크게 떨어뜨리지 않고 효율성을 높일 수 있다는 결론에 도달한다. 이처럼 효율성과 가장 양립하기 어려운 탈중앙화를 다소 희생시키는 방식으로 생존퍼즐을 풀기도 하고, 한편에서는 이상적인 형태의 분산관리를 고집하면서 해법을 모색하기도 한다.

그런데 이 기본적인 생존퍼즐만 풀면 블록체인 혁명이 이루어질까? 그건 아니다. 이 퍼즐 풀이는 블록체인이 어떤 식으로든 데이터 관리 기술로서 살아남기 위해 반드시 충족시켜야 할 1차적인 요건일 뿐이다. 그래서 '성공'퍼즐이 아니고 '생존'퍼즐이다. 이 문제를 풀고 나면 비로소 본 경기가 시작된다. 그리고 또 하나 유의할 점은 생존퍼즐 풀기는 한 번으로 끝나지 않는다는 것이다.

가야 할 길, 탈중앙 플랫폼

블록체인의 활용법 중에는 기존 시스템의 단순 개선에 그치는 것들도 상당하다. 예컨대, 기업이나 정부 내부의 데이터 관리 품질을 높이기 위해 이 기술을 사용할 수 있다. 의미 없는 활용법은 아니지만 옛날 중국이 증기기관을 석탄 채굴용으로 사용하는 데 그쳤던 것과 유사하다. 미래를 크게 바꾸고 삶의 질을 획기적으로 개선할 수 있는 분야에 초점을 맞춰야 블록체인 혁명이라는 표현이 부끄럽지 않다.

블록체인 기술 활용의 정수를 찾으려면 세 가지 측면에서 고민해야 한다. 첫째, 인류의 삶에 중요한 영향을 오래 미칠 분야여야 한다. 둘째, 블록체인 기술의 본질인 데이터 관리가 핵심 역할을 할 수 있어야 한다. 셋째, 이 기술만의 고유한 장점, 탈중앙화의 효과가 극대화될 수 있어야 한다. 이 세 조건을 만족하는, 블록체인 기술을 밀도 있게 활용할 수 있는 분야는 플랫폼이다.

플랫폼, 조금 더 구체적으로 디지털 거래 플랫폼은 글로벌 비즈니스의 대세다. 플랫폼 비즈니스의 주 원료는 데이터다. 따라서 데이터 관리 기술인 블록체인과 궁합이 좋다. 블록체인 기술에 기반을 둔 플랫폼은 블록체인의 3대 강점을 극대화해 기존 플랫폼이 도전하기 어려운 새로운 비즈니스를 창출할 수도 있고 더 합리적인 가격, 낮은 수수료로 고객 만족도를 높일 수도 있다.

블록체인 플랫폼이 기존 기업형 플랫폼과 가장 큰 차이점은 원칙적으로 특정한 회사나 개인 또는 소수의 집단이 소유하지 않는다는 것이다. 이 플랫폼은 기존 플랫폼 기업이 데이터 관리를 개선하기 위해 블

그림 2-1. 블록체인 혁명의 시작

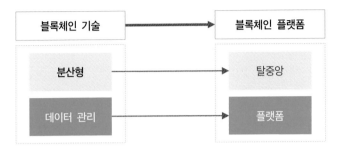

록체인 기술을 차용하는 것과는 근본적으로 다르다. 거래 플랫폼의 핵심 기능인 거래 중개를 특정인의 개입 없이 자동화된 시스템이 수행한다. 특정인, 특정기업이 소유하지 않는 플랫폼이 발상의 대전환인 것은 분명하다. 그러나 과연 플랫폼 세계의 패러다임을 바꿀 수 있을 것인지, 성공하기까지 얼마나 시간이 걸릴 것인지는 가늠하기 어렵다.

블록체인을 통한 플랫폼 혁명을 현실화할 수 있는 가장 큰 원동력은 블록체인 기술의 가장 독특한 장점인 탈중앙화에서 찾을 수밖에 없다. 그러지 않고서는 혁명이 아닌 개선에 그칠 가능성이 높다. 블록체인 플랫폼이 탈중앙을 주무기로 어떻게 플랫폼 세계의 판을 흔들 것인지 얘기하기 전에 환기해야 할 점이 하나 있다. 탈중앙화가 단순히 블록체인 기술을 도입한 것만으로 보장되지 않는다는 것이다.

블록체인으로 어떻게 세상을 크게 바꿀 것인지에 대한 고민의 시작점은 늘 탈중앙이다. 그런 뒤 적어도 경제적 관점에서는 플랫폼으로서의 블록체인에 주목해야 한다. 블록체인 혁명은 곧 '탈중앙 플랫폼' 혁명이다.

넘어야 할 장벽 셋

블록체인 기반 탈중앙 플랫폼이 성공하려면 우선 플랫폼 환경에 요구되는 생존퍼즐부터 풀어야 한다. 생존퍼즐은 거래 플랫폼의 기반기술로 활용되어야 한다는 제약조건이 붙으면 풀어내기가 더 까다로워진다. 생존퍼즐을 풀고 나면 좋은 플랫폼이 되기 위해 넘어야 할 세 장벽 앞에 비로소 서게 된다. 자체적인 화폐를 채택할 수밖에 없거나 스스로 그런 길을 가고자 하는 경우에는 이 셋을 모두 극복해야 한다. 이 세 장벽 모두를 완벽하게 넘는 최초의 블록체인 플랫폼은, 어쩌면 그 혼자만으로도 '플랫폼 제국'을 이루어 플랫폼 세계의 성공한 혁명가가 될 수도 있을 것이다.

첫째, 플랫폼으로서 경쟁력 확보

우선 강력한 선발주자들이 우글거리는 플랫폼 세계에서 경쟁력을 인정받아야 한다. 투자 대상으로서 관심을 끄는 데 성공한 것과 비즈니스 모델로서 차별화에 성공하는 것은 별개의 문제다. 2019년 상반기까지 어떤 블록체인 플랫폼도 거래 플랫폼으로서의 경쟁력을 확실히 보여주지 못하고 있다. 그러다 보니 왜 반드시 블록체인에 기반을 둔 플랫폼이어야 하는지, 블록체인 플랫폼이 어떤 차별화된 이익을 참여자에게 줄 수 있는지에 대해서도 명쾌한 답을 제시하지 못하고 있다.

플랫폼 세계에서 블록체인 플랫폼이 궁극적으로 경쟁해야 할 이들은 구글, 아마존, 애플, 페이스북 등 이름만 들어도 만만치 않은 기업들이다. 이들 말고도 뛰어난 플랫폼 기업들은 즐비하다. 반면, 사람의 개입이 최소화되는 블록체인 플랫폼은 강력한 리더도 없이 이들과의 전쟁에 나서야 한다. 플랫폼 기업처럼 플랫폼 내부 생태계를 일관된 시각에서 채워 나가기도 어렵다. 플랫폼 전체의 가치를 극대화하기 위한 경영전략을 치밀하게 수립하고 이를 실행하기 위해 일사불란하게 움직이는 데에도 한계가 있다.

이 책은 블록체인 플랫폼이 무엇인지, 그 장점과 단점은 무엇인지, 경쟁력의 주요 원천은 무엇인지 최대한 중립적 관점에서 소개한다. 그러나 블록체인 플랫폼이 구체적으로 어떤 분야에서 어떤 방법을 통해 경쟁력을 확보할 수 있는지 밝혀내지는 못한다. 이것은 단순히 기술의 활용을 넘어 비즈니스 세계에서의 적자생존에 관한 문제다. 그 답을 사전적으로 알고 있는 이는 없다. 정답이 여럿일 수도 있고, 없을 수도 있다. 그것을 찾아내 실현하는 것은 블록체인을 이용해 플랫폼 비즈니스를 하고자 하는 이들의 몫이다.

둘째, 화폐시스템의 난관 극복

블록체인 플랫폼이 독자적으로 생존할 수 있는 경쟁력을 확보하고 나면 또 다른 난관이 기다린다. 블록체인의 상징과도 같은 지불토큰으로 인해 발생할 수 있는 어려움이다.

모든 블록체인 플랫폼이 지불토큰을 택해야 하는 것은 아니다. 지불토큰 없는 블록체인 플랫폼은 이 두 번째 장벽은 그냥 건너뛰면 된다. 이러한 플랫폼은 세 번째 장벽을 넘어서는 것도 어렵지 않을 수 있다. 문제는 이처럼 지불토큰 없는 블록체인 플랫폼은 블록체인의 핵심 강점인 탈중앙화와는 다소 거리가 멀 수 있다는 것이다. 탈중앙화를 지향하는 블록체인 시스템, 데이터 관리를 누구에게나 개방한 블록체인 시스템에 지불토큰은 필수요소다.

지불토큰은 여러모로 유용한 점이 많다. 그러나 그것을 화폐로 활발히 이용해야 하는 단계에 이르면 상당한 골칫거리가 될 수 있다. 블록체인 플랫폼에는 일반적으로 지불토큰이 투자금을 유치하는 수단으로서 먼저 도입된다. 이후에 그것을 화폐로 사용하는 경제시스템이 형성된다. 블록체인 플랫폼 출범 초기에 투자자들을 끌어 모으기에 유리하도록 만들어둔 몇몇 장치4는 지불토큰을 화폐가 될 수 없게 하거나 아주 나쁜 화폐로 만들 가능성이 높다.

지불토큰 때문에 블록체인이 이만큼 유명해졌는데 이것이 블록체인 플랫폼의 장애요인이 될 수 있다는 게 무슨 소리인가 싶을 것이다. 그러나 지불토큰의 가장 큰 문제점으로 거론되어 온 가치변동성보다 더 큰 문제점들이 기다리고 있다. 만약 블록체인 플랫폼에서 지불토큰의 역할을 게임머니나 디지털 상품권 정도로 쉽게 생각하고 접근한다면 두 번째 장벽은 매우 넘기 어려울 수 있다.

셋째, 국가권력과의 조화

8장에서 블록체인, 나아가 블록체인 플랫폼이 세상을 바꾸는 원동력이 될 일곱 가지 힘을 제시한다. 그런데 여기에 명시적으로 포함되지 않지만 무시할 수 없는, 어쩌면 이들을 넘어서는 중요한 힘이 하나 있다. 기

---

4 대표적인 투자자 유인 장치는 희소성이다. 발행량이 제한되어 있으니 투자자가 몰리면 지불토큰 가격은 급등한다.

존 질서에 구애받지 않고 뜻이 맞는 이들을 규합해 자신들만의 세계를 만들어갈 수 있는 힘이다. 자유주의에 기반을 둔 '블록체인 거버넌스'blockchain governance 를 말한다. 이 중요한 힘을 블록체인의 세상을 바꾸는 원동력 중 하나로 포함시키지 않은 데에는 몇 가지 이유가 있다. 보는 관점에 따라 블록체인 플랫폼의 발전을 가로막는 장애요인이 될 수 있다는 것도 그중 하나다.

사실 블록체인 플랫폼뿐만 아니라 일반적인 플랫폼 비즈니스 자체가 기존 질서와의 관계에서 삐걱거릴 수 있는 부분이 많다. 플랫폼은 국경을 자유롭게 넘나들며 기존의 비즈니스 패러다임을 창조적으로 파괴하려 한다. 이 과정에서 국가별로 상이한 규제와 조화를 이루지 못할 수도 있고 기득권과 대립할 수도 있다. 그 부조화와 대립의 정점에 블록체인 플랫폼이 있다.

이상적 블록체인이 추구하는 높은 수준의 탈중앙화는 국가권력과 충돌을 야기할 가능성이 높다. 각국의 규제기관, 과세당국 등과 마찰을 빚을 수 있다는 뜻이다. 이미 그런 현상은 발견되고 있다. 특히, 개방형 블록체인에 불가피한 선택인 지불토큰은 화폐시스템의 구축이라는 어려운 과제도 부여하지만, 각국 정부와의 충돌 가능성을 크게 높이는 주요 원인 제공자이기도 하다.

투자 리스크

"천체의 움직임은 계산할 수 있지만 인간의 광기는 계산할 수 없다."[5] 1720년 아이작 뉴턴Issac Newton이 식민지 노예무역 기업인 남해주식회사South Sea Company의 주식형 증권에 투자했다가 남해버블South Sea Bubble 의 붕괴로 거액의 손실을 낸 후 했다는 말이다. 당시 주식은 신종 금융상품이었다. 근대적 형태의 주식은 17세기 초 네덜란드 동인도 회사가 최초로 도입했고 영국에 소개된 것은 거의 한 세기가 지난 17세기 말이었다.

몇몇 고수익 사례가 입소문을 타면서 신종 금융상품에 대한 막연한 기대감, 미지의 식민지에 대한 환상, 규제 미비 등이 겹쳐 비슷한 시기에 영국과 프랑스에 버블이 형성됐다. 암호자산 가격이 급등했던 2017년 전후의 상황과 여러모로 유사하다. 그때 암호자산 업계에서는, 암호자산은 블록체인이라는 혁신적 기술에 기반을 둔 것이기 때문에, 사람들의 무지몽매함에서 비롯된 과거의 투자 버블과 다르다고 강조하는 이들이 있었다.

그러나 주식회사 제도도 17~18세기에는 첨단 금융기법이었다. 그리고 뉴턴과 같은 당대 최고의 지성인들도 버블에 동참한 것을 보면 사람들이 어리석어서 버블인 줄 몰라봤던 것만은 아니다. 과거의 투자 버블도 자세히 들여다보면 다 그럴 만한 이유가 있었다.

---

5 I can calculate the motion of heavenly bodies, but not the madness of men.

암호자산, 특히 지불토큰에 투자하는 것은 결국 그 지불토큰이 연결된 블록체인 플랫폼에 투자하는 것이다. 어떤 유형의 지불토큰이든 플랫폼과 뗄 수 없는 관계에 있다. 따라서 지불토큰이 연결된 플랫폼이 어떤 비전을 가지고 어떻게 가치의 창출과 교환을 매개하고 그 가치를 토큰에 결부시키는지 꼼꼼히 따져보고 투자해야 한다.

블록체인 플랫폼의 데이터 처리속도가 빨라진다고 해서 플랫폼의 가치가 바로 높아지는 것은 아니다. 그것은 주로 생존퍼즐의 풀이에 관한, 블록체인이 플랫폼의 기반기술로 사용되기 위한 매우 기본적인 조건이다. 중요한 것은 플랫폼으로서 3대 장벽을 어떻게 넘을 것인가이다. 이에 대해 명쾌하게 설명하지 못하는 지불토큰의 시장가치는 꺼지기 쉬운 거품일 가능성이 높다.

플랫폼 자체의 경쟁력 확보도 미지수인데, 화폐시스템의 정착 가능성에 국가권력과의 조화까지 고민해야 하니 지불토큰에 대한 투자는 리스크가 매우 높다. 일반적인 플랫폼 창업·벤처기업에 대한 투자에 비해 고려해야 할 점이 훨씬 많다. 2017년 전후 비트코인 등 주요 토큰 가격이 천정부지로 치솟으며 많은 초기 토큰 투자자들과 채굴자들에게 큰 부를 안겨주었지만, 이것과 블록체인 플랫폼의 성공 가능성은 전혀 별개의 문제다. 지불토큰에 투자하고 있거나 투자를 계획하고 있다면 투자할 토큰이 어떤 리스크를 얼마만큼 안고 있는지 알아야 한다. 블록체인의 생존퍼즐과 3대 장벽은 그 리스크를 대략적으로 평가해보는 기준이 될 수 있다.

3장

플랫폼과 데이터 관리

모든 분야에서 데이터를 원료로 디지털 서비스화가
진행되고 있다. 플랫폼화하고 있다는 뜻이기도 하다.

2030년 5월, 전라남도의 한 농촌 마을. 농업인 A씨의 하루가 시작된다. 축구장 하나 정도 크기의 농장에 상주하는 인원은 A씨 혼자다. 힘쓰는 고된 일부터 자잘한 허드렛일까지 대부분의 작업은 인공지능 농기계와 센서로 작동하는 농업시설의 몫이다. 그가 할 일은 사실상 채소가 잘 자라고 있는지 둘러보는 것밖에 없다.

이 스마트한 기계와 시설은 네덜란드에 있는 세계 최대 농업서비스 회사 N사가 원격으로 관리한다. 한 달에 10만 원 정도만 내면 기본적으로 농장이 돌아가는 데에 특별히 신경 쓸 게 없다. 모든 것은 N사가 제안하는 대로 하면 된다. 처음 몇 년은 마음이 안 놓여 무엇을 하는지 일일이 확인하고 결정했지만 이제는 그냥 내버려 둔다. 이 돈은 전혀 아깝지 않다. 편리하기도 하거니와 이 서비스를 이용하지 않았을 때보다 농산물 판매 수입도 높아져 훨씬 이익이기 때문이다.

수확 철이 되면 N사는 세계 최대의 B2B 거래주선 플랫폼인 한국의 T사와 제휴해 소비지의 거래가격과 운송료를 감안한 최적의 거래 파트너를 알려준다. 이번에는 중국의 식료품 체인과 거래하기로 결정했다. 수확이 끝나니 이미 N사가 T사의 도움을 받아 섭외한 운송차량이 농장에 도착해 있다. 이 자율주행 냉장유통 트레일러는 이제 중국까지 연결된 서해안 고속도로를 타고 중국 각 지역에 흩어져 있는 소비처로 바로 이동한다. A씨가 내는 판매 수수료는 없고 중국의 바이어가 전체 거래대금의 1%를 부담한다.

판매까지 다 끝났으니 이제 다음 번 작물을 선택할 차례다. 이 역시 N사가 농업 빅데이터 분석 전문기업 D사의 도움을 받아 최적의 작물을 찾아내 이미 추천을 마쳤다. 처음에는 반신반의했지만 N사의 추천대로 작물을 결정한 이후에는 수확한 채소 가격이 폭락해 낭패를 보는 일이 없어졌다. 이제 A씨에게 이 농업서비스 없이 농사짓는 것은 상상할 수 없는 일이 되었다.

이 농업서비스회사의 다른 이름은 농산업 플랫폼이다. 농업과 관계된 모든 일을 디지털 서비스화해 전 세계 농업인과 관련 기업들을 연결한다. 직접 제공하는 서비스도 있지만 T사나 D사와 같은 다양한 서비스 파트너와 협력해 최상의 고객 만족을 실현한다. 농업 현장에서 누가 어떤 노하우를 갖고 생산하는지보다, 어떤 서비스를 이용해 생산하는지가 더 중요한 시대가 된 것이다.

농업인 A씨는 서비스 구매자이기도 하지만 자신의 농장에서 발생하는 농업데이터의 판매자이기도 하다. N사는 A씨의 데이터가 이 플랫폼의 가치를 높인다는 점을 감안해 서비스 가격을 낮추는 방식으로 대가를 지급한다. 그러나 그 정도 넓이의 농장에서 서비스 이용료를 10만 원 수준으로 낮출 수 있는 것은 결국 이 플랫폼의 규모의 경제 덕분이다. 후발주자가 비슷한 서비스를 만들어 이 시장에 뛰어들고 싶어도 N사가 축적한 데이터, 그리고 낮은 가격을 도저히 흉내 낼 수 없다.

　이런 디지털 서비스화는 농업 부문에만 그치지 않는다. 10여 년 전 한국에서 스마트공장이 확산될 때에는 그것이 공장자동화의 일종으로 여겨졌다. 그런데 시간이 흐르고 나서 보니 이 역시 디지털 서비스화와 플랫폼화의 일부였다. 이제 대부분의 공장에서 주요 생산과정을 생산관리 서비스 플랫폼에 위탁한다. 제조기업이 생산하는 것이 아니라 사실상 플랫폼이 생산하는 것이다.

　적정 수준의 자본과 약간의 리스크를 부담할 의지와 능력만 있다면 쉽게 농업인이 되고 제조업자가 될 수 있는 세상이 됐다. 대신 생산하는 것만으로는 아주 큰돈을 벌기는 어렵다. 이제 많은 사람들이 가치는 상품의 생산보다는 서비스, 그리고 플랫폼에서 발생한다는 사실을 실감하게 되었다. 생산지원 플랫폼의 발전이 가져온 변화다. 디지털 서비스의 스마트화가 극단에 이르면, 생산현장에서의 기술 경쟁력이라는 개념 자체가 사라지고 그 생산수단을 가동하는 서비스 경쟁력만 남게 된다.

　이처럼 디지털 서비스를 통한 경제적 상호작용을 촉진해 가치를 창출하는 비즈니스 모델을 '디지털 플랫폼'digital platform이라고 부른다. 앞에서 예로 든 생산 분야뿐만 아니라 모든 영역에서 디지털 서비스화가 진행되고 있다. 좋은 서비스가 만들어지면 그것이 거래되는 가상의 공간이자 매개체인 거래 플랫폼은 자연스럽게 따라온다. 디지털 플랫폼에서의 거래는 물리적 공간의 제약에서 과거보다 훨씬 자유롭다. 디지털 플랫폼 시대에는 국경의 의미조차 점점 희미해진다.

구글, 아마존, 페이스북과 같은 대형 플랫폼 기업을 '데이터 자이언트'라고도 부른다. 이들이 매개하는 서비스가 플랫폼에서 거래되는 과정에서 데이터가 발생하고 축적된다. 데이터는 디지털 플랫폼의 핵심 원료다. 이는 플랫폼 세계에 데이터 관리 기술인 블록체인이 도입되어 중요한 역할을 할 수 있다는 뜻이기도 하다.

플랫폼은 친숙한 듯 친숙하지 않은 개념이다. 그런데 플랫폼을 대충 이해해서는 블록체인의 활용법도 대충 이해할 수밖에 없다. 블록체인 기술로 플랫폼을 만들었을 때 나타나는 효과에는 '플랫폼화'로 인한 효과와 '블록체인화'로 인한 효과가 섞여 있다. 블록체인 플랫폼이 기존 플랫폼과 어떻게 차별화해 좋은 플랫폼이 될 수 있을 것인지 따져보려면 이 두 효과를 잘 구분해야 한다. 그러려면 우선 플랫폼과 친숙해져야 한다.[1]

---

1 이 장에서는 이 분야의 기존 연구, 시장 동향, 업계 전문가 시각 등을 토대로 저자의 관점에서 플랫폼과 플랫폼 경제를 설명한다. 양면시장(two-sided market) 이론 등 플랫폼에 관한 이론적 논의는 최대한 배제하고, 주로 데이터와 플랫폼의 관계를 직관적으로 규명하는 데에 초점을 맞추었다.

디지털 플랫폼

디지털 플랫폼은 디지털 시대의 경제를 읽는 데 매우 중요한 키워드이다. 플랫폼이라는 용어 자체가 디지털 시대에 새로 생긴 개념은 아니다. 플랫폼이란 경제·사회적 상호작용의 매개체를 총칭한다. 상호작용이 이루어지려면 참여자가 필수적이다.

경제적 측면에서 보면 플랫폼은 경제적 상호작용, 즉 거래가 이루어지는 무대다. 다양한 분야에 다양한 형태의 플랫폼이 있다. 미시경제 측면에서 보면 일반기업은 상품이나 서비스의 공급자로서 수요자인 소비자와 상호작용하지만, 플랫폼 기업은 원칙적으로 공급자와 수요자 간 상호작용을 매개하면서 수익을 창출한다. 거시경제 관점에서 보면 국가단위로 형성된 화폐시스템도 일종의 플랫폼이다. 중앙은행이 발행하는 화폐를 매개로 가계, 기업, 정부 등의 경제적 상호작용이 이루어지니 플랫폼의 정의에 부합한다. 플랫폼, 더 구체적으로 플랫폼을 소유하고 지배하는 플랫폼 기업, 금융기관, 중앙은행, 정부 등은 전형적인 중개자다. 블록체인에 영향 받을 가능성이 높은 이들이라는 뜻이기도 하다.

플랫폼은 특정한 장소나 건물이 될 수도 있고, 제품이나 컴퓨터 소프트웨어가 될 수도 있고, 네트워크상의 시스템이 될 수도 있다. 아날로그 시대의 대표적인 플랫폼은 5일장, 상설시장 등 시장이다. 이 시장이 백화점, 대형마트, 쇼핑몰 등의 형태로 진화해왔다. 이것이 다시 디지털 플랫폼으로 업그레이드된 것이 아마존, 이베이 같은 전자상거래 플랫폼이다.

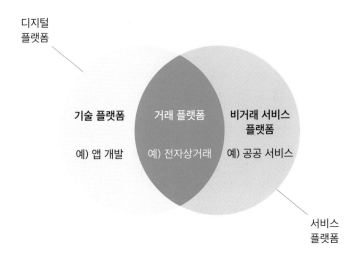

그림 3-1. 디지털화 플랫폼

디지털 플랫폼이라는 용어는 '디지털화 플랫폼'digitized platform 모두를 지칭하는 용어로도 사용될 수 있지만, 비즈니스 모델로서의 플랫폼에 국한되는 경우가 많다. 디지털화 플랫폼은 공공 서비스와 같은 비상업 서비스 제공 용도의 플랫폼까지 포괄한다. 컨설팅사 액센츄어Accenture 는 디지털 플랫폼을 "다수의 참여자들의 상호작용을 촉진해 가치를 창출하는 비즈니스 모델"이라고 정의한다.

디지털 플랫폼을 구글, 아마존, 비자, 우버, 페이스북 같은 거래 플랫폼transaction platform에 국한시키는 경우도 있고, 마이크로소프트사의 응용 소프트웨어 개발 플랫폼과 같은 기술 플랫폼technology platform2까지 포함하기도 한다. 거래 플랫폼과 기술 플랫폼의 경계가 불분명한 경우도 있다.3 이 책에서 주목하는 것은 거래 플랫폼이다. 앞으로 플랫폼은

---

2 Universal Windows Platform, Microsoft Azure 등을 말한다.

표 3-1. 거래 플랫폼의 유형

구 분	예 시
검색(search)	구글, 야후
제품(product)	아마존 마켓플레이스, 알리바바
결제(payment)	비자, 마스터, 페이팔
공유경제(sharing economy)	우버, 에어비앤비
소셜 네트워크(social network)	페이스북, 인스타그램
콘텐츠(contents)	유튜브, 아마존 킨들
통신(communication)	스카이프, 위챗
애플리케이션(application)	구글플레이, 애플 앱 스토어
고용(employment)	freelancer.com
사물인터넷(IoT)	아마존 IoT, SmartFarmNet

다른 수식어가 붙지 않는 한 이 디지털 거래 플랫폼을 뜻하는 용어로 사용한다. 플랫폼은 어떤 참여자들 간의 상호작용을 촉진하는지에 따라 기업과 개인을 연결하는 B2C 플랫폼, 기업과 기업을 연결하는 B2B 플랫폼, 기업과 정부를 연결하는 B2G 플랫폼, 개인과 개인을 연결하는 P2P peer-to-peer 플랫폼 등으로 구분할 수 있다.

〈표 3-1〉은 거래 플랫폼을 플랫폼에서 이루어지는 상호작용의 유형에 따라 세분화한 것이다. 그런데 각각의 상호작용이 어떤 원리로 거래를 수반하는 경제활동이 되어 가치를 창출할까? 예를 들어 인터넷 검색 엔진은 정보를 원하는 이와 정보를 제공하는 이의 상호작용을 매개한다는 점에서 플랫폼인 것은 분명하지만 그 자체로서는 거래를 일으키지 않는 경우가 대부분이다. 거래 플랫폼의 작동원리를 이해하기 위해

---

3 예를 들면, 앱 개발 플랫폼이 서비스 형태(PaaS: platform as a service)로 클라우드 환경에서 제공되는 경우 기술 플랫폼과 거래 플랫폼의 성격을 모두 갖는다.

서는 데이터와 그것을 기반으로 창출된 디지털 서비스, 그리고 이 둘과 플랫폼과의 관계를 알아야 한다.

디지털 서비스

플랫폼에서 거래되는 것은 디지털 서비스다. 경제적으로 가치 있는 활동을 디지털 데이터로 변환하면, 즉 디지털화digitization하면 아날로그 데이터에 비해 그 쓰임새가 매우 높아진다. 이 디지털 데이터를 그것을 처리하는 디지털 기술 등과 접목시켜 디지털 서비스를 창출한다. 고객의 예금 정보를 디지털 데이터화하고 데이터 통신, 암호화기술 등과 결합해 인터넷뱅킹 서비스를 만드는 것을 떠올리면 이해하기 쉽다.

이와 같은 디지털 서비스화digital servitization는 필연적으로 플랫폼화platformization를 수반한다. 네트워크상에서의 디지털 서비스 거래는 아날로그 시대에 비해 훨씬 더 멀리 떨어진 이와 훨씬 더 빠른 시간 내에 이루어질 수 있다. 한국인 여행객이 미국에서 한국의 은행 업무를 볼 수 있는 것과 같은 이치다. 이 디지털 서비스의 거래라는 경제적 상호작용을 효율적으로 매개하는 중개자가 바로 디지털 거래 플랫폼이다.

이 책에서 가장 중요한 그림인 〈그림 3-1〉에서처럼 데이터, 서비스, 플랫폼은 서로 밀접히 연관되어 있다. 데이터의 디지털화(①), 그리고 디지털 서비스화(②)와 플랫폼화(③)를 통틀어 넓은 의미에서 디지털화라고 부를 수 있다. 데이터는 플랫폼의 핵심 재료이기도 하지만 플랫

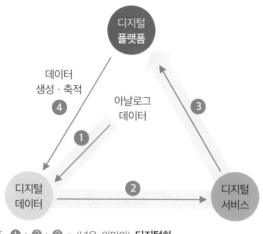

그림 3-2. 디지털 데이터, 서비스 그리고 플랫폼

디지털
플랫폼

데이터
생성 · 축적
④

아날로그
데이터

③

①

디지털
데이터

②

디지털
서비스

주. ❶ + ❷ + ❸ = (넓은 의미의) **디지털화**

폼에서 이루어지는 거래의 결과로서 새로운 데이터가 생성되고 축적
(④)되기도 한다. 이들의 관계를 숙지하는 것은 블록체인 플랫폼을 포
함해 플랫폼 세계를 체계적으로 이해하기 위한 첫 단추다.

서비스의 스마트화

경쟁력 있는 플랫폼이 되려면 단순히 디지털화된 서비스를 판매하는
것으로는 부족하다. 스마트한 디지털 서비스를 판매해야 한다. 디지털
서비스화의 정점에 있는 고도화된 서비스를 '스마트 서비스'smart service
라고 부를 수 있다.

이 용어가 처음 사용된 것은 꽤 오래 전이지만 2010년대 이후에는 독
일의 '인더스트리 4.0'Industrie 4.0 추진과정에서 자주 등장한다. 독일은
강력한 제조업에 기반을 두고 있는 독일경제가 디지털 플랫폼 시대에

도 경쟁력을 유지할 수 있도록 민간·공공 부문의 역량을 총결집하여 인더스트리 4.0 전략을 추진하고 있다. 독일어판 위키피디아는 스마트 서비스를 '가장 높은 수준으로 성숙한 데이터 기반 서비스'4라고 설명한다. 컨설팅사 액센츄어는 '초개인적'hyper-personalized 고객 경험, '서비스로서의 제품'PaaS: product as a service 등을 스마트 서비스에서 중요한 특징으로 강조한다.

스마트 서비스는 "최상의 고객 만족을 실현하기 위해 데이터와 디지털 기술을 활용해 여러 가치 창출 요소를 조합해 만들어낸 통합적 디지털 서비스"라고 정의할 수 있다. 어떤 스마트 서비스에든 공통의 가치 창출 요소가 있다. 바로 데이터와 디지털 기술이다. 스마트 서비스는 디지털 서비스가 고도화된 것이니 데이터와 이를 서비스화하기 위한 디지털 기술이 필수 요소인 것은 당연하다. 디지털 기술은 인공지능, 빅데이터 등 여러 가지가 동시에 적용될 수 있다. 〈그림 3-2〉처럼 스마트 서비스는 데이터와 디지털 기술이라는 '날실'warp 사이로 전통적 서비스, 제품, 콘텐츠, 지역, 언어 등 다양한 가치창출 요소가 '씨실'weft이 되어 교차하며 짜내는 정교한 직물wooven fabric로 비유할 수 있다.

스마트 서비스를 통한 상호작용의 무대로서 플랫폼은 단순히 플랫폼의 작동 방식이 디지털화된 것 이상의 의미를 갖는다. 플랫폼에서 서비스 거래를 통해 가치가 창출되는 원리는 산업화 시대의 가치사슬value

---

4 Smart Services sind als höchste Reifegradstufe datenbasierter Dienstleistungen zu sehen.

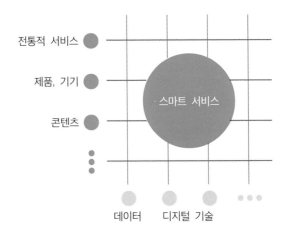

그림 3-3. 디지털 서비스의 스마트화

chain 관점과 근본적으로 다르다. 가치사슬 관점에서는 원료의 생산부터 중간제품, 최종제품의 제조, 그리고 그 제품의 최종 판매까지 가치가 부가value added되는 일련의 흐름이 원활히 이루어지는 것이 경쟁력의 핵심이다. 효율성의 극대화를 위해 정형화, 대형화된 가치흐름의 통로, 파이프pipe가 형성된다. 파이프 안에서는 가치사슬상의 각각의 단계가 효율적으로 기능해야 하고, 전방upstream과 후방downstream이 유기적으로 협력해야 한다. 규격화된 상품의 대량생산과 판매에 효과적이다.

그러나 디지털 서비스화, 나아가 스마트 서비스화는 단일 가치사슬의 유효성을 여러 각도에서 공격하고 있다. 전자상거래는 전통적인 유통 방식과 단계를 근본적으로 흔든다. 맞춤형 소량생산은 규격화된 가치 흐름의 통로 밖에서 가치를 만들어낼 것을 요구한다. 각 생산단계 역시 현장에서의 자동화를 넘어 앞에서 소개한 가상의 스마트 팜에서와 같이 '자동화된 통합적 생산 서비스'를 통한 생산 방식으로 진화하고 있다. 데이터와 디지털 기술을 중심으로 다양한 요소들과 이해관계자들이 융합되어 다층적으로 엮인, 스마트 서비스를 통한 플랫폼의 가치 창출 환경을 단선적單線的 가치사슬과 구분하여 다차원적인 '가치네트워크'value network라고 부를 수 있다.[5]

파이프 시대의 농기계 제조회사는 좋은 부품업체로부터 안정적으로 부품을 조달하고, 품질 좋은 농기계를 낮은 원가에 생산하고, 생산한 기계가 잘 팔리도록 농업인들을 대상으로 한 광고와 프로모션에 신경 써야 했다. 그러나 플랫폼 시대에는 자동화된 사물인터넷 농기계를 적절한 가격에 최대한 보급하고, 이 농기계의 최적 사용, 유지·보수, 여기에 농작물의 선정과 판매까지 하나의 차별화된 통합 서비스로 묶어 판매하는 것이 경쟁력의 핵심이다. 전통적인 농기계 제조사가 단독으로 만들어내기 어려운 서비스다. 농기계를 판매하면 1회성 판매수입을 얻지만 서비스를 판매하면 장기적인 수수료 수입이 발생하고 그 과정에서 새로운 가치를 창출할 수 있는 데이터가 축적된다.

〈표 3-1〉로 세분화한 거래 플랫폼에서 거래되는 모든 것들은 스마트 서비스로 설명할 수 있다. 앞에서 얘기했듯이 구글이 인터넷 검색 서비스 등을 제공하는 것은 분명하지만 그렇다고 이 플랫폼에서 서비스의 거래가 이루어지는 것 같지는 않다. 그러나 구글 플랫폼에서는 검색, 지도, 이메일, 클라우드 등의 무료 서비스로 참여자를 모으고 이들 서

---

5 가치네트워크를 정의하는 방식은 여러 가지가 있다. 가치 창출 과정에 참여하는 이들의 상호작용을 중심으로 이해할 수도 있고, 가치 창출 요소들이 어떻게 결합하는지에 초점을 맞출 수도 있다. 이 정의들 간에 본질적인 차이는 없다.

비스와 한 묶음이 된 맞춤형 광고 패키지가 사용자별로 최적화된 방식으로 판매된다. 사실 구글 사용자는 충분한 간접비용을 지불하면서 이 플랫폼에서 서비스를 구매하고 있다. 구글은 아주 스마트한 광고판매 중개자이자 모객募客 채널이다.

아마존 마켓플레이스처럼 상품 거래를 주선하는 플랫폼의 경우도 스마트 서비스의 원리로 설명할 수 있다. 좋은 상품을 낮은 가격에 편리하게 구매하고 반품할 수 있도록 일련의 통합적 서비스 패키지가 제공된다. 오프라인 상점에 직접 방문하지 않고 네트워크상에서 좋은 가격에 상품을 주문하고 배송 받을 수 있도록 편의를 제공하는 것 자체가 아날로그 시대의 상품 판매와는 근본적으로 다르다. 그 자체가 일종의 서비스다. 또한, 고객만족 극대화를 위해 데이터와 디지털 기술을 적극 활용하는 것도 스마트 서비스 관점에 부합한다.

서비스와 플랫폼

디지털 서비스가 플랫폼에서 어떤 역할을 하는지 조금 더 구체적으로 들여다보자. 우버의 핵심 기능인 차량공유 서비스만 제공하는 플랫폼이 있다고 하자. 이 서비스를 구성하는 주요 요소는 자동차, 서비스 제공 지역, 운전자, 스마트폰, 그리고 공통 요소인 데이터와 디지털 기술이다.

플랫폼 기업의 기본 역할은 이런 요소들을 조합해 만든 서비스를 플랫폼에 올려놓아 한편으로는 서비스 공급자를, 다른 한편으로는 서비스 수요자를 모으고 잡아두는 것이다. 이 서비스를 제공하는 것은 플랫폼 참여자다. 물론, 플랫폼 기업이 참여자의 지위에서 서비스를 제공하는 것도 가능하지만 플랫폼 소유자로서의 지위와는 구분된다.[6] 실제로는 여러 서비스가 하나의 플랫폼에서 동시에 거래되는 경우가 많다. 플랫폼이 발전할수록 다양한 고객의 요구에 부응하기 위해 서비스의 세분화와 다양화는 거의 예외 없이 이루어진다.

그런데 특정 플랫폼에서 거래되는 서비스를 플랫폼 기업만 개발하고 제안할 수 있는 것은 아니다. 참여자들이 플랫폼에서 거래될 서비스의 종류를 결정하는 것도 가능하다. 혹은 플랫폼 기업이 정해둔 상위 서비스의 하위 카테고리를 채워 나가는 역할을 참여자들이 맡을 수도 있다. 핵심은 참여자들이 플랫폼 기업이 미리 규격화해 둔 서비스를 통해서만 상호작용하지 않아도 된다는 것이다.

여러 유형 중 대표적인 두 가지만 소개하기로 한다. 애플의 앱 스토어는 그 자체만으로는 창출할 수 있는 가치가 거의 없는 플랫폼 인프라일 뿐이다. 이 인프라에 애플의 스마트기기와 결합된 디지털 서비스를

---

6 플랫폼의 기본 역할은 서비스를 이용해 참여자들을 모으고 이들의 상호작용을 매개하는 것이지만, 그 과정에서 축적한 데이터나 시장지배력 등을 무기로 해당 플랫폼의 주요 서비스 공급자가 되는 것도 얼마든지 가능하다. 예를 들어 지금은 우버가 차량 공유 서비스의 중개자 역할만 맡는 경우가 대부분이지만, 자율주행차가 일상화되면 플랫폼 소유자이자 지배적인 서비스 제공자가 될 가능성이 높다. 경우에 따라 아예 처음부터 플랫폼 회사가 주요 서비스 제공자를 겸할 수도 있다. 이와 같은 형태의 플랫폼의 경우 외형상으로는 다수 참여자 간 상호작용을 매개해 가치를 창출하는 플랫폼의 정의에 부합하지 않는 것처럼 보일 수 있다. 그러나 디지털 서비스화와 플랫폼화를 제대로 이해한다면 이 경우에도 플랫폼의 정의가 여전히 유효하다는 것을 알 수 있다. 예를 들면, 자율주행차 시대의 우버가 해당 플랫폼의 단일 운송 서비스 공급자가 된다면 이때 우버는 지금처럼 차량 소유자와 운송 서비스 이용자를 연결하는 플랫폼이 아니라, 자율주행차 제조사 등과 운송 서비스 이용자의 상호작용을 매개하는 플랫폼으로 성격이 바뀐다.

채워가는 것은 개발자들이다. 앱 스토어는 개발자들이 따라야 할 기술 표준과 거래 규칙만 제시한다. 개발자들이 만든 다양한 앱을 통해 서비스 제공자와 사용자들의 상호작용이 이루어지고 가치가 창출되면서 앱 스토어는 비로소 거래 플랫폼이 된다.

유튜브 역시 이와 같은 유형의 플랫폼으로 분류할 수 있다. 유튜브 내에서 형성된 다양한 하위 생태계는 각각을 별도의 서비스로 볼 수 있다. 예를 들면, 한국어권 어린이를 대상으로 하는 동영상 그룹과 영어권 20대 여성을 대상으로 하는 동영상 그룹은 사실 대상 고객이 완전히 구분되는 별도의 서비스다. 유튜브가 제공하는 플랫폼 인프라를 활용해 참여자들이 플랫폼의 규칙을 준수하면서 자율적으로 하위 서비스를 만들어가고 있다.

플랫폼의 작동원리

〈그림 3-2〉에서 살펴봤듯이 플랫폼의 시작점은 데이터다. 좋은 데이터를 기반으로 혁신적인 서비스를 만든다. 이 서비스로 많은 참여자를 모아 이들의 상호작용을 매개하고, 그 과정에서 또 데이터가 생성된다. 이렇게 축적된 데이터가 또다시 서비스 혁신에 활용되고, 또 다른 참여자들을 불러 모으는 선순환이 이루어지도록 하는 것이 플랫폼의 기본적인 작동원리다.

플랫폼에서 참여자들이 만나 서비스를 거래하면 가치가 '창출'된다. 그 가치는 플랫폼 참여자, 조금 더 구체적으로는 서비스의 공급자와 수요자 사이에서 '교환'된다. 교환을 매개한 플랫폼이 교환되는 가치의 일부를 '징수'한다.

그런데 좋은 데이터에 기반을 둔 혁신적인 서비스만 있으면 많은 참여자를 모아 좋은 플랫폼이 될 수 있을까? 아니다. 다수의 참여자를 모으기 위해서는 서비스 이상의 무언가가 필요하다. 특정 플랫폼을 통해 특정 서비스를 이용하게끔 만드는 경제적 유인incentive이 있어야 한다. 그 유인은 좋은 가격과 낮은 이용료가 될 수도 있고, 플랫폼에서의 활발한 활동에 대한 보상의 형태가 될 수도 있다. 이 모든 것을 통틀어 유인·보상체계라고 부르자.

서비스는 혁신적이지만 플랫폼이 징수하는 수수료가 지나치게 높다거나, 개인 고객을 대상으로 하면서 광고 등 간접 수수료 방식을 택할 수 있음에도 불구하고 직접 수수료 부과를 고집할 경우 참여자로부터 외면 받을 수 있다.[7] 플랫폼의 성장에 기여한 만큼 수수료를 감면하거나 다양한 혜택을 제공하는 것도 참여자 확보에 중요한 영향을 미칠 수 있다. 이는 아날로그 플랫폼 시대부터 널리 사용된 유인·보상체계다. 신용카드 포인트, 우수고객에 대한 송금 수수료 면제, 백화점 로열티 프로그램 등을 말한다.

유인·보상체계에서 가장 중요한 것은 참여자의 어떤 행위에 대해 어느 정도 비용을 부과하고 금전적·비금전적 보상을 지급할 것인지에 대한 합리적 규칙을 만드는 것이다. 비용 부과와 보상 지급에 어떤 수단

7 광고 등 간접 수수료 방식이 우월하다는 의미는 아니다. 직접 수수료를 부과하는 게 플랫폼의 경쟁력에 도움이 될 수도 있다.

을 사용할 것인지는 부차적인 문제다. 비용이나 보상의 크기를 결정하는 방법이 불합리하다면 그 수단이 달러화이든, 비트코인이든, 멤버십 포인트이든 많은 참여자를 지속적으로 모으기 어렵다.

플랫폼에 혁신적 서비스는 분명 중요한 요인이다. 좋은 서비스 없이 충분한 참여자를 모으고 잡아둘 수 없다. 그러나 이것만으로는 충분하지 않다. 어느 정도 이상의 참여자를 확보하면 플랫폼의 가장 큰 무기는 참여자 집단의 크기가 된다. 많은 수요자를 좇아 공급자가 몰리고, 또 많은 공급자가 제공하는 양질의 서비스를 보고 수요자가 늘어난다. 이 수준에 올라서면 후발주자가 유사하거나 조금 나은 서비스를 무기로 선도자와 유효하게 경쟁하기는 매우 어렵다.

구글, 아마존과 같은 플랫폼 선도 기업들이 구축한 아성은 쉽게 깨기 어렵다는 것이 정설이다. 구글이 보유한 것만큼 뛰어난 데이터 활용 기술은 개발하기도 어렵지만, 개발에 성공하더라도 구글이 될 수 없는 것은 결국 참여자 때문이다. 장기적으로 플랫폼의 가장 큰 자산은 참여자와 그 참여자로부터 나오는 데이터이다.

플랫폼 경제

플랫폼 경제platform economy에 대한 정의는 다양하다. 여기에서는 단순하게 "디지털 거래 플랫폼을 기반으로 형성된 경제시스템"으로 정의한다. 거래 플랫폼 자체가 비즈니스 관점에서 의미 있는 플랫폼을 폭넓게 지칭하는 용어이니 플랫폼 경제 역시 광범위한 분야의 경제시스템을

그림 3-4. 플랫폼화

파이프 경제	플랫폼화 (넓은 의미)	플랫폼 경제
상품 거래 단선적 가치사슬		디지털 서비스 거래 다차원적 가치네트워크

포괄한다.8

　플랫폼 경제에 대응되는 개념은 파이프 경제pipe economy이다. 파이프 경제에서는 가치사슬상에 있는 원재료, 중간·최종제품이 주요 거래 품목이다. 파이프 경제는 산업화 시대, 플랫폼 경제는 디지털 네트워크 시대를 각각 대표한다. 파이프 경제에서 플랫폼 경제로의 비즈니스 무게중심 이동을 '넓은 의미의 플랫폼화'라고 부를 수 있다.9

효율성 극대화

플랫폼 경제는 기본적으로 효율성을 최대로 끌어올리는 것을 목표로 한다. 파이프 경제가 효율성을 추구하지 않는다는 뜻은 아니다. 그러나 그 효율성의 목표 수준이 근본적으로 다르다. 효율성의 극대화는 디지털화와 일맥상통하는 세분화의 원리를 통해 달성된다. 생산수단, 거래

---

8 플랫폼의 핵심 구성 요소가 디지털 데이터와 이에 기반을 둔 디지털 서비스라는 점을 감안하면 '데이터 경제', '디지털 경제' 등도 플랫폼 경제와 일맥상통하는 표현이다.

9 '좁은 의미의 플랫폼화'는 좋은 디지털 서비스에 좋은 유인·보상 체계가 더해져 충분한 규모의 플랫폼 참여자를 확보하는 데에 성공하는 것을 뜻한다. 〈그림 3-2〉에서 디지털 서비스에서 디지털 플랫폼으로의 이동(③)이다.

단위, 소비방식을 세분화해서 생산, 거래, 소비 과정 모두에 걸쳐 효율성을 크게 높인다.

디스플레이를 예로 들어보자. 파이프 경제에서 디스플레이 생산의 강자는 고품질 제품을 경쟁자보다 낮은 원가로 생산하는 기업이다. 이 디스플레이로 TV를 만들어 소비자에게 좋은 가격에 판매하고 나면 기업과 소비자와의 관계는 단절된다. 소비자가 그 제품을 얼마나 효율적으로 사용하는지는 전적으로 소비자의 몫이다. 요즘 같은 미디어 이용 패턴이 계속되면 상당수의 TV는 집에서 꺼진 채 대부분의 시간을 보내다가 구식이 되어 폐기처분될 것이다.[10]

플랫폼 경제에서 디스플레이 비즈니스 분야의 효율성 극대화는 다양한 방식으로 이룰 수 있다. 생산 단계에서는 인공지능 로봇을 적극 활용해 생산력의 공급을 유연하게 세분화하고 인간 노동자보다 훨씬 효율적으로 생산한다. 거래·소비 단계에서도 효율성이 획기적으로 개선된다. 예를 들면, 광고회사, 대형 패스트푸드 체인과 컨소시엄을 구성해 식당에 고객 맞춤형 광고를 제공하는 수단으로 디스플레이를 활용하는 것이다. 이 디스플레이는 가정용 TV보다 훨씬 더 오랜 시간 동안 밀도 있게 사용되고 더 높은 가치를 창출할 수 있다. 이제 단순한 제품이 아닌 서비스의 일부인 만큼, 디스플레이 기업은 제품 판매 수입 대신 매달 광고수입의 일부를 가져가는 방식으로 수익을 낸다.

---

10 TV 시청이 줄고 유튜브 시청이 늘어나는 것도 세분화 원리가 만들어낸 전형적인 변화 사례다. 정해진 때, 정해진 시간 동안, 정해진 TV 프로그램을 시청하지 않고 원하는 시간에 원하는 분량만큼 원하는 콘텐츠를 시청하는 맞춤형 세분화가 유튜브 플랫폼의 큰 특징 중 하나다.

자연 독과점

플랫폼 경제는 승자가 독식하고 자연적으로 독과점 상태가 될 가능성이 높다. 앞에서 얘기했듯이 플랫폼에는 참여자가 참여자를 부르는 네트워크 효과network effect가 있어 선도자를 따라 잡기 쉽지 않다. 또한, 선도자에게 축적된 데이터는 이들의 시장지배력을 더욱 높인다. 글로벌 수준으로 독과점화할 수 있는 플랫폼 경제의 특성으로 인해 주요 플랫폼 기업들은 이미 글로벌 비즈니스의 절대강자로 군림하고 있다. 이같은 플랫폼의 특성은 추격자 모델에 익숙한 기업들의 설 자리를 잃게한다.

독과점으로 인한 참여자의 이익 감소 가능성은 플랫폼 경제가 해결해야 할 과제이기도 하다. 미시경제학의 주요 관심사중 하나인 독과점 기업의 독과점 이윤을 어떻게 적정한 수준으로 제어할 것인가의 문제다. 아직은 플랫폼 기업들이 참여자의 이익에 더 신경 쓰는 경우가 많다. 참여자를 더 확보하기 위해서일 수도 있고 플랫폼의 속성 자체가 그런 것일 수도 있다.[11]

글로벌 플랫폼 기업에 대해 공정거래 차원에서 어떻게 효과적으로 규제할 것인지는 매우 중요한 이슈다. 여러 개의 가치사슬이 다층적, 다국적으로 교차하는 디지털 플랫폼의 특성상 기존 국가별, 산업별 독과점 규제를 그대로 적용하기 어려울 수 있다. 이들 기업에 대해 인류사회에 대한 책임을 강화할 것을 요구하는 목소리가 높아질 수도 있다.

---

11 2014년 노벨 경제학상 수상자인 티롤(Tirole)은 플랫폼을 양면시장 이론으로 분석한다. 양면시장에서의 독과점 기업은 일반적인 독과점 기업과 전혀 다른 방식으로 가격을 설정한다.

이와 같은 시장 외부의 기능을 통한 치유 노력과 별도로 시장 자체의 기능을 통해 글로벌 플랫폼 기업을 어떻게 효과적으로 견제할 수 있을 것인지에 대해서도 고민할 필요가 있다. 후발 플랫폼 기업을 통한 경쟁만으로는 어려울 수 있다. 기업이 주도하지 않는 블록체인 기반 탈중앙 플랫폼이 기여할 여지가 있는 부분이다.

플랫폼 시대의 생산자

파이프 시대에 가치 창출의 주도권을 쥔 쪽은 대량 생산자다. 자동차 제조사, 휴대폰 제조사, 가전제품 제조사, 농업 기업 등을 말한다. 단순화된 〈그림 3-5〉에서 상품 생산자는 제조업의 경우 최종제품 생산자와 그에 부품을 제공하는 이들을 모두 포함한다. 가치사슬 관점에서 생산자, 특히 최종제품 생산자가 중요한 것은 소비자에게 무엇을 만들어 팔 것인지 결정하기 때문이다. 생산자의 결정이 없다면 가치사슬 자체가 형성되지 않는다. 대형화에 성공한 시장지배력이 있는 생산자가 가져가는 몫이 크더라도 전혀 이상할 게 없는 환경이다.

플랫폼 시대에는 생산의 주도권이 점차 플랫폼으로 이동한다. 대형마트의 자체 주문생산 제품 등에서 보듯이 아날로그 플랫폼에서도 그 조짐은 이미 발견되고 있다. 소비자 만족을 극대화하기 위한 맞춤형 생산을 플랫폼이 주도하고, 상품 생산자는 그 플랫폼에 점차 종속될 가능성이 높다.

플랫폼화의 영향은 상품이 소비자에게 판매되는 단계에서만 나타나지 않는다. 앞의 가상 스마트 팜의 사례에서처럼 상품이 생산되는 단계에서도 플랫폼화는 진행된다. 그 결과 자체 플랫폼을 갖지 못한 생산자

그림 3-5. 파이프 시대와 플랫폼 시대의 생산과 판매

는 가치 흐름의 앞뒤에서 플랫폼에 둘러싸여 그 위상이 축소될 가능성
이 높다. 쉽게 말해 파이프 시대에 판매된 최종상품 가치의 100 중 50
을 상품 생산자가 가져갔다면, 플랫폼 시대에는 그 몫이 10, 20밖에 안
될 수도 있다는 뜻이다.

특허로 보호받는 제품을 독점 생산하는 기업, 높은 기술력과 지속적
인 대규모 R&D가 필요한 핵심 부품을 대량 생산하는 기업 등의 경우 플
랫폼에 대한 종속도가 상대적으로 덜할 수 있다. 특허나 기술력을 무기
로 시장지배력을 유지할 수 있기 때문이다. 그러나 이들 기업도 후발주
자에게 시장을 나눠주고 독과점적 지위를 상실하게 되면 궁극적으로 플
랫폼에 종속될 수밖에 없다. 한편, 자동화된 생산장비를 제조하는 기업
중에는 기술 경쟁력과 축적된 데이터를 토대로 해당 장비를 사용하는
생산자에게 생산관리 서비스를 제공하는 플랫폼 기업으로 변신하는 데
에 성공하여 시장지배력을 더 확대하는 이들이 출현할 수 있을 것이다.

플랫폼과 일자리

디지털 플랫폼 비즈니스는 사용자가 늘어나면 매출은 따라서 증가하지만 비용은 크게 늘어나지 않는다. 미시경제학 용어로 한계수입은 일정한 크기로 유지되고 한계비용은 0에 가까운 경우다. 최소한의 정예인력만으로 극단적인 규모의 경제를 실현할 수 있다. 구글 서비스의 사용자가 10배가 되면 서버용량을 그에 맞춰 늘려야 하지만 다른 비용이 크게 늘어나는 건 아니다. 고용 증가폭 역시 제한적이기는 마찬가지다. 따라서 우리나라에서 좋은 일자리의 대명사인 대기업의 정규직 고용은 플랫폼 시대에는 크게 줄어들 가능성이 높다. 정규직뿐만 아니라 기존의 일자리 중 상당수가 플랫폼화 과정에서 사라질 수 있다.

그러나 이를 두고 플랫폼 경제 자체가 일자리 파괴적이라고 하기는 어렵다. 대신 새로운 디지털 서비스를 제공하기 위한 일자리들이 생기기 때문이다. 이런 서비스 일자리는 플랫폼 기업의 피고용인 형태일 수도 있고, 플랫폼에서 거래되는 서비스 제공자의 형태일 수도 있다. 플랫폼 시대에도 기존의 정규직 고용은 존속하겠지만 비정형적이고, 비정규적인 노동공급 모델이 또 하나의 표준이 될 가능성이 높다.[12]

플랫폼에서 거래되는 서비스를 제공하기 위해 노동력을 제공하는 것은 파이프 시대의 시각에서 보면 불안정한 비정규직 일자리일 가능성이 높다. 그러나 관점을 바꿔 보면 노동자의 한 시간의 노동 가치를 극대화하는 이상적인 일자리를 제공할 수 있는 시스템이 될 수도 있다. 주중에 매일 여덟 시간 연속해서 일하지 않고, 노동 투입시간을 잘게

---

[12] 이른바 '긱이코노미'(gig economy)와 같은 맥락에서 이해할 수 있는 변화다.

나눠 노동의 가치를 극대화할 수 있는 시점에 가장 생산성 높은 방식으로 돈을 벌 수도 있다는 뜻이다.

다양한 아이디어로 높은 수입을 얻는 유튜버들이 많다. 이들 중 상당수는 과거에는 돈벌이가 안 되는 취미 생활이나 일부 마니아들의 전유물로 여겨졌던 분야들이다. 유튜브라는 플랫폼이 없었다면 이들의 한 시간의 가치는 지금보다 훨씬 초라했을 것이다. 미래에는 모두 다 유튜브 스타가 되어야 한다는 뜻이 아니다. 한 시간의 가치를 극대화하는 플랫폼의 기능은 유튜브에만 적용되지 않는다.

유튜버가 직업이 될 수 있는 것은 디지털 플랫폼을 통해 아날로그 시대와 비교가 무의미한 수준으로 많은 이들과 과거에 없던 전혀 새로운 방식으로 경제적 상호작용을 할 수 있게 되었기 때문이다. 파이프 시대의 좋은 직업이 사라진 자리를 플랫폼이 가져다주는 새로운 상호작용과 가치창출의 기회를 통해 적극적으로 보충하기 위해서라도 플랫폼 경제로의 변화에 뒤처지지 않아야 한다. 사람들의 숨겨진 한 시간의 가치를 극대화할 기회를 만들어내는 플랫폼의 힘은 이처럼 새로운 일자리를 만들어 소득을 창출하는 방식으로, 다른 한편으로는 일하지 않고 남는 시간을 효율적으로 활용해 불필요한 비용을 줄이는 방식으로 미래인의 실질소득을 지켜줄 것이다.[13]

---

13 플랫폼이 불필요한 비용을 줄여주는 사례는 많다. 대표적인 예는 전자상거래 플랫폼이다. 과거였다면 쇼핑이 불가능했을 시간에 남는 시간을 잠시 투자하면 같은 물건을 더 싼 값에 살 수 있다.

데이터 관리의 역할

플랫폼에 참여자를 모으기만 하면 거래는 자동으로 이루어질까? 아니다. 서비스 수요자의 구매 의사와 공급자의 판매 의사를 연결match-making해야 한다. 이 역시 플랫폼이 수행해야 할 기능이다. 플랫폼이 거래 중개자 역할을 맡지 않으면 서로를 인지하기도 어렵고 신뢰할 수도 없는 참여자들이 효율적으로 거래할 수 없다.

그런데 서비스의 공급자·판매자·제공자와 수요자·소비자·사용자의 거래 의사를 어떻게 확인하고 성사시킬 수 있을까? 이 과정에 필수적으로 데이터 관리가 개입한다. 플랫폼 참여자들의 거래 의사 표시는 참여자로부터 플랫폼으로의 '거래 데이터' 전송을 통해 이루어진다. 플랫폼이 둘, 혹은 그 이상의 거래 참여자들의 거래요청을 연결한 결과를 상대방에게 전송하고 그 내역을 데이터 저장소에 기록하고 확정하면 그 거래는 완료된다. 즉, 상호작용의 매개체로서의 플랫폼은 반드시 데이터 관리 기능을 수행해야 한다.

데이터 관리 관점에서 거래란 가치의 창조와 이동에 관한 데이터 생성, 유통과 저장을 뜻한다. 플랫폼에서 서비스가 참여자 간 상호작용을 통해 경제적 가치로 변환되려면 데이터 관리가 필수적이다. 또 플랫폼의 거래매개 결과는 데이터로 축적된다.[14] 데이터 관리 기술인 블록체인이 플랫폼의 거래매개 기능과 잘 어울릴 수밖에 없는 이유다.

---

14 이 과정은 〈그림 3-2〉의 디지털 서비스에서 플랫폼으로의 이동(③)과 플랫폼에서 데이터로의 이동(④)으로 각각 이해할 수 있다.

대표적인 거래 플랫폼인 전자상거래 플랫폼과 결제 플랫폼을 예로 들어 거래매개에서 데이터 관리의 역할을 살펴보자. 전자상거래 플랫폼에서 가장 중요한 것은 어떤 제품, 서비스를 누가 누구에게 어떤 가격에 판매하는지, 그 약속의 이행을 어떻게 담보할 것인지, 그리고 그 거래로 인해 분쟁이 발생할 때 어떻게 해결할 것인지 등을 명확히 하는 것이다. 이 모든 것은 거래의 조건, 조건의 이행 과정, 그리고 최종 결과에 관한 데이터를 정확히 기록하는 것으로부터 시작한다. 데이터 관리 기술의 가장 기본적이고 중요한 기능이다.

결제 플랫폼도 마찬가지다. 결제 플랫폼의 일종인 신용카드사가 하는 일의 핵심은 상품, 서비스를 구매한 이로부터 판매한 이에게 두 당사자가 거래 과정에서 합의한 거래대금을 신속하고 정확하게 전달하는 것이다. 그러려면 당사자의 신원, 계좌정보 등의 데이터를 파악하고 있어야 하고 대금의 이동 내역을 신뢰도 높게 기록할 수 있어야 한다. 이 역시 데이터 관리를 통해 이루어지는 일들이다.

한편, 데이터 관리를 데이터 처리와 컴퓨팅으로까지 확대하면 플랫폼과 데이터의 관계는 더욱 밀접해진다. 〈그림 3-2〉에서 데이터가 서비스로 이동(②)하고 〈그림 3-3〉에서 날실과 씨실이 엮이게 하는 데에 주도적인 역할을 하는 것이다. 이때의 데이터는 플랫폼에서 참여자들이 서비스를 사고파는 데에 직결되는 '거래 데이터'뿐만 아니라 서비스를 창출하는 데에 필요한 여러 유형의 데이터, 예를 들면 사진, 동영상, 통계 데이터 등도 포함한다. 이와 같은 원리로 데이터 관리는 플랫폼이 작동하는 주요 과정에 깊숙이 관여한다.

4장

블록체인 경제

이상적인 블록체인 플랫폼이 극도로 발전하면 네트워크상의
국경 없는 경제공동체, 플랫폼 제국이 될 수도 있다.

2030년 5월, 이번에는 장소를 옮겨 미국 버지니아주 페어팩스 카운티다. 두 아이의 엄마인 L씨는 아이들이 등교한 후 가사도우미 로봇이 차려준 간단한 음식으로 아침 식사를 시작한다. 여름에 입을 옷 몇 벌을 사기 위해 홈쇼핑 서비스를 실행하니 매장에 직접 방문한 것과 거의 차이 없는 증강현실AR: augmented reality이 구현된다. L씨의 체형, 취향, 유행을 감안해 여름옷이 몇 벌 추천된다. 그녀가 직접 입은 것과 다름이 없는 사실감 있는 착용영상이 시연되고 최종 선택을 마치자 바로 배송이 시작된다. 네 시간 후 도착 예정이라고 한다.

  점심은 한국 음식을 배달시켜 먹기로 결정했다. 가사도우미 로봇에 얘기하자 그녀의 입맛에 맞춘 식사가 얼마 후 도착한다. 식사를 마치고 잠시 쉰 후 운동을 시작한다. 뉴욕의 유명 발레 강사에게 가상현실로 일대일 레슨을 받는다. 운동을 마치고 나니 이제 L씨가 일해야 할 시간

이다. 지금은 활동을 쉬고 있지만 바이올리니스트인 L씨는 런던에 거주하는 바이올린 전공 대학생에게 두 시간 동안 레슨을 한다. 그러고 나니 벌써 아이들이 하교할 시간이다. 두 아들이 차량공유 서비스를 이용해 자율주행차를 타고 집에 돌아온다.

미국에 살고 있지만 L씨는 오늘 하루 달러화를 전혀 쓰지 않았다. 오늘 이용한 모든 서비스는 7년 전 한국 청년들이 개발한 블록체인 플랫폼 'KORE'를 기반으로 제공되는 것들이다. 이 플랫폼은 그녀의 경제활동의 장이자 그녀가 세상과 소통하는 통로다. 집에서 사용하는 스마트 기기의 사물인터넷 서비스부터 홈쇼핑, 음식배달, 가상현실 발레와 바이올린 레슨, 그리고 차량공유 서비스까지 KORE 플랫폼이 모두 제공한다. 결제는 이 플랫폼의 화폐인 KOR를 사용한다.

이 플랫폼의 장점이 몇 가지 있다. 서비스의 신뢰도가 높기도 하지만 가장 중요한 것은 이 플랫폼에서 돈을 쓰는 것뿐만 아니라 버는 것까지 대부분의 경제활동을 할 수 있다는 것이다. 그리고 L씨처럼 이 플랫폼을 통해 거의 모든 경제활동을 하는 사람들에게는 매달 상당한 금액의 바우처voucher를 일종의 기본소득으로 제공한다. 이 바우처는 KORE 플랫폼에서의 서비스 구매에만 사용할 수 있다.

KORE는 네트워크상에 만들어진 경제공동체이자 사실상 가상의 국가와도 같은 존재다. 국경을 초월하는 데다가 그 아래에 수많은 하위 플랫폼들을 거느리고 있으니 KORE를 '플랫폼 제국'이라고 부르는 이들이 많다. 주위에 L씨 같은 사람이 많다 보니 일상생활에서도 대부분의 경우 KOR를 결제수단으로 받아준다. 지난달 L씨가 달러화를 사용한 건 세금을 납부할 때뿐이었다.

블록체인에 기반을 둔 플랫폼 경제가 이상적으로 구현된 가상의 사례다. 이 예에서처럼 블록체인 플랫폼이 극도로 발전하면, 단순히 특정 분야의 서비스를 제공하는 플랫폼을 넘어서 종합적인 플랫폼 제국으로 발전할 수도 있다. 아니, 플랫폼 제국의 수준에 이르러야만 블록체인 플랫폼 앞에 놓인 세 장벽을 모두 넘을 수 있을지도 모른다. 플랫폼 제국을 만든다는 것은 네트워크상에 국경 없는 경제공동체, 디지털 국가를 건설하는 것과 사실상 같다. 물론, 실현되더라도 먼 미래의 일이다.

플랫폼 경제는 피할 수 없다. 그런데 플랫폼 경제가 독과점화하고 플랫폼 참여자의 이익보다 플랫폼 기업의 이익을 우선시 하는 상황은 피해야 한다. 피하는 방법은 여럿이다. 그중 한 방법은 플랫폼을 플랫폼 기업이 아닌 참여자들 모두가 공동으로 소유하도록 하는 것이다. 이른바 '플랫폼 자본주의'로 인해 야기될 수 있는 문제점을 '플랫폼 협동주의' 관점에서 해결하는 시도다.

이렇게 하면 플랫폼에서 창조된 모든 가치는 오롯이 플랫폼 참여자들의 몫이 될 수 있다. 물론, 좋은 플랫폼이라면 참여자들이 지속적으로 늘어날 수 있어야 하는데, 참여자가 늘수록 소유자도 늘어나는 방식의 플랫폼을 만드는 것은 말처럼 쉽지 않다. 기존의 시스템 중에는 협동조합이 이와 유사한 구조이기는 하다. 그러나 협동조합형 구글, 협동조합형 아마존이 쉽게 와 닿지 않는다.

블록체인은 참여자 모두가 주인이 되는 플랫폼을 만드는 기반기술로 사용될 수 있다. 이 플랫폼은 기존의 소유 관념에서 자유롭다. 블록체인 기술을 토대로 한 중개자 없는 플랫폼에서 서비스가 거래될 수 있도록 하면 이 플랫폼에서 만들어진 가치는 중개자가 거래매개 대가로 징수하는 몫을 최소화할 수 있다. 소유자가 없는 플랫폼을 통해 모두가 소유자가 되는 플랫폼을 만드는 것이다.

블록체인 플랫폼

블록체인 기술에 기반을 둔 플랫폼, 어떻게 만들 수 있을까? 원리는 일반적인 플랫폼과 같다. 〈그림 3-2〉에서처럼 플랫폼이 성립하려면 기본적으로 데이터가 있어야 하고 이 데이터와 디지털 기술, 그리고 추가적인 가치창출 요소를 결합해 차별화된 디지털 서비스를 만들어야 한다. 이 서비스를 사고파는 상호작용의 장이 형성되면 그것이 바로 플랫폼이다.

이상적인 블록체인 플랫폼의 모습은 데이터의 기록과 저장, 그 데이터에 기반을 둔 서비스의 창출, 그리고 그 서비스의 거래까지 플랫폼이 형성되어 작동하는 전 과정이 블록체인 시스템을 통해 이루어지는 것이다. 넓은 의미의 디지털화가 온전하게 블록체인을 통해 구현되는 순수한 탈중앙 플랫폼을 말한다. 〈그림 4-1〉은 블록체인 플랫폼을 〈그림 3-2〉에 대입한 것이다.

그러나 이와 같은 방식으로 플랫폼화할 수 있는 경우는 많지 않다. 일단 현재의 기술력으로는 블록체인으로 직접 관리할 수 있는 데이터 유형부터가 제한적이다. 그 제한적인 데이터를 외부의 힘을 빌리지 않고 블록체인 내에서 처리해 서비스화하는 데에도 제약이 크다. 그렇게

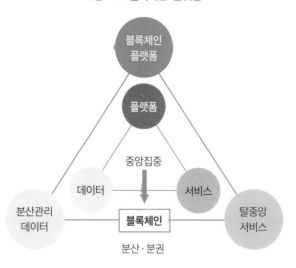

그림 4-1. 블록체인 플랫폼

만든 서비스를 플랫폼에 올려 다수의 상호작용을 매개하는 것도 만만치 않다. 효율성 문제도 있고, 사생활 보호나 영업비밀 등의 이유로 거래의 기밀이 유지되어야 하는 경우에도 블록체인 플랫폼을 통한 거래가 적합하지 않을 수 있다.

그래서 초기 블록체인 기술을 통해 구현한 순수한 블록체인 플랫폼은 매우 단순할 수밖에 없다. 화폐성 자산의 소유권 데이터와 그것에 기반을 둔 결제 서비스라는 단순한 데이터와 서비스를 통해 구현한 결제 플랫폼이 비트코인 플랫폼이다. 은행이나 신용카드사 등 중개자에 의존하지 않은 탈중앙화된 결제 플랫폼이기는 하지만 동종의 기존 플랫폼과 비교하면 불편한 점이 많다.

블록체인 플랫폼은 플랫폼에서 제공할 서비스를 만들어내기 위해 필요한 데이터와 그 데이터를 처리하는 디지털 기술을 블록체인 외부에서 빌려올 수 있다. 극단적인 경우 참여자들이 서비스를 사고파는 데에 필수적인 거래 데이터 외에는 모든 것을 블록체인 외부의 중앙집중형 서버에서 처리하고 저장할 수 있다.1 이때의 블록체인은 디지털 서비스의 창출에 기여하는 기능은 거의 없고, 사실상 그 서비스를 사고파는 거래를 성사시키는 기능만 수행하게 된다.

예를 들어 블록체인을 기반으로 동영상 서비스 플랫폼을 만든다고 하자. 당장 천문학적 크기의 동영상 데이터를 저장하는 것부터가 문제다. 블록체인판 유튜브가 불가능한 것은 아니지만, 이 서비스를 제공하기 위해 필요한 데이터 저장과 처리의 상당 부분은 블록체인 외부에서 이루어지게 된다. 동영상 제공자와 이용자를 연결하고 시청료를 주고받는 데에 필요한 거래 데이터 정도가 블록체인에 의해 직접 관리될 가능성이 높다.

비트코인처럼 한 종류의 데이터와 하나의 서비스를 블록체인과 결합할 수도 있지만, 두 종류 이상의 데이터, 서비스의 조합도 가능하다. 이는 주로 스마트계약 블록체인을 플랫폼 인프라로 활용하는 방식으로 구현된다. 계약과 그 계약의 이행, 즉 거래를 자동화하는 스마트 계약을 이용해 플랫폼에 서비스를 미리 담지 않고 참여자들이 서비스를 채워가는 플랫폼을 만드는 것이다.

이더리움 같은 스마트계약 블록체인은 기본적으로 비트코인처럼 결제 기능을 탑재하고 있는 경우가 많다. 동시에 블록체인을 통해 거래되

---

1 심지어 거래 데이터의 처리까지도 상당 부분 블록체인 외부의 서버에 의존할 수도 있다. 이 경우 블록체인 플랫폼이라고 불러야 할지 애매해진다.

그림 4-2. 비트코인 플랫폼의 구조

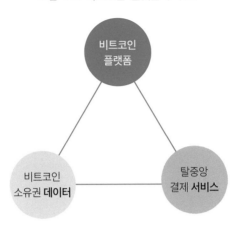

는 서비스, 즉 '탈중앙 서비스'를 제공하는 '탈중앙앱'decentralized app을 구동할 수 있는 기술 플랫폼이자 블록체인 플랫폼 인프라이기도 하다.[2] 시작 단계에서는 그야말로 인프라일 뿐이지만 이 인프라 위에 다양한 서비스를 제공하는 탈중앙앱들이 채워지면 그 자체가 범용 거래 플랫폼으로 발전할 수 있다. 궁극적으로는 이 장 서두에 소개한 가상 사례의 KORE와 같은 플랫폼 제국이 될 수도 있다.

블록체인 기반 플랫폼 인프라가 플랫폼 제국의 토대가 되기 위해 넘어야 할 산도 많다. 이 인프라는 〈그림 1-1〉의 데이터 영역에서 작동한다. 사용자 인터페이스는 원칙적으로 블록체인 기술과 무관하다. 그 얘기는 각각의 탈중앙앱 사용자를 하나로 묶는 결속 장치가 없을 수도 있다는 뜻이다. 하나의 인프라를 이용하기는 하지만 탈중앙앱 사용자

---

2 블록체인 세계에서는 이러한 플랫폼 인프라를 '메인넷'(main net)이라고도 부른다.

집단이 각각 분절적이라면 다양한 탈중앙 서비스가 유기적으로 연계된 통합적 플랫폼 생태계, 즉 플랫폼 제국 구축은 요원하다. 통합 인터페이스든, 멤버십이든 아니면 공동 화폐든 같은 인프라상의 서비스를 하나의 유기적 생태계로 묶어주는 무언가가 있어야 한다.

탈중앙 스펙트럼

블록체인의 도입이 탈중앙을 보장하지 않듯이, 블록체인에 기반을 둔 플랫폼이라고 해서 높은 수준으로 탈중앙화된 플랫폼이라는 보장은 없다. 블록체인 플랫폼이라고 통칭하지만 플랫폼마다 탈중앙화 수준은 제각각이다. 목표로 하는 탈중앙화 수준에 따라 블록체인 플랫폼 구축 난이도도 다르다.

매우 낮은 수준의 탈중앙화를 지향하는 블록체인 플랫폼은 플랫폼으로 활용되기 위한 생존퍼즐을 풀기도 쉽다. 플랫폼으로서 넘어야 할 3대 장벽 중 두 번째와 세 번째는 아예 해당되지 않을 가능성도 높다. 주로 플랫폼 기업이나 IT 솔루션 기업이 기존 비즈니스의 확장을 위해 블록체인 플랫폼을 이용하는 경우이다.[3] 편의상 이와 같은 플랫폼을 '저低 탈중앙 블록체인 플랫폼' 또는 '기업 주도 블록체인 플랫폼'이라고 부르기로 하자.[4]

---

3 기업이 소유한 플랫폼의 시스템 개선을 위해 블록체인 기술을 이용하는 경우는 제외한다. 이러한 플랫폼은 블록체인 플랫폼이라고 부르는 것 자체가 적절치 않다.
4 기존 플랫폼 관련 기업이 주도하는 블록체인 플랫폼의 경우 탈중앙화 수준이 낮은 경

우리나라만 해도 2019년 상반기를 기준으로 다음카카오, 네이버, SK 텔레콤, 삼성SDS, LG CNS 등 대기업이 다양한 분야에서 블록체인 플랫폼을 통한 비즈니스 확장을 추진하고 있다. 해외에서도 페이스북, IBM 등 많은 기업들이 이 대열에 동참하고 있다. 이들 기업은 검증받은 자체 콘텐츠를 보유하고 있거나 콘텐츠 보유업체와의 제휴가 상대적으로 용이해 블록체인 플랫폼 초기 단계에 어렵지 않게 성공사례를 만들어낼 수 있다.

반면, 탈중앙화 수준이 높은 '이상적 블록체인 플랫폼'의 경우 블록체인을 플랫폼의 기반기술로 이용하기 위한 생존퍼즐을 푸는 것부터가 녹록지 않다. 생존퍼즐을 풀고 나서도 문제다. 백지 상태의 이 플랫폼 인프라에 누가 어떤 서비스를 효과적으로 채워줄지도 미지수다. 탈중앙화 수준이 높은 블록체인 플랫폼은 자체적인 지불토큰을 채택할 가능성이 높은데, 이로 인해 플랫폼으로서 넘어야 할 장벽도 늘어난다.

블록체인 플랫폼에는 원칙적으로 주인이 없다. 참여자 모두가 주인이다. 그러나 블록체인 기반 플랫폼 인프라를 이용해 거래되는 개별 서비스는 그렇지 않을 수 있다. 예를 들어 탈중앙앱으로 제공되는 게임은 일반적인 모바일 게임과 큰 차이가 없는 방식으로 설계될 수 있다. 게임에서 아이템을 사고파는 것과 같이 일부 중요한 거래만 블록체인을 통해 탈중앙적으로 처리될 뿐, 게임의 나머지 부분은 게임회사의 중앙

우가 많아 이렇게 이름 붙였지만, 이들 플랫폼의 탈중앙화 수준이 천편일률적으로 낮다고 얘기할 수는 없다.

집중 서버에 의존하고 아이템 판매 대금 역시 게임회사에 귀속될 수 있다는 뜻이다.

하위 생태계의 탈중앙화 수준은 블록체인 플랫폼의 실질적인 탈중앙화 수준에 영향을 미친다. 플랫폼 인프라 역할을 하는 블록체인이 충분히 분권적이어도 각각의 탈중앙앱이 형성하는 하위 서비스 생태계가 분권적이지 않다면 이 블록체인 플랫폼 전체가 탈중앙적이라고 얘기하기 어렵다. 그렇게 되면 그 인프라 블록체인을 이상적으로 탈중앙화하기 위해 쏟은 노력이 반감할 수밖에 없다.

블록체인 기반 플랫폼 경제

블록체인 경제란 "블록체인 기반 플랫폼에 형성되는 경제시스템", 줄여서 "블록체인 기반 플랫폼 경제"를 뜻한다. 코인 경제, 토큰 경제, 크립토 경제 등 유사한 개념이 여럿 있지만 블록체인 경제와는 강조점이 다르다. 기존 용어를 사용해서 발생하는 오해를 줄이기 위해 블록체인 경제라는 용어를 새로 정의해 사용한다.

블록체인 경제는 일종의 플랫폼 경제다. 따라서 앞에서 얘기한 플랫폼 경제의 특징이 대부분 적용된다. 가장 큰 차이점은 블록체인 플랫폼에 기반을 둔만큼 원칙적으로 특정 개인이나 기업이 좌지우지할 수 없는, 탈중앙화된 경제시스템이라는 것이다. 여기에 선택사항으로 자신만의 고유한 지불토큰을 채택할 수 있다는 점 정도가 블록체인 경제만의 특징으로 추가된다.

가장 단순한 형태의 블록체인 경제는 하나의 서비스를 제공하는 블록체인 플랫폼을 기반으로 형성되는 경제시스템이다. 플랫폼 인프라에 채워진 개별 탈중앙앱이 제공하는 탈중앙 서비스도 각각 블록체인 경제를 구축할 수 있고, 나아가 그 탈중앙 서비스들이 모여 조금 더 큰 블록체인 경제를 만들 수도 있다. 후자의 블록체인 경제는 개별 탈중앙앱들의 단순한 합계가 될 수도 있고, 각각의 서비스들이 유기적으로 연결된 통합적 플랫폼 생태계가 될 수도 있다.

블록체인 경제는 크게 두 관점에서 조망할 수 있다. 첫째, 블록체인 플랫폼에서 이루어지는 경제활동 자체에 초점을 맞출 수 있다. 탈중앙 플랫의 3대 장벽 중 첫 번째 장벽을 어떻게 넘어설 것인지의 관점에서 바라보는 입장이다. 둘째, 블록체인의 중요한 발명품인 지불토큰이 화폐로서 블록체인 경제에서 어떤 역할을 할 것인지에 중점을 둘 수도 있다. 두 번째 장벽을 넘어서는 것에 관한 문제다.

독자적인 지불토큰을 채택한 블록체인 경제에서 이 두 관점은 상호배타적이지 않다. 우리에게 친숙한 전통적인 경제시스템에 비유하면, 전자는 실물 거래, 후자는 화폐 거래 관점에서 블록체인 경제를 이해하려는 시도로 볼 수 있다. 경제를 잘 이해하려면 실물경제 활동과 그 이면에 있는 화폐의 움직임을 균형 있게 살펴봐야 하는 것은 당연하다. 이 책에서 블록체인 경제를 바라보는 기본 입장이다. 그러나 블록체인 플랫폼에서 지불토큰, 암호화폐의 역할을 지나치게 강조하는 이들이 많다.

블록체인 경제 = 암호화폐 경제?

블록체인 경제와 유사한 개념으로 코인 경제coin economy, 토큰 경제token economy, 크립토 경제crypto economy 등의 용어가 사용되고 있다. 이들 모두 블록체인과 연관된 경제시스템을 지칭하는 용어로 사용되고는 있지만, 같은 용어를 사용하면서도 아주 다른 얘기를 하는 경우도 적잖다. 다만, 그 명칭에서 미루어 짐작할 수 있듯이 지불토큰의 역할을 강조하는 경향이 있다. 그중에서는 지불토큰을 필수 요소로 보는 것을 넘어 블록체인을 통해 세상을 바꾸는 핵심 동력의 위치에 놓는 경우도 꽤 많다. 이 책에서는 사람마다 강조점이 조금씩 다른 코인 경제, 토큰 경제, 크립토 경제 등의 용어 대신에 지불토큰을 중심에 두고 블록체인을 이해하는 시각을 통틀어 '암호화폐 경제' 관점이라고 한다.

암호화폐 경제

암호화폐 경제 관점을 지지하는 이들 중 상당수는 암호화폐가 자본주의 경제의 많은 문제점을 해결해줄 것이라고 믿는다.[5] 이들에게 암호화폐는 단순한 화폐를 넘어 좋은 투자수단이다. 또한, 암호화폐를 통해 경제활동에 기여한 만큼 대가를 얻는 혁신적인 보상시스템이 작동할 수 있다고 한다. 이들이 주장하는 이상적인 암호화폐 경제의 모습은 크게 둘로 축약된다.

---

5 이 책에서는 지불토큰 중 화폐로 발전한 것에 한해 암호화폐라고 부르지만, 여기에서는 지불토큰이 곧 화폐라는 전제하에 그 역할을 강력히 지지하는 관점을 소개하는 것이므로 암호화폐라는 용어를 사용한다.

첫째, 암호화폐 경제는 '법정화폐 자본주의'를 대체한다. 불완전한 통화정책과 신용팽창 메커니즘을 통해 수많은 문제를 야기하고 있는 법정화폐를 암호화폐가 대체해서 화폐 사용자가 화폐의 주인이 되는 이상적인 화폐시스템을 구축할 수 있다는 주장이다. 이처럼 법정화폐를 대체하는 암호화폐는 중앙은행과 국가의 권위에 도전한다.

둘째, 암호화폐 경제는 '주식회사 자본주의'에 경종을 울린다. 암호화폐는 블록체인 플랫폼을 기반으로 형성되는 소유자 없는 경제시스템의 화폐이자 지분이다. 기존 주식회사 시스템에서 주식 보유자가 독식하던 이득을 암호화폐 보유자가 경제시스템의 발전에 기여한 만큼 받아갈 수 있다는 주장이다. 이처럼 주식회사 제도의 문제점들을 해소하는 암호화폐는 플랫폼 기업, 나아가 모든 영리회사의 입지를 위협한다.

이들은 왜 이렇게 암호화폐에 열광하는 것일까? 암호화폐의 무엇이 세상을 뒤흔든다고 믿는 것일까?

대표적인 논리 하나를 소개한다. 암호화폐는 법정화폐처럼 남발되는 화폐가 아니다. 발행총량이 엄격하고 제한되는 희소성 있는 화폐다. 그러니 이 화폐를 사용하는 이들이 많아지면 암호화폐의 가치는 자동적으로 상승한다. 화폐가치 상승에 따른 이익은 이 암호화폐 경제의 발전에 기여한 화폐 보유자들이 나눠 갖는다.

암호화폐는 효율적인 거래매개 수단이면서 동시에 수익률 높은 재산증식 수단도 되는 혁신적인 발명품이라는 얘기다. 강력한 지지자들 사이에서 암호화폐 경제는 돈을 쓰는 행위 자체가 자신이 가진 돈의 구매력을 높여주는 이상적인 시스템이다. 그러니 암호화폐 경제가 경제사의 큰 줄기를 바꿀 수 있다고 믿는다. 다시 강조하지만 이 책에서는 지불토큰의 의의를 인정하면서도, 이것에 과도한 의미를 부여하는 입장과는 분명히 거리를 둔다.

토큰 경제

지불토큰이 세상에 등장하기 훨씬 전부터 토큰 경제라는 개념은 존재했다. 물론 이 토큰이 지불토큰을 지칭하는 것은 아니다. 토큰 경제는 심리학 용어이다. 토큰 경제 이론에서는 정신질환자나 어린이들의 행동을 교정하기 위해 바람직한 행동을 했을 때 보상으로 돈 대신 토큰을 주도록 한다. 토큰으로는 바둑알, 스티커, 점수 등이 이용된다. 이 토큰을 이용해 환자나 아이가 원하는 물건이나 서비스를 구매하거나 특권을 부여받을 수 있도록 하면 행동 교정 효과가 높다는 것이다.

심리학자들이 창안한 토큰 경제의 개념을 이용해 블록체인 플랫폼 기반 경제시스템을 설명하려는 이들도 있다. 이들은 행동 교정용 토큰의 위치에 지불토큰을 대입한다. 참여자가 블록체인 시스템에 도움이 되는 행위를 하면 지불토큰을 부여 받는다. 기여도가 높을수록 더 많은 지불토큰을 받는다. 그리고 지불토큰은 이 시스템 내에서 경제적 가치가 있는 물건이나 서비스를 구입하는 데 사용할 수 있다. 즉, 지불토큰을 보상수단으로 활용하는 유인체계를 만드는 것이 블록체인을 통해 구현해야 할 경제시스템의 핵심 작동원리라는 것이다.

이와 같은 설명이 틀렸다고 할 수는 없다. 그러나 심리학의 토큰 경제 모델을 이용해 지불토큰을 기반으로 작동하는 경제시스템을 설명하는 것이 적절한지는 의문이다. 이 이론에서 토큰은 치료나 교육 효과를 높이기 위해 일반 화폐를 대신하는 물건이다. 그런 의미의 토큰에 지불토큰을 대입하는 것은, 지불토큰이 바둑알처럼 특수한 상황에서만 화폐와 유사한 기능을 수행할 수 있는 물건이라고 주장하는 것으로 해석될 수도 있다. 지불토큰의 위상을 스스로 격하시킬 수 있는 주장이라는 뜻이다.

군이 심리학 이론까지 끌어오지 않더라도 일반적인 경제 이론만으로 블록체인 경제에서 이루어지는 경제적 상호작용의 작동원리를 충분히 설명할 수 있다. 모든 경제활동의 기본인 가격을 통한 유인과 보상은 블록체인 경제의 거래에도 그대로 적용된다. 그리고 그 거래를 매개하는 수단, 즉 화폐에 관한 이론 역시 경제학의 테두리 안에 체계적으로 정립되어 있다. 물론, 암호화폐 경제 지지자들 일부가 주장하는 좋은 화폐이자 좋은 투자자산으로서의 지불토큰의 경우, 그 주장의 타당성을 정통 경제학적 관점에서 입증하기는 쉽지 않다.

지불토큰의 역할

고유한 지불토큰을 갖는 것은 블록체인 경제의 필수 요건이 아니다. 오히려 블록체인 경제의 성공을 가로막는 장애요인이 될 수 있다고 앞에서 엄포를 놓기까지 했다. 그렇다면 지불토큰은 블록체인 경제에 해만끼치는 존재일까? 그건 아니다. 지불토큰에 대한 심도 있는 논의는 차차 다루기로 하고 여기서는 핵심적인 것들만 간추리기로 한다.

애플페이, 구글페이, 삼성페이, LG페이, 카카오페이 등은 전통적 금융기관이 아닌 기업들이 구축하고 있는 독자적인 지급결제 플랫폼이다. 이들 기업이 왜 결제 플랫폼 만들기에 공을 들이고 있을까? 지급결제는 모든 거래에 반드시 뒤따르는 중요한 서비스다. 지급결제 플랫폼은 그 자체가 중요한 거래 플랫폼이기도 하지만 다른 거래 플랫폼과 결합했을 때 시너지가 높다.

지불토큰의 역할은 큰 맥락에서 이들 '페이 플랫폼'과 유사하다. 지불토큰을 통해 블록체인 경제의 결제를 내부화하여 결제비용을 절감할 수 있다. 서비스의 거래와 결제까지 같은 시스템 내에서 처리함으로써 스마트계약의 완결성도 높일 수 있다.

차이점도 있다. 애플페이 등은 지급결제의 편의 제고가 주목적이지 새로운 화폐를 만들겠다는 시도는 아니다. 그러나 지불토큰은 기본적으로 이 두 마리 토끼를 모두 잡고자 한다. 아니, 새로운 화폐가 되는 것이 더 중요한 목표인 경우가 많다. 지불토큰은 좋은 블록체인 경제와 만나면 좋은 디지털 화폐로 발전할 수도 있다. 좋은 화폐가 된다는 것을 전제로 특정 블록체인 경제에 최적화된 통화정책을 사용할 수 있게 된다는 중요한 강점이 추가된다.

블록체인 플랫폼이 아니더라도 플랫폼 자체가 글로벌 경제활동을 제약하는 국경으로부터 자유롭고자 하는 속성이 있다. 국경 없는 디지털 플랫폼에 각국의 영토 안에서만 자유롭게 사용할 수 있는 기존 법정화폐는 사실 썩 잘 어울리지 않는다. 전 세계에 흩어진 다양한 국적의 참여자가 각국의 법정화폐로 이 플랫폼에서 결제할 때 발생하는 거래비용을 무시할 수 없기 때문이다. 글로벌 서비스를 제공하는 글로벌 플랫폼에서 하나의 화폐를 사용하는 것은 분명 이점이 있다.

특히 다양한 하위 서비스를 갖춘 플랫폼 제국을 형성하는 단계에 이르면 이 플랫폼의 종합적인 경제 생태계를 위한 단일 화폐는 그 이점이 더 커진다. 특정 국가의 공권력이 통제하는 법정화폐 시스템으로부터 벗어남으로써 더 높은 수준의 자율성을 확보할 수 있기 때문이다. 다만, 이와 같은 자유가 국가권력과의 갈등을 더 키울 수 있다는 점은 다시금 강조하지 않을 수 없다.

한편, 지불토큰은 블록체인 경제를 구축하기 위한 프로젝트의 자금 조달수단으로도 사용된다. 투자자 관점에서 보면 투자수단이 된다. 블록체인 경제는 저절로 만들어지는 게 아니다. 플랫폼을 구축하기 위해서는 개발비용이 필요하다. 그런데 소유의 개념에서 자유로운, 네트워크상의 시스템에 불과한 블록체인 플랫폼은 증권 발행의 주체가 될 수도 없고 사업자금을 빌릴 수도 없다. 지불토큰이 없으면 블록체인 플랫폼 만들기 자체가 불가능해질 수 있다.

지불토큰은 블록체인 경제의 탈중앙화와도 연관이 있다. 이상적인 탈중앙화를 지향하는 블록체인 경제는 기존 중앙집중 중개자에 의존하지 않고 스스로 통제할 수 있는 지급수단이 필요하다. 그 지급수단이 지불토큰이다. 지불토큰을 거래매개와 보상의 수단으로 삼아 플랫폼 참여자와 시스템 관리자를 모은다. 따라서 지불토큰을 선택하는 것은 블록체인 경제의 분권화 수준을 높이기 위해 불가피한 선택일 수 있다.

마지막으로 지불토큰은 여러 탈중앙 서비스를 하나로 묶어 통합 경제시스템을 형성하는 매개체가 될 수 있다. 우리나라 안에서 이루어지는 다양한 경제활동이 모여 한국경제라는 단일 경제시스템을 형성하는 데에 원화가 어떤 역할을 하는지 생각해보면 쉽다. 하나의 플랫폼 인프라를 사용하더라도 각각의 탈중앙 서비스별로 고유의 지불토큰을 사용한다면, 그 서비스들이 형성하는 개별 블록체인 경제들 간 상호작용은 일어나기 어렵다. 이들이 공통의 플랫폼 인프라뿐만 아니라 공통의 지불토큰까지 사용한다면, 서로 도움을 주고받는 통합 블록체인 경제를 형성할 수도 있을 것이다.

플랫폼 세계 판 흔들기

그런데 블록체인 경제가 어떤 방식으로 플랫폼 세계의 판도를 흔들 수 있을까? 블록체인은 탈중앙 플랫폼의 기반기술일 뿐이다. 이 기술을 접목했다고 해서 블록체인 경제가 플랫폼 세계에서 강자로 우뚝 선다는 보장은 전혀 없다.

블록체인 경제의 차별화 방법을 세 가지로 구분할 수 있다. 구분 기준은 플랫폼에서 창조되고 교환되고 징수되는 '가치'다. 차별화를 위해서는 기존 플랫폼보다 더 큰 가치를 만들어내거나, 플랫폼에서 창출된 가치 중 플랫폼이 징수하는 몫을 줄이거나, 참여자 간 가치의 분배를 개선할 수 있어야 한다.

더 큰 가치 만들기

블록체인 플랫폼이 어떻게 더 큰 가치를 창출할 수 있을까? 기본으로 돌아가서 생각해보자. 〈그림 3-2〉을 통해 설명했듯이 플랫폼의 시작점은 데이터, 그리고 그 데이터에 기반을 둔 서비스다. 더 큰 가치를 창출하려면 좋은 데이터와 혁신적 서비스를 기반으로 많은 참여자를 모으고, 이 참여자로부터 다시 데이터가 생성되어 축적되는 선순환이 이루어져야 한다.

그런데 냉정하게 따져 보았을 때 이 선순환의 기본인 데이터와 서비스, 그 어느 것도 블록체인 플랫폼만의 뚜렷한 강점을 찾기 어렵다. 따라서 가까운 미래에 기존 플랫폼 기업이 장악하고 있는 분야에서 블록체인 경제가 더 큰 가치를 창출하는 것은 만만치 않은 도전일 것이다. 탈중앙화 수준이 높은 이상적 블록체인 경제일수록 시간은 더 오래 걸릴 확률이 높다. 단기적으로는 정면승부가 어렵다면 우선 기존 플랫폼들이 잘할 수 없는 분야를 찾아서 공략하는 방법을 생각해볼 수 있다. 세 가지 시나리오가 있다.

첫째, 블록체인의 기술적 장점을 효과적으로 활용하여 기존 플랫폼과 구분되는 비즈니스 세계를 만들어내는 것이다. 예를 들면, 특정 분야의 사물인터넷 데이터 관리는 고도의 데이터 신뢰도와 시스템 안정성을 요구하기 때문에 블록체인의 강점이 크게 두드러질 수 있다. 이러한 분야에 블록체인 플랫폼을 접목한다면 차별화된 플랫폼 경제를 구축할 수도 있을 것이다.

둘째, 기존 질서를 창조적으로 파괴하는 새로운 거래질서에 기반을 둔 플랫폼 경제를 구축하는 것이다. 예를 들면, 블록체인의 신뢰도 높은 데이터 장부 기능을 활용하여, 기존의 국가 중심 발행·상장 시스템에 의존하지 않는 블록체인 기반 증권거래 시스템을 만드는 것이다. 관점에 따라 이러한 시도는 기존 질서의 거부로 받아들여져 국가권력과 충돌할 소지를 높일 수 있다.

셋째, 기존의 플랫폼 기업들이 평판 리스크로 주저하는 분야를 파고
드는 것이다. 인터넷 도박이나 사행성 게임 등을 말한다. 이와 같은 행
위가 불법이 아닌 국가도 있으니, 어느 국가에도 소속되지 않은 블록체
인 플랫폼에서 이런 서비스가 활성화되지 말라는 법은 없다. 아예 한
발 더 나아가 명백하게 불법인 거래를 중개하는 플랫폼으로 발전하는
경우도 생각할 수 있다. 바람직하지 않지만 가능성은 낮지 않다.

장기적으로는 플랫폼 기업과 개별 서비스로 경쟁하지 않고 다양한
서비스를 한데 묶은 종합적 플랫폼 생태계를 구축하고, 거기에 화폐까
지 갖춘 명실상부한 플랫폼 제국을 구축해 게임의 판도를 바꿀 수도 있
다. 이 장 서두의 가상 시나리오를 현실화하는 것이다. 각각의 서비스
경쟁력도 뒤처지지 않으면서 거의 모든 경제활동을 하나의 통합 플랫폼
으로 해결할 수 있게 한다면 그것 자체가 큰 경쟁력이 될 수 있다.[6]

플랫폼이 징수하는 몫 줄이기

우리는 기존 플랫폼을 이용하면서 알게 모르게 수수료를 부담한다. 직
접 내는 경우도 있고, 가격에 포함되거나 광고 시청 형태로 지불하는
간접 수수료도 있다. 블록체인 플랫폼은 기업형 플랫폼과 비슷한 품질
의 서비스를 중개하면서도 가격은 낮출 여지가 있다. 물론 생존퍼즐을
풀지 못한 단계에서는 성립할 수 없는 얘기다. 기존 플랫폼 기업을 통

---

6 플랫폼 기업이 플랫폼 제국을 구축하지 말라는 법은 없다. 그런데 거의 모든 경제활
  동이 이루어지고 거기에 독자적 화폐까지 갖춘 플랫폼은 앞에서도 얘기했듯이 네트
  워크상의 독립된 국가와도 같다. 특정 플랫폼 기업이 이와 같은 사실상의 국가의 주
  인이 되는 상황이 용납될 수 있을 것인지는 독자들 스스로 판단해보기 바란다.

한 거래에는 기본적으로 두 중개자가 개입한다. 거래 대상이 되는 서비스의 중개자와 그 거래의 결제 중개자다. 플랫폼 기업이 앞에서 얘기한 페이 플랫폼을 보유한 경우 개입하는 중개자는 하나로 줄어든다.

그런데 블록체인 경제에서는 원칙적으로 서비스 중개 수수료를 징수할 플랫폼 기업이 없다. 수수료가 전혀 없는 것은 아니다. 블록체인을 통해 데이터를 관리하기 위한 수수료는 발생한다. 이 데이터 관리 수수료는 기존 중개자의 서비스 중개 수수료보다 높을 수도 있다. 그러나 생존퍼즐을 풀었다는 것은 블록체인 데이터 관리 수수료가 충분히 낮아졌다는 뜻이다. 자체 지불토큰으로 결제 기능까지 동시에 수행한다면 결제 수수료까지 함께 낮출 여지가 있다.

블록체인 경제의 수수료 절감 효과는 중개자 제거에서만 오는 것은 아니다. 8장에서 다룰 블록체인의 세상을 바꾸는 일곱 가지 힘 중에서 수수료 절감 효과가 있는 항목을 추가로 발견할 수 있다. 다만, 기존 플랫폼 기업들이 부과하는 수수료에 일반적으로 절감의 여지가 있는지는 확실치 않다.

가치의 분배 개선하기

블록체인 경제가 기존 플랫폼에 비해 참여자들 사이, 즉 서비스의 공급자와 수요자 사이에 공정한 가치 분배를 실현한다면 많은 참여자를 모으는 데 성공할 수도 있을 것이다. 가치 분배의 개선은 추가적인 분배 재원으로 이루어질 수도, 제로섬 상황에서 참여자 사이의 분배 규칙 변경을 통해 달성될 수도 있다. 이 둘 모두 중요하다.

추가적인 분배 재원은 앞에서 얘기한 더 큰 가치 만들기, 플랫폼이 징수하는 몫 줄이기로부터 나온다. 그런데 추가 재원이 어느 한쪽, 예컨대 서비스 공급자에 치우쳐 분배된다면 사용자가 굳이 블록체인 플랫폼을 택할 유인이 없다. 또한, 추가 재원의 분배와는 별개로 서비스 공급자와 수요자 사이의 기본적인 분배 규칙을 개선하는 것은 블록체인 경제를 포함해 모든 플랫폼 경제의 성패를 좌우할 수 있는 중요한 요인이다. 분배 규칙의 개선이란 서비스의 가격을 재설정하고 공급자의 이익 일부를 소비자에게 환원하는 것 등을 말한다.

분배의 다른 이름은 보상이다. '기여한 만큼의 보상'은 암호화폐 경제 지지자들이 중요시하는 요인이다. 그런데 이와 같은 보상·유인 체계는 앞에서 다룬 플랫폼 일반론에서 얘기했듯이 블록체인 플랫폼만의 고유한 특징은 아니다.

따라서 합리적 보상, 즉 가치 분배의 개선을 통해 참여자들을 끌어 모으려면 기존의 플랫폼과 뚜렷이 구분되는 혁신이 수반되어야 한다. 서두의 가상 사례에서처럼 블록체인 경제에서 발생하는 가치의 일정 부분을 적립해 참여자들에게 기본소득basic income으로 지급하는 것과 같은 파격적인 시도를 말한다. 그러나 현실적으로, 특히 단기적으로는 보상 재원이 한정적일 수밖에 없다.

지불토큰이라는 블록체인 고유의 화폐성 자산이 보상수단으로 사용되어 눈에 더 띌 수는 있다. 그러나 이미 강조했듯이 지불토큰은 가치의 전달 수단일 뿐 가치를 만들어내는 원천은 아니다. 공정한 분배에 지불토큰의 발행 규칙 등이 기여할 수는 있지만, 지불토큰 자체에 과도한 의미를 부여하는 것은 위험하다. 중요한 것은 참여자들 사이에서 가치를 분배하는 기준, 규칙을 혁신하는 것이다.

PART 2

블록체인 첫걸음

블록체인 기술과
생존퍼즐

5장

분산형 데이터 관리

데이터를 여럿이 관리하려면 합의를 거쳐야 한다.
이로 인해 탈중앙도 구현되고 비효율도 발생한다.

"그러면 먼저 국가재정법 일부 개정 법률안을 의결하도록 하겠습니다. 투표해주시기 바랍니다. 투표를 다 하셨습니까? 투표를 마치겠습니다. 투표 결과를 말씀드리겠습니다. 재석 264인 중 찬성 262인, 반대 1인, 기권 1인으로서 국가재정법 일부 개정 법률안은 가결되었음을 선포합니다. 다음은 국유재산법 일부 개정 법률안을 의결하도록 하겠습니다. 투표해주시기 바랍니다."

국회 본회의에서 실제 법안 의결이 이루어지는 과정이다. 우리가 일반적으로 생각하는 합의란 대략 이와 유사한 모습이다. 국회에서든, 다른 곳에서든 합의의 기본은 다수결이다. 과반수 찬성이 기본이지만 경우에 따라 그보다 높은 비율의 찬성을 요구하는 경우도 있다. 1인 1표를 행사하는 경우도 있지만 사람마다 합의권의 크기가 다른 경우도 많다. 회사 주주총회에서 표결할 때는 보유주식만큼 권한을 행사한다. 아날로그 시대에 합의란 원칙적으로 한곳에 모여서 하는 것이었지만 이제는 네트워크상에서 만나 비대면 합의를 하는 경우도 흔하다.

블록체인은 물리적으로 분산된, 원칙적으로 상호 독립적인 여러 대의 컴퓨터가 함께 데이터를 관리한다. 여럿이서 같은 데이터를 기록하고 저장하려면 데이터 관리 컴퓨터, 줄여서 '관리자'들 간 의사를 통일해야 한다. 이를 위한 약속, 규칙을 합의체계라고 한다. 일상생활의 다수결과 그 원리는 같다.

합의체계는 블록체인 데이터 관리의 핵심이다. 탈중앙의 원천이기도 하고 동시에 비효율의 주범이기도 하다. 생존퍼즐을 푸는 중요한 열쇠가 될 수밖에 없다. 비트코인 채굴공장도 이 합의 때문에 생겨났다. 블록체인이 합의 문제로 고민할 수밖에 없게 만든 근본원인, 분산형 데이터 관리의 구조적 특성부터 살펴보자.

분산 구조

데이터를 관리하려면 관리자도 있어야 하지만 그 데이터를 사용할 사용자도 필요하다. 조금 전문적인 용어를 사용하면 관리자는 '관리자 노드'administrator node, 사용자는 '사용자 노드'user node라고 한다.[1] 여기에서

---

1 노드란 컴퓨터 통신 용어로 네트워크상에서 데이터가 출발, 전파, 중간기착, 도착하는 각각의 지점에 있는 데이터 처리장치를 의미한다.

는 관리자 노드를 관리자라고 줄여 부르지만, 노드라는 약칭이 더 널리 쓰인다. 블록체인의 분산이란 이 관리자의 분산을 말한다.

관리자와 사용자

블록생성자block producer, 채굴자miner, 화폐 주조자forger 2, 지분 보유자staker, 검증인validator, 공증인notary, 증인witness, 대표자delegate. 공통점이 있는 것 같기도 하고 없는 것 같기도 한 이 단어들은 모두 관리자의 또 다른 이름들이다.

관리자의 1차적인 역할은 블록체인 시스템이 제공하는 데이터 관리 서비스가 실제로 작동되게끔 컴퓨터를 제공하는 것이다. 기존의 중앙 집중 중개자들은 데이터 관리 서비스의 제공 주체이면서 데이터 관리에 필요한 고성능 컴퓨터, 서버까지 책임진다. 그러나 블록체인의 경우 원칙적으로 서비스 제공 주체는 블록체인 시스템 그 자체다. 관리자의 기본적인 역할은 단순하고 반복적이고 기계적이다.

정상적으로 설계된 블록체인 시스템에서 일상적인 관리자의 기능을 수행하는 데에 사람의 판단이 개입될 여지는 없다. 그러나 관리자를 컴퓨터로만 보는 것은 단견이다. 일단 관리자로 참여할지 말지부터 시작해서, 블록체인 내에서 중요한 의사결정을 할 때 관리자로서 어떤 입장을 취할지 결정하는 것은 결국 사람이다.

블록체인 사용자는 사람일 수도 있고, 사물일 수도 있다. 데이터 기록을 요청할 권한만 부여된 주체라면 누구든, 무엇이든 가능하다. 사물

---

2 정확하게는 금속 또는 금속화폐를 단조(鍛造, forge)하는 사람이라는 뜻이다.

이란 인공지능 로봇일 수도 있고 센서일 수도 있다. 사람이 사전에 프로그래밍한 컴퓨터 명령어도 사용자 역할을 수행할 수 있다. 사람만을 위한 블록체인도 가능하고 사물만을 위한 블록체인도 가능하다. 같은 블록체인 안에 사람인 사용자와 사물인 사용자, 컴퓨터 명령어인 사용자가 혼재할 수도 있다.

사용자는 블록체인 시스템에서 관리자만큼 특별한 존재는 아니다. 중요하지 않다는 뜻은 아니다. 기존 시스템의 중개자와 블록체인 관리자의 관계만큼 본질적인 차이는 없다는 것이다. 블록체인이 플랫폼의 기반기술로 사용되면, 사용자는 플랫폼의 참여자, 즉 서비스의 공급자 또는 수요자가 된다.

관리자의 분산

이 책에서는 기존 시스템의 데이터 관리자를 중개자라 부른다. 블록체인 시스템에는 중개자가 없다. 중개자가 없다는 것을 모든 사용자가 직접 데이터를 관리한다는 뜻으로 오해하는 경우가 종종 있다. 사실 〈그림 1-2〉에서도 이해의 편의를 위해 이와 같은 직접 관리 구조로 설명했다. 그러나 이런 식의 분산 구조를 갖는 블록체인 시스템은 불가능한 것은 아니지만 일반적이지는 않다.

사용자가 데이터를 직접 관리한다는 것은 사용자가 곧 관리자라는 뜻이다. 이 구조에서는 일체의 중개기능 개입 없이 데이터 관리가 이루어진다. 이상적인 분산형 데이터 관리의 모습이기는 하지만, 데이터 관리에 참여할 의지와 능력이 없는 사용자에게는 그다지 매력적이지 않은 방식이다.

그림 5-1. 블록체인의 분산 구조

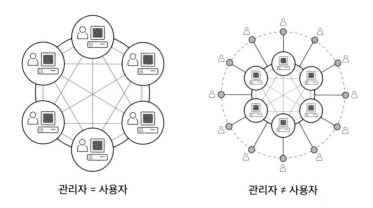

관리자 = 사용자   관리자 ≠ 사용자

대부분의 블록체인은 관리자와 사용자가 일치하지 않는다. 사용자 중 일부가 관리자 역할을 맡거나 경우에 따라 관리자와 사용자가 완전히 분리될 수도 있다. 블록체인 시스템의 일반적인 모습은 관리자 집단의 크기보다 사용자 집단의 크기가 훨씬 크다. 관리자가 아닌 사용자의 경우 데이터 장부를 자신의 컴퓨터나 모바일 기기에 직접 저장할 필요도 없다.[3]

그런데 관리자와 사용자가 일치하지 않는 일반적인 블록체인 시스템을 과연 중개자 없는 데이터 관리 시스템이라고 부를 수 있을까? 석연치 않다. 중앙집중적인 단독 중개자가 없는 것은 맞다. 대신 관리자

---

3 블록체인 데이터 장부 전체를 다운로드 받아 두는 경우를 '완전 노드'(full node), 필요한 정보만 저장·열람하는 경우 '경량 노드'(light weight node)라고 한다. 관리자 기능을 제대로 수행하기 위해서는 원칙적으로 완전 노드가 되어야 하지만, 사용자는 굳이 많은 저장 공간을 써 가며 완전 노드가 될 필요가 없다. 그래서 관리자 노드와 완전 노드라는 말을 동의어로 사용하는 경우도 많다.

들이 모여서 분산된 '중개자 그룹'을 형성하고, 이들이 데이터 중개 기능을 수행한다.

중앙집중형 중개자와 블록체인 관리자 집단이 같은 기능을 수행하지만 이 둘 사이에는 중요한 차이가 하나 있다. 기존 중개자에게는 공신력이 필요하다. 하나의 중개자에게 데이터를 집중시켜도 된다는 사용자들의 신뢰가 기존 시스템의 저변에 깔려 있다. 그러나 블록체인 시스템에는 원칙적으로 중개자에게 요구되는 것과 같은 공신력이 없어도 관리자로 참여할 수 있다.

시스템 개방성

누구든 블록체인 시스템의 관리자가 될 수 있을까? 블록체인마다 다르다. 그러면 누구든 사용자가 될 수는 있을까? 이 역시 블록체인마다 다르다. 최초의 블록체인 시스템인 비트코인은 누구든지 관리자가 될 수도, 사용자가 될 수도 있는 매우 개방성 높은 시스템이다. 그러나 시스템 개방 수준은 얼마든지 조절할 수 있다. 개방성은 관리자에 대한 개방성, 사용자에 대한 개방성으로 나뉜다.

관리자가 될 수 있는 자격은 미리 인가된permissioned 이들로 제한할 수도 있고 누구에게든 허용할permissionless 수도 있다.4 인가된 관리자와 비

---

4 여러 개인·단체가 특정한 공동목적 수행을 위하여 함께 관리자 집단을 구성하는 컨소시엄(consortium) 방식도 가능하다.

표 5-1. 개방성에 따른 블록체인 분류

사용자	관리자	
	비인가	인가
개방	개방형	인가형
비개방	-	비개방형

인가 관리자가 섞인 하이브리드 방식도 가능하다. 사용자에 대해서도 시스템 접근을 개방할public 수도, 비개방할private 수도 있다.

관리자로 참여하는 데 제한이 없는 경우 사용자에게도 제한 없이 개방되는 게 자연스럽다. 이러한 비인가·개방permissionless public 블록체인을 줄여서 '개방형public 블록체인'이라고 부른다. 관리자로의 참여는 제한하되 일반 사용자의 시스템 접근을 원칙적으로 허용하는 인가·개방permissioned public 블록체인은 '인가형permissioned 블록체인'이라고 부르기로 하자.5 '인가·비개방'permissioned private의 경우 '비개방형private 블록체인'으로 줄여 부르기로 한다.

일반인에게 이름이 친숙한 블록체인은 대부분 개방형 블록체인이다. 비트코인, 이더리움, EOS 모두 개방형이다. 개방형 블록체인의 개발자는 해당 블록체인을 대중에게 최초로 제안한 자이기는 하지만, 이후에는 프로그램을 개선하거나 사후 발견된 버그를 수정하고 보안상 취약점을 업데이트할 권한도 책임도 없다. 모든 것은 개방형 블록체인이 미리 정한 규칙에 따라 참여자들의 합의를 거쳐 결정한다.

---

5 인가형 블록체인의 경우 사용자의 데이터 기록은 제한 없이 허용하더라도 데이터 열람 권한에는 차등을 둘 수도 있다.

그림 5-2. 시스템 개방성

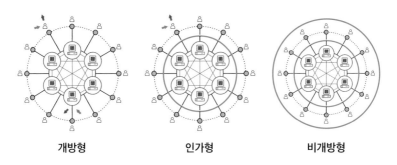

| 개방형 | 인가형 | 비개방형 |

반면, 인가형 블록체인은 어떤 이들이 시스템의 유지·보수를 책임지는지, 누가 관리자가 될 것인지 사전에 분명하게 정해져 있는 경우가 대부분이다. 관리자로 참여하려면 어느 정도 공신력이 요구되기도 한다. 문제가 생기면 이들의 책임하에 신속하게 대처할 수 있다. 인가형 블록체인 중 대표적인 것으로 리플, 스텔라 등이 있다.

비개방형 블록체인도 많다. 기업의 내부 데이터 관리 용도로도 사용될 수 있고 특정 국가의 국민 혹은 지자체 거주자에게만 접속이 허용되는 공공 서비스 플랫폼에도 활용될 수 있다. 이 책에서는 블록체인을 크게 개방형과 인가형으로 양분한다. 블록체인에서 특히 중요한 것은 관리자로의 참여를 제한하는지 여부다. 따라서 인가형 블록체인에 관한 설명은 대부분의 경우 비개방형에도 그대로 적용된다. 비개방형 블록체인에만 해당되는 사안에 대해서는 관련 부분에 별도로 표시해둘 것이다.

익명성과 실명제

개방형 블록체인은 원칙적으로 사용자의 익명성을 전제로 한다. 사용자가 누구인지 관심 갖지 않는다는 뜻이다. 익명성이 보장되는 블록체인 시스템에서 사용자는 숫자나 숫자와 문자의 조합으로 표현되는 디지털 ID로 존재한다. 이 디지털 ID를 보통 주소address 또는 계정account이라고 한다. '블록체인 주소' 또는 간단히 '주소'라고 부르기로 하자.

불가피한 선택

블록체인, 특히 개방형 블록체인이 왜 익명성을 택할까? 가장 큰 이유는 원칙적으로 기록된 데이터가 100% 공개되기 때문이다. 누구든지 데이터 관리자가 될 수 있다는 것은 어떤 데이터가 기록되는지 누구나 알 수 있다는 뜻이기도 하다. 거래 기록과 같은 민감한 정보가 실명으로 공개되는 것은 데이터 관리 기술로서 큰 약점이다. 사용자가 누구인지 밝히지 않으면 이와 같은 우려를 어느 정도 해소할 수 있다.

　　그런데 실명을 밝히지 않아도 데이터의 주인이 누구인지 유추해 볼 수 있는 경우가 많다. 데이터 내용이 자세하고 기록이 빈번할수록 누구의 데이터인지 특정하기 쉬워진다. 그래서 이러한 익명성을 반익명성 pseudo-anonymity라고 한다. 별도의 익명성 강화장치를 마련하지 않은 대부분의 개방형 블록체인은 반익명성을 갖는다. 익명성을 획기적으로 높일 수 있는 기술도 개발되어 있지만 이에 대해서는 개방형 블록체인의 취지에 부합하지 않는다는 부정적 시각이 많다.6

　　사실 익명성은 사생활 보호의 필요성과 무관하게 개방형 블록체인이라면 받아들일 수밖에 없는 선택이다. 잘 생각해보면 실명제라는 말 자체가 중앙집중형 데이터 관리를 전제한 표현이다. 실명實名이 무엇을 의미하는지 생각해보자. 국적을 부여하는 공권력을 갖춘 기관에게 공식적으로 등록하는 이름이다. 전형적인 중개자인 정부가 생년월일, 출생 시각·장소, 부모 이름 등 다른 실명인증 데이터와 묶어서 관리하는 데이터이다. 개방형 블록체인이 기존 중앙집중형 실명인증 체계의 도움 없이 스스로의 힘만으로 실명제를 도입하는 것은 사실상 불가능하다는 뜻이다.[7]

그러면 사용자를 제한하지 않고 관리자로의 참여만 제한하는 인가형 블록체인에는 실명제 도입이 가능할까? 그것 역시 어렵다. 어떤 사용자에게든 개방된 시스템은 그 정의상 실명제로 운영할 수 없다. 실명이 인증된 사용자만 시스템에 접속하도록 허용한다는 것은 사용자에 제한을 둔다는 뜻이기 때문이다. 따라서 인가형 블록체인도 원칙적으로 비실명제 시스템이다. 반면, 비개방형 블록체인은 필요에 따라 완전한 실명제 시스템으로 만들 수 있다.

---

6 영지식 증명(zero knowledge proof), 링 서명(ring signature) 등 개방형 블록체인 사용자의 익명성과 데이터 비밀 보호 수준을 높이기 위한 방법이 몇 가지 고안되어 있다. 인터넷에서 각 방법의 기본원리를 비전문가가 이해할 수 있는 수준으로 설명한 자료들을 쉽게 구할 수 있다.
7 관리자로의 참여를 제한하지 않는 비인가 블록체인이 외부의 도움을 받아 사용자 실명제를 구현하는 것은 기술적으로 가능할 수는 있지만 현실화되기는 쉽지 않다. 실명제란 실명인증을 거친 사용자만 시스템에 참여토록 일종의 제한을 두는 것이다. 관리자로의 참여는 제한하지 않으면서 사용자로의 참여만 제한하는 부자연스러운 모습의 블록체인이 성립할 수 있을 것인지는 독자 스스로 판단해보기 바란다.

익명성의 불편함

비실명제 블록체인의 익명성이 주는 편리함도 있지만, 불편함을 초래하기도 한다. 가장 큰 불편함은 블록체인 주소의 소유권을 입증하기 어렵다는 것이다. 특정 주소의 소유권은 보통 디지털 서명digital signature에 필요한 비밀키private key로 입증한다.8 이 비밀키를 분실하면 해당 주소의 소유권을 영구히 상실한다. 사용자 본인 외에는 시스템 개발자를 포함해 아무도 모르니 분실하면 다시 알아낼 방법이 없다.

본인이 기억하기 쉬운 비밀키를 택할 수도 없다. 사람의 머리로 도저히 기억하기 어려운 숫자 또는 숫자와 문자의 조합이 무작위로 추출되기 때문이다.9 보통은 비밀키를 안전하게 저장하는 앱을 사용한다. 이 앱에는 사용자가 패스워드를 지정할 수 있다. 그러나 너무 쉬운 패스워드를 사용하면 비밀키가 노출될 위험은 그만큼 커진다.

비밀키를 안다는 것은 그 비밀키의 주인이라는 것과 같은 뜻이다. 비밀키를 다른 사람이 알게 되면 그 사람이 해당 블록체인 주소 명의로 어떤 데이터 기록을 요청하든지 유효한 것으로 인정된다. 그 블록체인이 자산의 소유권 데이터를 관리하는 시스템이라면 비밀키의 유출은 자산의 처분 권한을 다른 사람에게 넘겨준 것과도 같다.

---

8 디지털 서명은 전자 서명(electronic signature)과 같은 의미로 사용되는 경우가 많다. 그러나 디지털 서명은 전자 서명보다 좁은 개념이다. 공개키 기반 암호화 기술을 활용한 전자 서명에 한해서 디지털 서명이라는 용어를 사용한다.

9 비트코인의 경우 16진법(hexadecimal)으로 64자리 값을 갖는다. 우리가 사용하는 10진법으로는 16진법 숫자를 다 표시할 수 없어 1~10 외에 a부터 f까지 여섯 개의 알파벳이 추가로 사용된다. a가 11, f가 16에 대응하는 숫자다.

한편, 익명성으로 인해 블록체인의 활용도가 제한될 수도 있다. 실명의 사용을 법적으로 강제하는 분야에서는 합법적으로 이용하기 어렵게 된다. 금융 분야가 대표적이다. 많은 국가에서 금융 서비스 제공자에게 고객의 실명을 확인토록 요구한다. 실명제를 채택할 수 없는 블록체인이 금융 분야에 폭넓게 활용되려면 이 문제에 대한 해법이 필요하다.

암호화

데이터 관리 시스템은 필수적으로 암호화·보안 기술을 이용해야 한다. 그러지 않고서는 데이터의 신뢰도나 시스템의 안정성이 유지될 수 없다. 블록체인도 마찬가지다. 비트코인 등을 암호화폐라고 부르며 암호화가 블록체인의 독특한 특성처럼 인식되고 있다. 그러나 암호화는 블록체인의 특성을 대표하기에 아주 적합한 단어는 아니다.

사람들이 흔히 생각하는 암호화와 블록체인에서 사용하는 암호화는 같을 수도 있고, 다를 수도 있다. 우리가 암호화라는 말에서 떠올리는 것은 자신이 입력해서 전송하는 정보를 비문秘文으로 만들어 다른 사람들이 알아볼 수 없게끔 만드는 것이다. 그런데 블록체인, 특히 개방형 블록체인에서는 이와 같은 비문처리가 원칙적으로 불가능하다.

비문처리를 위해서는 데이터 관리자가 암호를 해독하는 비밀코드를 갖고 있어야 한다. 이 비밀코드를 알고 있는 이가 늘어날수록 비밀유지는 어렵다. 그런데 개방형 블록체인의 경우 누구든 관리자가 될 수 있으니 비문처리는 아무 의미가 없다. 인가형 블록체인 역시 관리자 숫자가 보통 20은 넘으니 비밀유지에 적합한 시스템은 아니다.

블록체인이라면 반드시 택해야 할 특정한 암호화 기술이 정해져 있는 것은 아니다. 블록체인별로 목적과 상황에 맞게 선택하면 된다. 물론 블록체인이라면 개방형, 인가형을 불문하고 공통적으로 채택할 가능성이 높은 기술은 있다. 공개키 기반PKI: public key infrastructure 암호화 기술이다. 이 암호화 기술은 비문처리에도 이용될 수 있지만 블록체인 세계에서는 주로 블록체인 주소를 만들고 디지털 서명을 하는 용도로 활용된다. 넓은 의미에서 암호화 기술의 일종으로 볼 수 있는 해시함수hash function도 널리 사용된다.

블록연결과 비가역성

블록에 담길 데이터 중 가장 중요한 것은 새로 기록될 데이터다. 블록이 생성된 시각도 중요하다. 그런데 이런 정보는 다른 데이터 관리 시스템에서도 공통적으로 필요한 것들이다. 블록체인을 특별하게 만들어주는 정보는 이전 블록의 '고유한 축약 값'이다. 예를 들면, 500번째 블록(블록#500)에는 바로 직전 블록(블록#499)의 고유한 축약 값이 기록된다. 이 고유한 축약 값을 '해시'hash라고 부른다.

해시란 숫자, 문자, 그림 등 데이터를 해시함수를 이용해 변환시켜 얻는 값이다. 보통 한 줄의 숫자 또는 숫자와 문자의 조합 형태다. 해시함수는 큰 데이터를 중복되지 않은 해시로 축약한다.[10] 데이터가 조금이라도 변형되면 해시는 전혀 다른 값으로 바뀐다. 따라서 해시는 어떤

그림 5-3. 고유한 축약 값, 해시

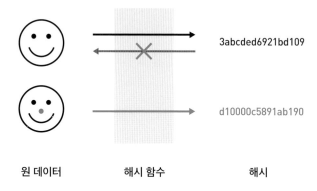

원 데이터   해시 함수   해시

데이터의 고유한 축약 값이라고 부를 수 있다. 데이터를 해시로 변환하는 것은 쉽지만 거꾸로 해시를 이용해 원데이터를 복원할 수는 없다. 해시함수는 이런 기능이 있는 함수를 통칭한다. 블록별로 기록되는 데이터는 조금이라도 다를 수밖에 없다. 블록생성 시각처럼 중복될 수 없는 정보가 블록의 일부로 포함되니 완벽하게 같은 블록은 존재하지 않는다. 따라서 블록에 기록된 데이터의 축약 값인 해시 역시 블록마다 다르다.

이전 블록의 해시를 다음 블록에 기록하는 것은 데이터를 축약해서 한 줄로 기록하는 것 이상의 효과가 있다. 바로 이 해시가 블록#499와 블록#500을 떨어질 수 없게 붙여 놓는 연결고리가 된다. 블록#499의 해시가 0000000abcd12345라면, 이 해시를 갖는 블록은 블록#499가 유일하다. 따라서 블록#500에 이 해시를 적어두면 바로 앞의 블록은

---

10 중복이 전혀 없는 것은 아니고 중복될 가능성이 매우 낮다. 비트코인이 채택한 SHA (Secure Hash Algorithm)-256 함수의 경우 해시의 가짓수는 2^{256}이다.

그림 5-4. 비가역성

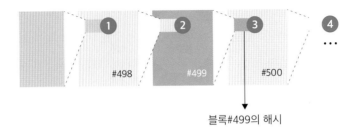

블록#499의 해시

블록#499가 될 수밖에 없다. 마찬가지로 블록#500과 블록#501 사이에도 해시를 통한 강력한 연결고리가 형성된다.

해시를 통한 블록 간의 연결로 인해 블록체인의 중요한 특성인 비가역성이 생긴다. 〈그림 5-4〉를 보자. 블록#498을 위조하고 싶은 해커가 있다. 블록#498에 기록된 숫자를 하나만 바꿔도 해시는 블록#499에 기록된 원래의 해시와 다른 값으로 변한다(①). 블록#498과 블록#499의 연결이 끊어져서 위조가 바로 들통 난다. 연결을 유지하기 위해 블록#499에 기록된 블록#498의 해시까지 새 값으로 바꾼다(②). 그런데 이 해시 역시 블록#499에 기록되는 데이터 중 하나이다. 당연히 블록#499의 해시가 바뀌고, 블록#500과의 연결고리가 끊어진다(③).

블록 간 연결의 단절은 블록#498 이후의 모든 블록에서 발생한다(④). 따라서 블록#498을 위조하려면 이후의 모든 블록을 위조해야 한다. 한 컴퓨터에 있는 장부를 위조하는 것도 어려운데, 이러한 작업을 데이터 장부가 저장된 모든 컴퓨터에서 반복하는 것은 사실상 불가능하다. 이러한 비가역성 때문에 블록체인에 기록된 정보는 위조하기 어럽다고 하는 것이다. 데이터 블록이 쌓일수록 과거 데이터가 사라지거나 실수 또는 고의로 바뀔 확률은 0에 가까워진다. 심지어 특정 블록체인 시스템이 붕괴되더라도 여러 곳에 분산 저장된 데이터 장부 자체는 살아남을 가능성이 높다. 그러나 이러한 블록체인의 안전장치는 이미 확정된 과거의 기록에만 해당된다. 새롭게 추가되는 데이터의 진실성을 확보하기 위해서는 또 다른 장치가 필요하다.

합의체계

사공이 많으면 배가 산으로 간다. 하나의 목표 아래 일사불란하게 움직여야 할 일에 여럿이 제각각 목소리를 내면 엉뚱한 결과가 초래된다. 블록체인은 데이터 관리 시스템이다. 올바른 데이터를 통일되게 기록하는 것이 무엇보다 중요하다. 그러려면 분산된 각각의 관리자들이 독립성을 유지하면서도 중앙집중형 중개자와 같이 한 몸처럼 작동하도록 만드는 간결하고 명확하고 합리적인 규칙이 필요하다.

이를 합의체계라 한다. 합의체계는 "사용자로부터 입수한 데이터를 담은 블록 초안을 관리자들끼리 회람하고, 이에 대해 관리자 집단 다수의 동의를 얻어 블록생성을 확정할 수 있도록 정해둔 규칙"이다.[11] 합의규칙, 합의방식, 합의알고리즘 등으로 바꿔 부를 수 있다.

---

11 합의(consensus)는 '만장일치'를 의미하는 경우가 많다. 그러나 블록체인 세계에서 사용되는 합의라는 용어는 반드시 만장일치만을 뜻하지 않는다.

합의체계는 블록체인을 통한 데이터 관리에서 가장 중요한 부분이다. 합의가 무너지면 블록체인 시스템도 무너진다. 어떤 합의방식을 택하는지에 따라 블록체인의 철학이 좌우된다. 블록체인의 핵심인 탈중앙화에도 직접적인 영향을 미치고, 시스템의 효율성도 좌우한다.

이 장의 서두에서 얘기했듯이 블록체인의 합의 원리는 일상생활에서의 다수결과 근본적으로 같다. 물론, 블록체인 합의체계만의 고유한 어려움도 있다. 가장 큰 문제는 합의에 참여하고 있는 관리자 숫자를 특정하지 못하는 경우가 많다는 것이다. 과반수, 혹은 일정 비율 이상의 동의를 얻어 합의에 이르려면 전체 투표권이 어느 정도고, 그중 현재 표결에 참여하고 있는 투표권은 어느 정도인지 알아야 한다. 그런데 탈중앙화 수준이 높은 개방형 블록체인의 합의 시에는 이 둘 다 모르는 경우가 일반적이다. 합의체계의 핵심은 이와 같은 상황에서 '얼마만큼 빠르게, 낮은 비용으로, 신뢰도 높게 합의에 이를 것인가'이다.

좋은 합의체계의 요건

합의체계는 효율적이고 신뢰도가 높아야 한다. 합의가 효율적이어야 한다는 것은 빠른 시간에 낮은 비용으로 합의가 이루어져야 한다는 뜻이다. 블록체인 시스템에서 합의에 소요되는 시간은 일상적인 합의의 경우보다 훨씬 짧아야 한다. 빠르면 빠를수록 좋다.

신뢰도가 높아야 한다는 것은 기록하기로 합의한 데이터에 실수나 거짓이 없어야 한다는 것이다. 애당초 제대로 된 데이터가 기록되지 못한다면 블록체인의 비가역성은 의미가 없다. 잘못된 데이터를 아무리 잘 보관해도 그것은 잘못된 데이터일 뿐이다. 제대로 된 데이터를 기록하려면 악의를 가진 관리자가 거짓 정보를 기록하거나 데이터를 누락하려는 시도를 무력화해야 한다.

예를 들어 보자. 어떤 관리자가 블록 초안을 만들어 시스템에 전파한다. 초안을 입수한 관리자 컴퓨터 10대 중 하나가 시스템을 망가뜨리려고 한다. 그러나 배신자 하나만으로는 이 시스템을 무력화하지 못한다. 나머지 아홉의 선의의 관리자 간 합의를 바탕으로 진실한 데이터가 기록된다. 그런데 악의의 관리자가 더 늘어나 다수가 되면 잘못된 정보가 담기거나 특정 데이터가 고의로 누락된 블록이 합의된다. 이 같은 상황이 지속되면 이 블록체인 시스템은 무너진다. 이를 흔히 '51% 공격'51% attack이라 부른다.

이해의 편의를 위해 관리자 숫자로 설명했다. 하지만 합의체계에 따라 각각의 관리자가 합의과정에서 행사할 수 있는 권한, 즉 합의권의 크기는 같을 수도, 다를 수도 있다. 중요한 것은 선의의 관리자 집단이 언제나 더 큰 합의권을 갖도록 하는 것이다. 선의의 관리자가 갖는 합의권의 크기는 클수록 좋고, 최소한 과반이 넘는 합의권을 행사할 수 있어야 한다.12

---

12 블록체인의 합의체계에 대해 얘기할 때 '비잔틴 장군 문제'(Byzantine Generals Problem)라는 말이 자주 등장한다. 컴퓨터 네트워크 통신에 관한 같은 제목의 논문 (1982)에서 사람들의 이해를 돕기 위해 만든 예시다. 비잔틴 장군의 문제는 블록체인의 합의과정에서 고려해야 할 위험요인들을 잘 설명하고 있다. 다만, 이 논문에서 제시한 합의 조건을 블록체인, 특히 개방형 블록체인에 그대로 대입해 해석하면서 오류를 범하는 경우가 많다. 선의의 관리자가 악의의 관리자와 대결하는 다수결 상황이 벌어졌을 때 이길 수 있어야 한다는 취지만 이해하면 충분하다.

합의와 데이터 구조

블록체인의 데이터 구조에는 두 가지 뚜렷한 특징이 있다. 첫째, 블록에 데이터를 담아 봉인하고 연결하는 블록연결 구조이다. 둘째, 일단 블록에 기록된 데이터는 건드리지 않는 비가역성이다. 이 둘 모두 합의를 바탕으로 작동하는 데이터 관리 시스템을 유지하기 위한 고민의 결과물이다.

블록연결 구조를 갖는다는 것은 새 데이터를 기록할 때 건별로 기록하지 않고 일정한 시간 간격을 두고 일정한 양의 데이터를 모아서 기록한다는 뜻이다. 왜 그럴까? 데이터를 건건이 합의하는 것은 비효율적일 수 있기 때문이다. 장부에 한 줄 적기 위해 수많은 관리자가 끊임없이 합의해야 하는 시스템이 효율적이지 않다는 것은 직관적으로도 자명하다.[13] 따라서 일정한 시간 간격을 두고 적당한 양의 데이터를 모아서 일괄적으로 합의하는 방식을 택한다.

블록체인은 원칙적으로 과거 데이터의 수정을 금지한다. 비가역성이다. 그런데 블록체인은 합의를 바탕으로 유지되는 시스템인데, 만약 합의만 된다면 이미 기록된 과거의 데이터라도 얼마든지 바꿀 수 있는 것 아닐까? 그러나 과거의 기록에 일상적으로 손을 댈 수 있게 해주면 블록체인의 합의체계는 작동하기 어렵다. 몇 가지 이유가 있다.

첫째, 데이터 관리의 효율성이 크게 떨어진다. 과거 데이터를 바꿀

---

[13] 건별로 합의하는 분산형 데이터 관리가 불가능하다는 뜻은 아니다. 데이터의 종류나 시스템 환경에 따라서는 건별로 합의해도 별문제 없을 수 있다.

수 있다는 것은, 데이터를 기록할 때마다 관리자들끼리 합의해야 할 대상이 새로운 데이터 묶음뿐만 아니라 지금까지 기록된 데이터 전체로 확대된다는 뜻이다.

둘째, 합의를 통해 과거 데이터를 바꾸는 것이 기술적으로 불가능할 수 있다. 기존 중앙집중 시스템에서도 잘못된 기록을 교정하기 위해 상당한 노력과 시간을 필요로 하는 경우가 많다. 중개자의 판단이 적극적으로 개입되어야 하는 경우도 빈번하다. 블록체인의 관리자들이 합의에 주어진 짧은 시간 내에 처리하기 어려운 일들이다.

셋째, 과거 데이터를 바꾸는 합의가 기술적으로 가능하더라도 이것을 인정하는 것은 합의의 가치를 스스로 부정하는 결과를 초래한다. 개방형 블록체인의 경우 과거와 현재의 합의에 참여하는 이들이 전혀 다를 수도 있다. 만약 현재의 합의로 과거의 합의를 바꿀 수 있다면, 과거보다 현재 관리자 집단의 합의에 우위를 둔다는 뜻이 된다. 그런데 현재는 곧바로 과거가 된다. 현재의 합의가 미래의 다른 관리자들의 합의에 의해 부인될 수 있다는 뜻이기도 하다. 과거의 합의를 존중해야 현재의 합의도 존중받을 수 있다.

인가형 블록체인 합의

인가형 블록체인의 합의체계는 상대적으로 단순하다. 관리자들의 숫자도 작고 고정적이다. 일단 사전에 신뢰도가 검증된 이들이 관리자로 참여한다. 또한, 관리자들 모두가 시스템 관리를 통해 얻는 이익이 분

그림 5-5. 확정적 합의

| #499 | #500 | #501 | #502 | #503 | #504 |

합의 완료   합의 완료   합의 완료   합의 완료   합의 완료   합의 완료

명하다. 따라서 악의적으로 시스템을 망가뜨릴 유인이 크지 않다. 현실
적으로 문제가 될 수 있는 경우는 관리자 일부가 해커의 공격으로 인해
작동 불능이 되거나 악의적 행동을 하는 것이다.

구체적인 방법은 조금씩 다르지만 기본적인 작동원리는 비슷하다.
선도자leader가 블록 초안을 작성해 회람시키면 관리자들 간 검증과정
을 거쳐 사실상 만장일치로 블록생성을 확정하고 다음 블록을 작성한
다.14 매 블록생성 시점에 합의가 완료되고 데이터 기록이 확정되면 이
시점부터 비가역성이 생긴다. 일상생활에서의 다수결과 매우 유사한
이와 같은 합의방식을 '확정적 합의'라고 부를 수 있다.

인가형 블록체인에는 고정된 숫자의 관리자가 있다. 관리자 집단의
크기는 정하기 나름이다. 관리자 수가 많을수록 분산관리의 취지에는
부합하지만 대신 효율성의 상실도 커진다. 다수결을 위해 필요한 최소
응답 숫자가 그만큼 늘어나기 때문이다. 보통은 백 단위를 넘지 않게
설계하지만 절대적 기준은 아니다. 어느 비율 이상의 동의를 거쳐 블록
생성을 확정할지도 시스템마다 달리할 수 있다.15

---

14 PBFT(Practical Byzantine Failure Tolerance) 계열의 합의 알고리즘이 이용된다. 이
　름에서 드러나듯이 비잔틴 장군 문제 논문의 결론을 실용적으로 구현한 것이다.
15 리플의 경우 80%를 하한선으로 둔다.

개방형 블록체인 합의

관리자가 확정적이지 않은 개방형 블록체인은 합의에 참여하는 자들이 곧 관리자 집단을 형성한다. 관리자가 될 자격은 누구에게나 열려 있지만, 그렇다고 누구든지 합의권을 행사하게 해서는 곤란하다. 선의의 관리자를 합의에 참여하도록 유도하고 악의의 관리자를 배제하려면 이들에 대한 유인과 불이익 모두가 합의체계에 반영되어야 한다. 개방형 블록체인의 합의체계를 설계할 때 심혈을 기울이는 부분이다. 그러면서도 합의의 효율성이 확보되어야 한다. 따라서 개방형 블록체인의 합의체계는 상대적으로 복잡해질 수밖에 없다.

유인과 불이익

관리자가 되기 위해서는 기본적으로 일정한 성능 이상의 컴퓨터와 네트워크 장비, 이를 구동할 전기가 필요하다. 따라서 개방형 블록체인이 관리자들을 모으려면 이런 비용을 넘어서는 수준의 이익을 얻게 해줘야 한다. 가장 확실한 방법은 시스템 관리에 도움을 줬으니 그 대가로 금전적 보상을 지급하는 것이다. 대표적인 보상은 합의의 결과물인 블록이 생성될 때마다 사용자로부터 받는 데이터 관리 수수료다. 수수료 이외에 시스템 차원에서 관리자에게 보너스도 지급할 수 있다. 이와 같은 보상을 위해 블록체인 시스템 내에서 사용되는 '금전적 가치가 있는 무언가'가 바로 지불토큰이다.

지불토큰에 금전적 가치가 있다면 그것을 상품이나 서비스를 구매하는 데에 사용할 수 있어야 한다. 그러려면 지불토큰의 소유권 이전,

즉 결제 기능이 필요하다. 따라서 자체 지불토큰을 보유한 개방형 블록체인은 좋건 싫건 간에 거래 플랫폼의 일종인 결제 플랫폼이 될 수밖에 없다. 블록체인과 플랫폼의 첫 만남이다.

비트코인 시스템의 관리자들은 블록을 생성한 대가로 사용자들이 납부하는 수수료와 시스템이 지급하는 보너스를 함께 받고 있다. 보너스는 블록생성 시점에 새로 생성되는 비트코인으로 지급한다. 보너스 부분은 점점 줄어 2140년 10월이면 0이 된다. 이때까지 비트코인 시스템이 살아남는다면 이후부터 관리자들은 순수한 수수료 수입만 얻게 된다.[16]

개방형 블록체인의 합의체계 내에는 악의를 갖고 시스템을 망가뜨리려는 시도에 대해 불이익disincentive을 줄 수 있는 장치도 구비되어 있어야 한다. 선의의 관리자에 대한 최고의 유인이 경제적 보상이듯, 악의의 관리자에 대한 최고의 불이익 역시 경제적 손실이다. 어지간한 손해를 감수하지 않고서는 시스템을 공격할 엄두를 내지 못하게 해야 한다. 줄 수 있는 최대한의 불이익을 주어도 기꺼이 감수하는 강력한 공격자를 만나면 그 블록체인은 무너진다.

점진적 합의

개방형 블록체인의 합의체계를 설계할 때 가장 큰 어려움은 합의에 참여하는 관리지 집단 전체를 특정하기 어렵다는 것이다. 블록을 만들 때

---

16 50만 번째 비트코인 블록의 경우 수수료는 3.39비트코인, 보너스는 12.5비트코인으로 총 15.89비트코인이었다. 이 블록이 생성된 2017년 12월 17일의 비트코인 시세로 계산하면 미국 달러화로 31만 달러가 조금 넘는다.

마다 관리자 집단이 달라질 수도 있다. 진입과 퇴장이 자유롭기 때문이다. 사토시는 관리자 집단의 크기가 가변적인 상황에서도 적용할 수 있는 합의체계를 고안했다. 이 방식에서는 특정 블록이 추가되는 시점에 데이터 기록에 대한 합의가 확정·완료되지 않는다. 대신, 블록이 순차적으로 쌓여가는 과정에서 먼저 추가된 블록부터 합의의 강도가 강해져 어느 순간 번복이 불가능해지는 방식으로 데이터의 기록과 블록의 생성이 확정된다. 이를 '점진적 합의'라고 부르기로 하자.

어떤 관리자가 블록#499를 전파했는데, 다른 관리자가 검증해보니 별문제가 없다면 이를 받아들인다. 블록#499 다음에 연결될 블록#500을 또 다른 관리자가 전파한다. 이후 블록#501, 블록#502, 블록#503, 블록#504가 계속해서 연결되면 블록#499는 최신 블록#504와 비교할 때 관리자 집단으로부터 현저히 높은 강도의 지지를 받은 것으로 볼 수 있다. 결국 다수의 관리자가 합의한 것과 같은 효과가 발생한다.

사실 합의는 새로 전파된 블록이 다수의 개별 관리자에게 채택되는 순간 이루어진다. 문제는 관리자 그룹 전체가 개별 관리자들의 결정을 즉각적으로 확인할 방법이 없다는 것이다. 따라서 특정 블록 뒤에 충분한 수의 블록이 추가적으로 연결되기를 기다려 다수 관리자의 의사가 합치되었는지 간접적으로 확인하는 것이다.

점진적 합의체계는 누구든 관리자가 되도록 문호를 열어 두는 개방형 블록체인의 정신에 부합한다. 탈중앙화 수준을 극대화할 수 있다는 뜻이기도 하다. 대신 효율성은 떨어질 수밖에 없다. 정해진 수의 관리자가 합의하는 경우에 비해 블록 하나하나의 생성에 시간이 더 걸린다. 데이터 처리 속도가 상대적으로 느리다. 뿐만 아니라 데이터 기록의 완

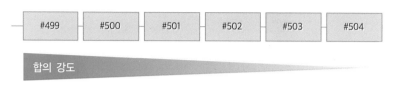
그림 5-6. 점진적 합의

| #499 | #500 | #501 | #502 | #503 | #504 |

합의 강도

결성finality도 떨어진다. 완결성이 떨어진다는 것은 블록의 생성, 즉 데이터의 기록이 시간이 지나 번복될 수 있다는 뜻이다. 비트코인의 경우 블록이 여섯 개 추가된 이후에는 무효화될 확률이 0에 가깝다.

　일상생활에서 점진적 합의 방식으로 의사결정이 이루어지는 경우는 거의 없다. 그럴 필요가 없기 때문이다. 굳이 예를 들자면 문서 초안을 작성해서 팀원들에게 순차적으로 회람시키는 경우가 점진적 합의와 유사하다. A가 초안을 작성해서 B로 넘기면 B는 이를 수정해서 C에게 넘기고, 이런 방식으로 팀원 전체가 수정을 마친 후에도 A의 초안 중 수정되지 않고 남아있는 부분이 있다면, 이에 대해서는 팀원 전체가 합의한 것으로 간주할 수 있다.

점진적 합의와 분기

점진적 합의의 경우 매 블록생성 시마다 합의가 확정되지 않으니, 경우에 따라서는 복수의 합의 프로세스가 동시에 진행될 수 있다. 관리자A가 블록#499(A)를 전파한 직후 관리자B도 블록#499(B)를 전파할 수 있다는 뜻이다. 같은 번호의 블록이 두 개 이상 전파되면 어떤 일이 벌어질까?

　관리자 중에는 블록#499(A)를 먼저 접수한 이도 있고 블록#499(B)

그림 5-7. 일시 분기

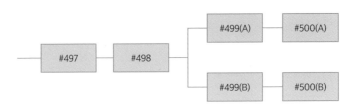

를 먼저 받은 이도 있을 것이다. 블록#499(A)를 먼저 받아 이미 이전 블록에 연결했는데 뒤늦게 블록#499(B)가 도착하면 특별한 이유가 없는 한 블록#499(A)를 선택할 것이다. 반대로 블록#499(B)를 접수하고 블록#499(A)를 버리는 이도 있을 것이다. 그렇게 하다보면 블록#499(A)에 블록을 연결하는 관리자 그룹과 블록#499(B)에 연결하는 그룹이 동시에 존재할 수 있다.

같은 블록체인 시스템 내에서 둘 이상의 관리자 그룹이 각각의 블록체인 갈래를 만들어가는 것을 일시 분기temporary fork 혹은 간단히 분기fork라고 한다. 분기는 확정적 합의를 택하는 인가형 블록체인에서는 원칙적으로 발생하지 않는다. 모든 관리자가 하나의 후보 블록을 검증하고 합의를 완료한 후 다음 블록을 만드는 데 여러 블록갈래가 동시에 생성되기 어렵다.

분기는 각각의 갈래가 네트워크상에서 만날 때 해소되는 게 원칙이다. 시스템에서 서로의 존재를 모르는 채 여러 갈래가 존재하는 상황은 오래 지속될 수 없다. 관리자들은 자신이 선택한 블록갈래가 아닌 다른 갈래가 있다는 것을 알게 되면 그중에서 어떤 갈래를 택할지 결정해야 한다. 합리적인 관리자라면 살아남을 확률이 조금이라도 높은 갈래를

그림 5-8. 일시 분기의 해소

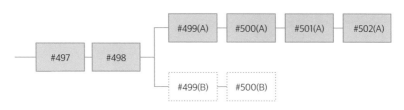

택할 것이다. 살아남을 갈래에 자신이 만든 블록을 연결시켜야 블록생성에 기여한 대가로 받는 보상이 무효화되지 않기 때문이다. 생존할 가능성이 높은 갈래는 관리자 집단의 지지를 더 받은 갈래다. 그리고 그 지지의 강도는 각 갈래에 연결된 블록의 숫자로 판단할 수 있다.

점진적 합의의 기본원리를 상기해보자. 블록이 추가될수록 먼저 추가된 블록에 대한 합의 강도가 커진다. 이 논리를 그대로 적용하면 분기 시작점에 있는 블록#499(A)와 블록#499(B) 중 관리자들의 지지를 더 받은, 즉 합의의 강도가 더 큰 블록은 뒤에 딸려있는 블록 개수가 많은 블록이다. 블록#499(A) 뒤에 블록 세 개가 연결되고, 블록#499(B) 뒤에 블록 한 개가 연결된 상태라면 블록#499(A) 갈래가 상대적으로 더 높은 지지를 받고 있는 것이다. 시간이 지날수록 블록#499(A) 갈래를 택하는 관리자들이 늘어나면서 일시 분기는 해소된다.

블록생성 권한의 제한

점진적 합의체계에서 분기는 피할 수 없는 숙명이다. 그러나 분기가 빈발하도록 방치해서는 안 된다. 살아남지 못한 갈래는 데이터 관리에는 기여하지 못하고 블록생성 비용만 낭비하게 되는 셈이다. 사용자 입장에서도 분기가 길어지면 데이터 기록이 확정되지 못하는 상황이 지속되어 불편이 커진다.

무분별한 분기를 막기 위해서는 아무나 블록을 만들지 못하게 제한해야 한다. 특정한 요건을 갖춘 관리자에게만 블록을 생성할 권한을 부여하는 것이다. 블록생성 권한을 관리자 몇몇에게 미리 부여하면 분기를 0으로 만들 수도 있지만, 이는 인가형 블록체인을 만드는 것과 사실상 같다. 따라서 블록생성 권한을 부여하는 기준은 사전에 명확하게 정해야 하지만, 특정 관리자를 미리 지명하거나 배제하는 방식이 되어서는 안 된다.

블록생성 권한은 합의권과도 같은 의미다. 블록이 생성되어 추가되는 과정에서 신뢰가 쌓이고 합의가 이루어지니 블록을 생성했다는 것은 합의권을 행사했다는 뜻과도 같다. 악의의 관리자가 이 권한을 부여받기 어렵도록 설계하면 합의를 통해 기록되는 데이터의 진실성을 담보할 수 있다.

이와 같은 조건만 충족시킬 수 있다면 점진적 합의체계에서 블록생성 권한을 부여하는 방식은 무엇이든 가능하다. 이 장에서는 사토시가 최초로 고안하였고 아직까지 많은 블록체인 시스템이 채택하고 있는 방식에 대해서만 간단히 얘기하기로 한다. 바로 '작업증명'PoW: proof-of-work이다.

작업증명

"시애틀에서 동쪽으로 3시간 떨어진 작은 마을이 미국 비트코인 채굴의 중심지로 변모하고 있다. 워싱턴주 웨나치Wenatchee에 수많은 비트코인 채굴업자들이 몰려들고 있다. 이 지역 전기회사 대표에 따르면, 지난 12월 비트코인 가격이 치솟은 후 추가적으로 75개 업체가 채굴을 위해 이곳에 이주하는 것을 문의 중이다."

2018년 1월 CNBC의 보도이다. 미국의 비트코인 채굴업자들이 이 소도시로 몰려든 것은 전기요금을 아끼기 위해서였다. 비트코인 채굴에는 상당한 전기가 소모된다. 웨나치는 수력발전에 좋은 여건을 갖춘 컬럼비아강을 도시 동쪽에 끼고 있어서 전기요금이 아주 저렴하다. 채굴업자들의 주 관심사는 조금이라도 낮은 비용으로 비트코인을 채굴하는 것이다. 그러나 이 과정에서 원하건, 아니건 간에 비트코인 블록체인 시스템에 관리자로 참여하게 된다.

비트코인이 택하고 있는 합의규칙하에서 블록생성 권한을 얻으려면 전기를 많이 쓸수록 유리하다. 채굴에 특화된, 전력 소모가 높은 컴퓨터 프로세서를 많이 가동할수록 블록생성 권한을 획득할 확률이 높아지기 때문이다. 채굴업자들이 소비하는 막대한 전기는 그들에게 합의에 기여한 대가로 비트코인을 가져다주면서, 동시에 비트코인 시스템에 악의의 관리자가 침투하지 못하도록 막는 힘의 원천이 된다.

작업증명의 기본 아이디어는 관리자들에게 적절한 난이도의 작업을 부과하고, 작업을 가장 빨리 완수한 관리자에게 블록생성 권한을 부여하는 것이다. 어떤 작업을 부과할지 정해진 건 없지만 몇 가지 요건은 충족해야 한다. 우선 컴퓨터가 수행할 수 있는 작업이어야 한다. 그리고 개발자가 정한 블록생성 간격이 유지될 수 있도록 난이도를 쉽게 조절할 수 있어야 한다. 또한, 작업을 반복하는 가운데 작업시간을 단축하는 요령이 생기면 안 된다. 그래야 악의의 관리자가 꼼수를 부릴 여지도 없어진다. 작업을 제대로 수행했는지 확인하기도 쉬워야 한다. 이런 요건들을 만족시키는 대표적인 작업이 시행착오 문제 풀기다.

수많은 카드를 엎어 놓고 카드를 한 장씩 뒤집어서 O 표시가 되어 있는 한 장의 카드를 찾는 것이 시행착오 문제 풀기의 좋은 예다. 이런 시행착오 문제는 난이도 조절이 아주 쉽다. 처음에는 100장 정도로 시작하다가 손놀림이 빠른 도전자들이 많아지면 200장, 300장으로 점점 늘려 가면 된다. 작업을 빨리 완수하려면 카드를 최대한 빠른 속도로 뒤집어야 한다. 꼼수는 없다. 머리를 쓴다고 해서 작업시간이 단축되지도 않는다. 뒤집힌 카드에 O 표시가 있는지 확인만 하면 되니, 작업수행 여부를 확인하기도 쉽다.

컴퓨터는 카드 뒤집기를 할 수 없으니, 카드 뒤집기와 유사한 문제 풀기를 시켜야 한다. 블록체인에서 실제 사용되는 시행착오 문제 풀기에는 앞에서 설명했던 해시함수를 이용한다. 입력 값을 조금씩 바꿔가면서 조건에 맞는 해시를 찾아내는 방식이다. 해시함수는 특정 값을 갖는 해시를 생성하는 입력 데이터를 찾기는 어려워도, 거꾸로 입력 데이터만 알면 그 데이터가 어떤 해시를 갖는지는 쉽게 확인할 수 있어 작업수행 여부를 점검하기도 용이하다.

그런데 이 작업증명에는 아주 큰 문제점이 있다. 바로 작업을 해야한다는 것이다. 작업에는 비용이 발생한다. 블록체인 시스템의 가치가 높아지고 블록생성 보상이 커지면 작업경쟁이 치열해진다. 경쟁자가 많아지면 작업난이도는 그에 맞춰 높게 조정된다. 그러면 난이도가 높은 시행착오 문제를 먼저 풀기 위해 작업에 특화된 장비를 여러 대 구비해야 한다. 그리고 이 장비를 가동하기 위해 대량의 전기가 소모된다.

작업은 블록생성 권한을 얻기 위한 것일 뿐, 데이터를 기록하고 보관하는 데이터 관리 본연의 기능과는 전혀 상관없다. 이런 노력의 크기가 커질수록 시스템의 효율성은 떨어진다. 기존 데이터 관리 시스템이라면 전혀 필요 없는 일을 처리하기 위해 자원을 낭비하는 것이다.

작업비용이 높지 않게끔 전반적인 난이도를 낮추면 비효율을 줄일 수 있을 것 같지만 그렇게 간단한 문제는 아니다. 이 비효율의 크기가 시스템을 악의의 관리자로부터 지켜내는 힘의 원천이기 때문이다. 일반적으로 작업증명의 효율성이 높아질수록 시스템이 공격당할 위험도 그만큼 높아진다.

악의적 관리자가 시스템 공격에 성공하려면 선의의 관리자 집단보다 조금이라도 높은 작업능력을 보유해야 한다. 이는 시스템 탈취에 성공하기 위한 최소한의 작업비용이 선의의 관리자들 전체가 부담하고 있는 작업비용과 대략적으로 같다는 뜻이다. 이 작업비용은 시스템을 공격하는 악의의 관리자에게 줄 수 있는 불이익, 즉 금전적 손실의 크기에 직결된다. 작업증명이 시스템을 지키는 원리를 다음과 같이 단순화할 수 있다.

악의의 관리지가 시스템 공격에 성공하기 위한 블록당 작업비용

≳ 선의의 관리자 집단 전체의 블록당 방어력

≈ 선의의 관리자 집단 전체의 블록당 작업비용(≲ 블록당 보상)

≈ 블록당 발생하는 비효율

작업증명의 높은 비효율은 막대한 전기요금뿐만 아니라 느린 데이터 처리 속도로도 나타난다. 비트코인 시스템에서는 평균적으로 10분에 한 번씩 블록이 생성된다. 블록생성이 확정되려면 6개 블록이 추가되어야 하니 대략 한 시간이 소요된다. 데이터의 기록이 완결되는 데에 평균적으로 한 시간이 걸리는 셈이다. 비트코인의 대안으로 제시된 라이트코인, 대시코인의 블록생성 간격은 2분 30초 내외다. 이더리움은 이보다는 훨씬 짧지만 10초 이상이다. 블록생성의 확정에 소요되는 시간까지 감안하면 이들 중 가장 빠른 이더리움의 데이터 처리 속도도 매우 실망스러운 수준이다.

6장

스마트계약

스마트계약 블록체인을 기반으로 다양한 탈중앙 서비스를
갖춘 거래 플랫폼 생태계, 즉 블록체인 경제가 형성될 수 있다.

"매도인은 잔금 수령과 동시에 상기 자동차와 소유권 이전등록에 필요
한 서류를 매수인에게 인도한다. 이 자동차에 대한 제세공과금은 자동
차 인도일을 기준으로 기준일까지는 매도인이, 기준일 다음날부터는
매수인이 납부한다. 매도인의 위약 시에는 계약금의 배액을 배상하고,
매수인의 위약 시에는 계약금을 포기하기로 한다."

자동차 매매계약서의 주요 내용을 정리한 것이다. 이 계약이 유효하
게 성립하려면 매도인, 매수인, 그리고 경우에 따라 입회인이 한자리에
모여서 종이 계약서에 서명하거나 도장을 찍어야 한다. 계약금도 주고
받는다. 매수인은 잔금을 지불하고 동시에 자동차와 소유권 이전에 필
요한 종이 서류를 수령한다. 이 서류를 관공서에 가져가 등록 절차를
마치면 비로소 자동차 매매 절차가 완료된다.

디지털 시대에 이런 일련의 과정은 매우 불편하다. 종이 계약서를 작성하는 것, 보관하는 것, 소유권 이전 서류를 받고 이것을 관공서에 제출해 소유주를 바꾸는 것 모두 번거로운 일이다. 그리고 계약 이행의 각 단계마다 여러 위험이 도사리고 있다. 매도인이 계약금만 받고 사라질 수 있다. 잔금까지 다 지불했는데 차 주인이 따로 있고 서류도 가짜여서 매매대금 전체를 날릴 수도 있다.

이 모든 것을 디지털화하고 자동화하면 거래가 편리하고 안전해진다. 예를 들어 보자. 디지털 계약서에 실제 차 주인의 디지털 서명이 있어야만 계약이 유효하게 성립한다. 매수인이 잔금을 지불하면 동시에 소유권 변경 절차가 완료된다. 소유권을 입증하기 위한 일체의 종이 서류는 없다. 매도인이 거래를 취소하면 매도인의 계좌에서 계약금에 위약금까지 포함한 금액이 매수인의 계좌로 바로 이체된다.

이처럼 계약서 작성부터 실제 이행까지 전 과정을 디지털화하고 자동화하기 위한 컴퓨터 규약protocol을 스마트계약이라고 한다. 2015년 스마트계약 블록체인이 도입된 이후 구현할 수 있는 계약의 범위를 넓혀가는 중이다. 블록체인은 데이터 관리 기술이니 계약서 내용을 디지털화해서 기록하는 것은 어렵지 않다. 그런데 계약 내용을 자동으로 이행하려면 단순히 데이터를 기록하는 기능만 있어서는 안 된다.

계약의 이행이란 계약 '이전의 상태'를 계약 실행 '이후의 상태'로 바꿔주는 것이다.[1] 앞의 예에서 계약 이전의 상태란 매수인A와 매도인B

---

1 상태(state)란 특정 시점의 데이터의 모습을 뜻한다.

가 거래대금을 주고받을 계좌의 잔고, 그리고 관공서 공부^{公簿}상에 있는, 해당 자동차의 소유주가 B라는 기록이다. 계약이 실행되면 거래대금만큼의 A의 계좌 잔고가 줄고 B의 계좌 잔고는 늘어나는 대신, 공부상의 소유주 정보는 A라고 변경되어야 한다.

기본적인 블록체인 기술로 계약 이행 전과 후의 상태를 기록할 수 있다는 것은 명백하다. 그런데 상태를 바꾸는 것은 어떻게 자동화할 수 있을까? 특정 조건을 충족하면 블록체인 시스템이 상태를 바꾸도록 프로그래밍할 수 있어야 한다. 이를 위해서는 블록체인 시스템에서 데이터 기록을 자동으로 변경하는 컴퓨터 명령어를 실행할 수 있어야 한다.

탈중앙 컴퓨팅

컴퓨터가 특정한 작업을 수행토록 명령하는 프로그래밍 언어를 코드라고 한다. 블록체인 시스템에서 코드가 실행될 수 있도록 하면, 이 블록체인은 보다 능동적인 기능을 부여받는다. 블록체인을 컴퓨터 명령어들의 조합, 즉 응용 소프트웨어application software를 실행하는 기술 플랫폼으로 사용할 수 있게 된다.[2]

---

[2] '응용' 소프트웨어는 흔히 응용 프로그램이라고도 부른다. 응용을 떼고 소프트웨어, 프로그램이라고 부를 때도 응용 소프트웨어를 뜻하는 경우가 대부분이다. 응용 소프트웨어는 컴퓨터 운영체계(OS)와 같은 '시스템' 소프트웨어에서 특정 기능을 수행하기 위해 구동되는 소프트웨어를 통칭한다. 응용 소프트웨어와 시스템 소프트웨어의 구분이 애매한 경우도 있다.

사실 기존의 중앙집중형 시스템에서 이러한 기능은 전혀 특별할 것이 없다. 코드의 실행은 컴퓨터 시스템의 기본 중의 기본이다. 다만, 블록체인을 통한 분산형 데이터 관리가 혁신적 발상의 전환인 것과 마찬가지로, 다수 관리자의 합의에 의해 작동하는 컴퓨팅 역시 블록체인 이전에는 구현이 불가능했다.

블록체인에 기반을 둔 컴퓨팅 기술을 '탈중앙 컴퓨팅'decentralized computing이라고 부르기로 하자. 모든 블록체인이 탈중앙적이라는 보장이 없듯이 블록체인 기반 컴퓨팅도 탈중앙적이라고 단언할 수 없다. 다만, 분산형 컴퓨팅이라고 하면 여러 컴퓨터에 데이터 처리 부담을 분산시켜서 컴퓨팅 능력을 극대화하는 '분산 컴퓨팅'distributed computing과 혼동할 소지가 있다는 점을 감안한 명칭이다.

디지털 서비스는 응용 소프트웨어, 앱app을 통해 제공되고 거래된다.[3] 블록체인 플랫폼을 포함해 디지털 플랫폼 자체가 일종의 앱이다. 앱은 사용자와 직접 만나는 전단 기술과 그 앱과 연관된 데이터와 만나는 후단 기술에 의해 작동된다. 〈그림 1-1〉에서는 이해의 편의를 위해 간단한 그림으로 단순화했지만 후단의 데이터 영역은 매우 복잡하고 여러 단계를 거칠 수도 있다.[4] 데이터 관리 기술인 블록체인은 당연히

---

[3] 모바일 기기에서 작동하는 응용 소프트웨어(mobile app)만 앱이라고 부르는 이들도 있으나, 이 책에서 앱은 응용 소프트웨어 전체에 대한 약칭이다.

[4] 전단에서 유용하게 사용되는 프로그래밍 언어가 인터넷 브라우저를 사용할 때 종종 보게 되는 HTML, Java Script 등이다. 후단의 데이터 영역에서는 Phython, Java 등의 언어를 사용한다.

후단 기술이다.

　블록체인 기반 탈중앙 컴퓨팅 시스템에서 실행되는 코드에 이론상의 제약은 없다. 그러나 현실적인 제약은 크다. 이론상으로는 블록체인에 모든 데이터를 기록할 수 있지만 실제 기록되는 데이터의 종류는 제한적인 것과 마찬가지다. 사실 앱의 구동에 필요한 모든 코드를 블록체인을 통해 실행할 수 있으면 나쁠 건 없다. 그러나 블록체인으로 직접 처리하고자 하는 코드가 많아질수록 생존퍼즐은 풀기 어려워진다.

　그러다 보니 2019년 상반기 시점에서 탈중앙 컴퓨팅은 후단의 데이터 관리 영역에 속하는 코드들 중에서도 일부에 한해 선별적으로 적용해야 하는 경우가 많다. 고성능 컴퓨팅 능력이 필요하지 않으면서도 블록체인의 강점을 살릴 이유가 분명한 것이어야 한다. 전자상거래의 경우 상품의 주문을 확정하고 결제를 실행하는 코드가 이와 같은 기준에 부합한다. 블록체인 시스템에서 실행되었을 때 그 효과가 극대화되는 것부터 시작해서 점차 범위를 넓혀갈 수밖에 없다.

　코드를 블록체인 시스템에서 실행하는 것은 특별한 의미를 갖는다. 우선, 어떤 코드가 누구의 요청에 의해서 기록되고 작성되어 어떤 결과가 초래되었는지에 대한 정보가 신뢰도 높게 관리될 수 있다. 그리고 그 코드의 기록과 실행 과정에 사람이 개입하지 않으니 진정한 자동화가 구현될 수 있다.

진정한 자동화

탈중앙 컴퓨팅을 통한 진정한 자동화에 대해 얘기하기에 앞서 자동화 automation가 무엇인지부터 생각해보자. 자동화의 대명사처럼 인식되고 있는 인공지능 로봇까지 갈 필요도 없다. 학생과 직장인이 애용하는 워드프로세서와 스프레드시트 프로그램이 지난 세대와 지금 세대의 학업, 근무 환경을 어떻게 바꾸어 놓았는가?

자동화를 직관적으로 이해하는 데 핵심은 '사람의 도움이나 개입이 없는 것'이다. 사람 없이 사람처럼 혹은 사람보다 우수하게 주어진 일을 해내야 한다. 일을 하는 주체는 컴퓨터다. 물리적 동작이 필요하면 컴퓨터를 기계, 즉 로봇에 탑재한다. 자동화를 구현하기 위해 컴퓨터는 사람의 사고, 결정, 행동으로 이어지는 일련의 과정을 유사하게 흉내낼 수 있어야 한다. 이런 자동화를 '수동적 자동화'라고 부를 수 있다.

수동적 자동화 단계에서는 그와 같은 일련의 과정이 사전에 사람이 프로그래밍한 대로 이루어진다. 컴퓨터의 자율적 판단이 개입될 여지는 없다. 수동적 자동화 수준을 높이려면 컴퓨터에게 아주 세세하게 작업을 지시할 수 있어야 한다. 사람의 단순한 행동도 여러 단계로 세분화된 사고, 결정과 행위의 조합으로 이루어지기 때문이다. 예를 들어 서있던 사람이 뛰어가다가 서는 과정에서 두뇌가 신체 각 부분으로부터 어떤 정보를 받아들여 행동을 결정하고 지시할까? 만약 이 과정을 '뛰어'와 '서'라는 두 명령어만으로 구현하면 매우 어색해 보일 것이다.

컴퓨터에게 세세한 작업을 지시하려면 프로그래밍 언어가 세분화된 코드를 구현할 수 있어야 한다. '뛰어'와 '서' 외에도 '주변을 살펴봐', '위험 요인이 있어?', '없으면 계속해', '목적지에 도착했어?', '도착했으면 그만 뛰어' 등 하나하나 세밀하게 알려줘야 한다는 뜻이다. 컴퓨터에게 끊임없이 크고 작은 지시사항을 하달하고, 제시한 조건을 만족하지 못하면 반복해서 수행토록 하고, 원하는 답을 찾았으면 그에 따라 행동하게 해야 한다.

블록체인 기반 탈중앙 컴퓨팅 시스템은 그 자체가 '탈중앙 컴퓨터'다. 이 탈중앙 컴퓨터가 제대로 일을 하려면, 즉 높은 수준의 자동화를 달성하려면 이 컴퓨터를 구동하는 블록체인 시스템에서 수준 높은 프로그래밍 언어를 사용할 수 있어야 한다. 이 수준 높은 언어를 블록체인 세계에서는 '튜링 완전한 언어'라고 부르는 것을 좋아한다.[5]

수동적 자동화가 있으니 '능동적 자동화'도 있다. 사람이 사전에 일일이 정해둔 대로 작동하는 것을 넘어서서 컴퓨터가 사람처럼, 혹은 그 이상의 능력으로 상황을 판단해 결정하고 기계에 행동을 지시하는 것을 말한다. 이를 위해서는 인공지능이 필요하다. 블록체인과 인공지능 모두 데이터를 공통분모로 하는 후단 영역의 기술이다. 이 장의 마지막에서 얘기할 탈중앙앱의 구현 과정에서 만나 협업할 수 있다.

그런데 이와 같은 수동적, 능동적 자동화가 높은 수준으로 이루어진다고 해도 기존의 중앙집중 시스템으로는 근본적으로 채우기 어려운

---

5 튜링 완전의 개념을 정확하게 이해하지 않아도 탈중앙 컴퓨팅의 핵심을 파악하는 데에는 별문제가 없다. 새로운 개념도 아니고 탈중앙 컴퓨팅에만 적용되는 개념도 아니다. 블록체인에 컴퓨팅 능력이 생겼는데, 기존 중앙집중 시스템에서 널리 사용하는 고급 프로그래밍 언어도 구동할 수 있으니, 이론상 기존 시스템에서 가능한 것은 블록체인에서도 가능하게 되었다는 의미 정도로 이해하면 된다.

빈자리가 있다. 중앙집중 시스템을 지배하는 중개자, 사람이 자의적으로 개입할 여지가 있기 때문이다. 탈중앙 컴퓨터를 통한 자동화라고 해서 사람이 전혀 개입할 수 없는 것은 아니다. 그러나 제대로 작동하는 블록체인 시스템에 특정인이 자의적으로 개입할 가능성은 거의 없다고 봐도 된다. 탈중앙 컴퓨팅을 통한 자동화가 진정한 자동화에 조금 더 가까운 이유다.

블록체인 2.0

스마트계약의 개념을 1994년에 처음 제시한 닉 재보Nicholas Szabo는 이를 "계약 조문을 실행시키는 컴퓨터화된 거래 규약"이라고 정의했다.[6] 이상적인 스마트계약은 계약 내용이 분명하고, 미이행 위험이 없으며, 계약의 진실성과 이행을 담보하기 위해 누군가의 권위에 의존하지 않아야 한다. 스마트계약의 개념이 처음 제시될 당시에는 이를 구현할 방법이 없었다. 블록체인의 기본적인 데이터 관리 능력에 탈중앙 컴퓨팅 능력이 결합하면서 이상적인 스마트계약이 가능해졌다.

탈중앙 컴퓨팅과 스마트계약

블록체인 기반 컴퓨팅으로 구현하는 스마트계약을 통해 사람의 개입을 배제하고 컴퓨터 알고리즘으로만 작동하는 진정한 자동화에 가까이 갈

---

6 a computerized transaction protocol that executes the terms of a contract

수 있다. 또한, 계약의 신뢰도가 높아지는 효과도 있다. 블록체인에 데이터를 기록하는 것으로 일종의 '공증' 효과가 있어, 당사자들이 계약을 부인하기 어렵기 때문이다.

흔히 컴퓨팅 기능을 탑재한 업그레이드된 블록체인을 스마트계약 블록체인이라고 부른다. 블록체인 2.0과 스마트계약 블록체인을 사실상 같은 의미로 사용하는 이들도 많다. 그런데 스마트계약 블록체인이라는 명칭이 높은 수준의 프로그래밍 언어 실행이 가능한 기술 플랫폼으로서의 블록체인을 충실히 설명하는 표현인지는 생각해볼 필요가 있다. 스마트계약의 정의를 다시 읽어 보면 그렇지 않다는 것을 쉽게 알 수 있다.

그렇다면 스마트계약 블록체인이라는 말은 잘못된 것일까? 오해의 소지가 있기는 하지만 아주 틀린 표현이라고 할 수는 없다. 현재 탈중앙 컴퓨팅으로 실행할 수 있는 코드의 현실적 제약을 감안하고, 계약과 거래의 의미를 데이터 관리 관점에서 넓게 해석하면 탈중앙 컴퓨팅과 스마트계약이라는 표현 사이의 간격은 상당히 좁혀지기 때문이다.[7]

스마트계약 블록체인이라는 표현을 사용하는 것은 좋지만 정확한 이해를 위해 세 가지만 기억해 두자. 첫째, 스마트계약은 그 자체가 기술이 아니라 컴퓨터 규약이다. 규약은 그것을 실행하는 기술이 있어야

---

7 데이터 관리 분야에서 '거래' 또는 '데이터베이스 거래(database transaction)'라는 용어는 경제적 관점에서의 거래에 국한되지 않고 데이터 관리 시스템에서 발생하는 모든 상호작용을 아우르는 기본 단위로 사용된다. 독립적 의미를 갖는 데이터 한 줄을 하나의 거래(트랜잭션 또는 tx)로 보는 것이다. 스마트계약에서의 계약과 거래의 의미도 이와 같은 넓은 의미의 거래에 준하여 이해할 수 있다.

구현된다. 스마트계약이라는 규약을 이상적으로 구현하는 기술이 탈중앙 컴퓨팅이다. 둘째, 계약이라는 용어 자체에 얽매이지 말고, 스마트계약을 '블록체인 기술을 통해 신뢰성과 안정성이 보장되는 코드의 실행 방식' 정도로 폭넓게 이해하는 것이 좋다. 셋째, 앞으로 탈중앙 컴퓨팅 기술이 발전하고 다양한 활용법이 개발되면 스마트계약으로 이 기술을 설명하는 것이 어색해지는 때가 올 수 있다.

계약 자동화

일상생활에서 간단한 거래는 계약서를 쓸 필요도 없이 구두 합의만으로 서로 의사를 표시하고 이행까지 완료한다. 상점에서 물건을 사는 경우, 지인에게 작은 돈을 빌리는 경우 등이다. 그러나 금액이 크거나, 거래 내용이 진실인지 검증이 필요하거나, 이행을 확실히 담보할 필요가 있을 때에는 계약서를 쓰는 게 기본이다. 중요한 계약인 경우에는 부동산 중개인, 법무사, 변호사 등 계약 전문가에게 비용을 지불하고 계약서의 작성과 이행에 도움을 받는다.

스마트계약의 경우 원하는 계약을 코드화할 수 있고 계약 당사자들이 내용을 명확하게 이해하고 합의할 수 있다면 그것으로 충분하다. 모든 것은 프로그래밍된 대로 자동 진행된다. 종이 계약서와 친필 서명을 디지털 계약서와 디지털 서명으로 대체한 '디지털 계약'과는 차원이 다르다.

집을 매매하는 경우를 예로 들어 보자. 이상적인 스마트계약이 도입되면 매매 당사자가 해야 할 일은 거래를 합의하는 것밖에 없다. 계약 당사자가 직접 스마트계약을 코딩할 필요는 없다. 표준화된 계약에 디지털 서명만 하면 된다. 집주인이라고 주장하는 이가 정말 소유자가 맞는지, 저당 설정된 것은 없는지 확인하기 위해 등기부등본을 떼볼 필요도 없다. 집주인이 아닌 이에게는 매매대금의 이체 자체가 안 된다. 대금이 지급되면 동시에 소유권이 이전되고 등기도 완료된다.

현재의 스마트계약 기술은 복잡한 계약을 대체할 수 있는 수준에는 미치지 못한다. 우선 그러려면 계약서의 모든 조항들이 프로그램 언어에서 사용하는 'If-Then-Else' 형식으로 구현될 수 있어야 한다. 원칙적으로 계약서는 이와 같은 명쾌한 논리구조를 갖고 있는 게 맞다. 그러나 전문가가 아니면 이해하기 어렵고 모호하고 복잡한 계약서도 많다. 그리고 스마트계약의 법적 유효성도 문제될 수 있다.

계약 내용의 확인이나 이행을 하나의 시스템으로 처리할 수 없는 경우도 많다. 앞에서 예로 든 집을 사는 경우를 보자. 현재 부동산 소유권의 등기와 열람, 대금의 결제, 계약서의 날인은 모두 각각 독립된 디지털, 아날로그 시스템에 의해 작동되고 있다. 이 모든 시스템을 하나의 스마트계약으로 통합하는 것은 쉽지 않다.

현재의 블록체인, 특히 개방형 블록체인이 안고 있는 한계도 적용된다. 데이터 처리 능력이 떨어지기 때문에 많은 수의 코드를 짧은 시간 내에 실행시켜야 하는 계약은 처리하기 어려울 수 있다. 실명거래가 필요한 계약 역시 개방형 블록체인만으로는 구현하기 어렵다.

계약의 자동화가 반드시 블록체인과 같은 탈중앙 시스템에서만 가능한 것은 아니다. 기존의 부동산 등기 시스템, 은행 지급결제 시스템, 온라인 계약서 작성 시스템을 하나로 묶어 원스톱 부동산 매매 시스템을 만들면 그 효과는 스마트계약과 다를 바 없다. 물론, 이러한 자동화는 중개자의 권위와 신뢰에 기대어 구현된다는 점에서 스마트계약과 구분된다.

스마트계약 블록체인

아주 단순한 형태의 스마트계약은 비트코인 블록체인에서도 구현할 수 있다. 비트코인 시스템에서는 기초적인 컴퓨터 프로그래밍 언어를 사용할 수 있다. 이 언어를 이용해 단순한 스마트계약을 비트코인 블록에 기록하고 실행할 수 있다.

이더리움은 최초의 본격적인 스마트계약 블록체인이다. 여러 가지 프로그래밍 언어를 지원한다. EOS는 개발단계에서부터 이더리움의 강력한 경쟁자가 될 것으로 주목받은 스마트계약 블록체인이다. 이더리움과 마찬가지로 개방형 블록체인에 기반을 두고 있지만 아주 다른 철학을 갖고 있다. 이더리움은 높은 수준의 탈중앙화에 주안점을 둔 반면, EOS는 상대적으로 효율성을 중시한다. 스마트계약 수수료 부과체계도 전혀 다르다.

인가형 스마트계약 블록체인으로는 리눅스 재단의 Hyperledger 시리즈 중 Burrow, Fabric과 R3의 Corda 등이 있다. Corda는 블록을 연결하는 구조를 활용하지 않고 건별로 데이터를 처리하니 엄밀한 의미에서 블록체인은 아니다.

플랫폼 관점에서 스마트계약 블록체인의 의의를 다음과 같이 정리할 수 있다. 첫째, 그 자체가 탈중앙앱을 구동하는 기술 플랫폼이다. 둘째, 이 블록체인이 개방형 블록체인이라면 원칙적으로 결제 플랫폼을 겸해야 한다. 셋째, 스마트계약 블록체인 자체에 지급결제 이외의 탈중앙 서비스를 탑재해 고유 서비스를 가진 거래 플랫폼을 만들 수도 있다. 넷째, 스마트계약 블록체인을 플랫폼 인프라로 활용하는 탈중앙앱들과 함께 다양한 하위 서비스 생태계를 가진 블록체인 경제를 구축할 수도 있다.

탈중앙앱

탈중앙앱은 그 이름에서도 드러나듯이 일종의 앱이다. 스마트폰에서 실행될 수도 있고 PC에서 실행될 수도 있다. 웹사이트 형태로 사용자와 만날 가능성도 높다. 기존 앱과의 가장 큰 차이점은 계약의 체결과 이행 등을 위한 주요 코드가 중앙집중 서버가 아니라 탈중앙화된 시스템에서 실행된다는 것이다. 영어로는 짧게 디앱이라고 부르는 경우가 많다. 디앱의 표기법은 dApp, Dapp, DApp, dapp, d-app 등으로 다양하다.

블록체인 시스템이 거래 플랫폼으로 성공하기 위해서는 좋은 탈중앙앱과 결합해야 한다. 탈중앙앱은 차별화된 서비스를 탈중앙화된 방식으로 제공할 수 있어야 한다. 플랫폼으로서 첫 번째 장벽을 넘기 위해 가장 중요한 과제다.

탈중앙앱이 구축하는 각각의 탈중앙 서비스 거래 환경, 즉 블록체인 경제의 하위 생태계 구조는 블록체인 플랫폼을 통해 단일 서비스 공급자가 다수의 사용자와 상호작용하는 형태가 될 수도 있고, 다수의 참여자들이 P2P 방식으로 각각 상호작용하는 형태일 수도 있다. 이 둘이 모두 섞여 있을 수도 있다. 탈중앙앱 방식의 게임을 예로 들어보자. 게임 회사가 사용자들에게 게임 아이템을 판매하는 것은 단일 공급자와 다수 사용자 간의 상호작용이고, 사용자들끼리 아이템을 매매하는 것은 P2P 방식의 상호작용이다.

블록체인과 탈중앙앱

탈중앙앱의 개념은 이더리움이 소개되면서 일반인들에게 알려지기 시작했다. 그래서 이것을 이더리움 또는 이와 유사한 스마트계약 블록체인에서 작동하는 앱과 동의어로 이해하는 이들이 많다. 그러나 탈중앙앱은 이보다 넓은 개념이다. 탈중앙앱을 변화의 중심에 놓는 이들은 블록체인을 탈중앙앱을 구현하기 위한 기술의 하나로 보기도 한다. 블록체인과 관련된 탈중앙앱은 크게 두 가지로 구분할 수 있다.

첫째, 비트코인이나 이더리움 같은 블록체인 소프트웨어다. 이들 시스템을 구동하는 소프트웨어의 주요 기능이 탈중앙적으로 구현된다는 것은 명백하다. 따라서 탈중앙 응용 소프트웨어, 줄여서 탈중앙앱이라고 부르지 않을 이유가 없다. 비트코인 소프트웨어의 경우 탈중앙 결제 시스템을 구축하기 위한 탈중앙앱, 이더리움은 탈중앙 컴퓨팅 환경을 제공하기 위한 탈중앙앱으로 이해할 수 있다.

둘째, 스마트계약 블록체인에서 중요 코드가 실행되는 앱이다. 사람들이 흔히 얘기하는 탈중앙앱이다. 이 책에서도 탈중앙앱은 주로 이 유형을 의미하는 용어로 사용된다. 이러한 탈중앙앱은 스마트계약 블록체인에 바로 딸린 앱과 이 탈중앙앱의 활용을 지원하기 위한 앱으로 세분화할 수도 있다. 〈그림 6-1〉은 블록체인 기반 탈중앙 컴퓨팅이 블록

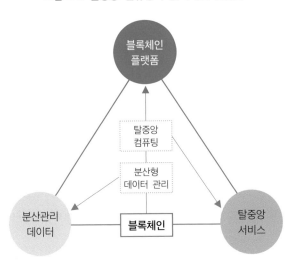

그림 6-1. 탈중앙 컴퓨팅과 블록체인 플랫폼

체인 플랫폼에서 어떤 역할을 하는지 보여준다. 이 모든 과정이 탈중앙 앱을 통해 이루어진다.

온체인과 오프체인

탈중앙앱의 모든 코드가 블록체인을 통해 실행되고 그 결과가 블록체 인 데이터 장부에 기록되는 것은 아니다. 앞에서 얘기했듯이 앱 전단 영역은 원칙적으로 블록체인과 같은 데이터 관리 기술이 맡기에 적합 한 분야가 아니다. 이는 기존의 앱도 마찬가지다. 후단의 데이터 영역 도 기존 중앙집중형 서버와 분업이 필요한 경우가 많을 수밖에 없다.

이 분업이 꼭 나쁘다고 보기는 어렵다. 앞에서 논의한 스마트 서비스 의 개념을 생각해보자. 다양한 요소를 유기적으로 결합해 높은 가치를 창출하는 서비스를 만들기 위해서는 블록체인의 3대 강점, 즉 데이터

그림 6-2. 스마트계약의 발전과 온체인 거래의 확장

신뢰도, 시스템 안정성, 탈중앙화만으로는 부족할 수도 있다. 예를 들어 고성능 데이터 처리 능력을 기반으로 한 인공지능 기술이 서비스의 가치 창출에 핵심적인 역할을 하는 경우이다.

데이터 영역, 즉 후단에서는 여러 디지털 기술이 복합적으로 활용될 수 있다. ABC라는 약칭으로 불리는 인공지능artificial intelligence, 빅데이터big data, 클라우드cloud 모두 데이터 영역이 주무대인 기술이다. 용도가 각각 다르고 상호보완적인 기술들이 스마트 서비스의 구현을 위해 블록체인 기술과 동시에 사용될 수 있다.

문제는 블록체인으로 처리하는 것이 바람직한 거래와 직결된 코드까지도 기술적 제약 등으로 인해 블록체인 외부에 상당 부분 의존하는 경우이다. 이 제약은 데이터 처리속도 등 효율성에 관련된 것들도 있고, 다수가 관리하는 시스템의 한계와 관련된 것, 즉 사생활, 거래비밀, 영업비밀 보장과 관련된 것들도 있다. 계약과 거래의 일부분만 블록체인에 담아서는 블록체인의 3대 강점이 효과적으로 발휘되기 어렵다. 블록체인을 통해 스마트계약으로 처리되는 거래를 온체인on-chain 거래, 블록체인 밖에서 실행되는 코드로 처리되는 거래를 오프체인off-chain 거래라고 한다.8 블록체인과 스마트계약 기술의 발전은 블록체인 데이터 장부에 기록할 수 있는 데이터의 종류를 확대하고 온체인 거래를 넓혀 가는 과정으로도 이해할 수 있다.

탈중앙 자율조직

탈중앙앱 중에서는 조직의 기능을 수행하는 것들도 있다. 이를 '탈중앙 자율조직'DAO: decentralized autonomous organization이라고 한다. 회사의 기능을 수행하면 '탈중앙자율회사'DAC: decentralized autonomous corporation라고 부를 수도 있다.9 가장 기본적인 형태의 DAO는 비트코인이다. 비트코인과 같은 개방형 블록체인은 그 자체가 플랫폼이자 탈중앙앱이고, DAO 이자 DAC이다.10

DAO를 어렵게 생각할 건 없다. 기존의 조직이나 회사가 하는 일을 탈중앙앱이 대신해줄 수 있다면 그것이 바로 DAO이다. DAO를 적극적으로 해석하면 탈중앙앱의 하위 개념이 아니라 탈중앙앱과 거의 동의어로 볼 수도 있다. 탈중앙앱의 핵심 기능은 디지털 서비스를 탈중앙화된 방식으로 제공하는 것인데, 블록체인이 없었다면 이 서비스는 공공·민간 조직에 의해 제공되었을 것이기 때문이다. 아직까지 탈중앙

---

8 여기에서 거래는 앞에서 탈중앙 컴퓨팅과 스마트계약의 관계에서 논의한 것과 같은 넓은 의미의 거래로 이해하자.

9 수행하는 기능을 중심으로 보지 않고, DAO 중 주식을 발행해 주주를 모집하는 등 외형상 기존의 회사 형태를 띠는 경우 DAC로 분류하기도 한다.

10 개방형 블록체인과 플랫폼, 그리고 탈중앙앱과의 관계는 이미 앞에서 설명했다. 아울러 개방형 블록체인이 거래 플랫폼이라는 것은 기존 플랫폼 기업을 대체하는 것이니 DAO 또는 DAC라고도 할 수 있다.

앱이나 DAO는 모두 엄밀하게 정의되고 다양한 사례로 구체화된 개념들이 아니니 그 취지만 이해하면 충분하다.

현재 논의되고 있는 수준의 DAO는 수천, 수만 명의 사람들의 육체적, 정신적 노동을 바탕으로 운영되고 있는 대규모 조직에 적용될 수 있는 구상이 아니다. 이미 자동화가 크게 진행되었거나 조직 활동을 컴퓨터 알고리즘으로 쉽게 대체할 수 있는 분야, 그러면서도 탈중앙화의 이득이 큰 분야에 제한적으로 적용될 수 있다.

이러한 조건을 만족하는 대표적인 분야는 '펀드'다. 펀드는 돈을 모아 회사나 여러 형태의 자산에 투자하는 투자전문기구, 조직이다. 이 조직은 운용하는 자산의 크기에 비하면 업무수행 인력은 매우 작다. 아주 중요한 투자 의사결정에는 펀드 투자자들이 직접 참여하고, 그 외에는 알고리즘화해 DAO로 만들 수 있다. 물론 이런 펀드에 자국민이 투자하는 것을 각국 금융당국이 허용할 것인지는 별개의 문제다.

7장

생존퍼즐 풀기

생존퍼즐의 난이도는 데이터 관리 환경에 따라 천차만별이다.
그리고 한 번 답을 찾았다고 끝이 아니다.

이더리움 기반 탈중앙앱 게임이 2017년 출시됐다. 크립토키티Crypto-Kitties라는 고양이 수집 게임이다. 가상의 고양이를 사서 키우고 교배해 새끼를 낳게 하고, 보유한 고양이를 다른 사람들에게 판매하기도 한다. 고양이를 구매하거나 교배, 판매하려면 이더리움 블록체인에서 코드를 실행해야 하고 그때마다 수수료가 발생한다.

이 게임은 매우 단순하다. 그래서 거래와 연관된 핵심 코드를 모두 스마트계약으로 처리할 수 있다. 단순하지만 한때 아주 큰 인기를 끌었다. 탈중앙앱 게임이라는 희소성이 인기비결 중 하나였다. 가상의 고양이 한 마리의 가치가 15만 달러를 넘기도 했다. 아쉽게도 얼마 못 가서 인기는 시들해졌다. 게임 플랫폼으로서 블록체인의 가능성과 한계를 보여준 사례이기도 하지만, 이 장에서는 블록체인의 생존퍼즐 풀기에 관한 시사점에 주목하고자 한다.

크립토키티 게임을 위해서는 크립토키티의 스마트계약 코드를 실행할 때마다 돈을 내야 한다. 고양이를 사도 수수료, 팔아도 수수료, 뭘 해도 수수료가 따라 붙는다. 많은 코드를 블록체인화하는 시도는 좋았지만 그로 인한 수수료 부담은 만만치 않았다. 네트워크 부하가 올라갈수록 수수료가 오르는 이더리움의 수수료 부과체계도 부담을 가중시켰다.[1] 인기가 최고에 달하던 시기에는 이 게임의 코드실행 수요만으로 이더리움 블록체인의 데이터 처리 장애가 유발되기도 했다.

이런 단순한 게임으로 인해 시스템 전체가 흔들린다는 것은 이더리움이 거래 플랫폼으로서 생존퍼즐을 풀기 위해 넘어야 할 난관이 크다는 것을 단적으로 보여준다. 이더리움이 비효율적일 수밖에 없는 근본적인 이유는 그것이 가장 기본적인 형태의 개방형 블록체인 합의체계, 작업증명을 택했기 때문이다.

개방형 블록체인의 문제점

작업증명을 채택한 기본적인 형태의 개방형 블록체인 시스템은 이를 통해 이상적인 탈중앙 데이터 관리를 구현할 수 있지만, 앞에서 몇 차례 언급했듯이 여러 문제점도 함께 갖고 있다. 그중 가장 큰 것은 생존퍼즐과 직결된 비효율이다. 특히, 처리속도가 문제다. 블록생성 간격도 넓고 데이터 기록의 완결성도 떨어진다.

---

1 출시 시점에 비해 코드 실행 수수료가 50배 가까이 오르기도 했다.

또한, 51% 공격 등 합의체계의 약점을 파고든 시스템 교란 행위에 노출되어 있다. 그러나 개방형 블록체인이 중앙집중 시스템에 비해 외부 공격에 더 취약하다는 뜻은 아니다. 기존 시스템과는 다른 형태의 취약 요인이 있다는 의미로 이해해야 한다. 실수로 데이터를 기록했을 때 정정하는 것이 원칙적으로 불가능한 점도 불편한 부분이다.

누구나 관리자가 될 수 있고, 누구든 데이터 장부를 열람할 수 있으니 사생활 보호와 비밀 보장이 어렵다. 개방형 블록체인의 쓰임새를 제한할 수 있는 요인이다. 사용자 ID에 익명성을 부여해 이 문제를 완화하지만 근본적 해결책은 아니다. 오히려 이 최소한의 익명성조차도 금융 분야 등에 필수적인 실명거래 원칙과 배치되어 개방형 블록체인의 쓰임새를 제한할 수 있다. 어떤 ID의 사용자가 어떤 데이터를 기록하는지 관리자들조차도 모르게 해 블록체인에 기록되는 데이터의 기밀을 유지하는 방법도 있지만 이렇게 되면 불법 거래에 악용될 우려도 높아진다.

시스템 개선이 신속하게 이루어지기 어렵다는 것도 제약요인이다. 개방형 블록체인의 경우 원칙적으로 모든 시스템 변경·개선을 커뮤니티 구성원, 주로 관리자들의 합의에 따라 추진해야 한다. 당장 코앞에 닥친 긴박한 위험요인에 대해서도 커뮤니티 전체를 대표해 누군가가 나서서 신속하게 대처하기 어렵다.

퍼즐 풀기 요령

태생적으로 비효율을 안고 있는 개방형 블록체인의 생존퍼즐, 어떻게 풀어야 할까? 2장에서 이미 얘기했듯이 문제를 푸는 요령은 크게 보면 두 가지다. 우직한 정공법을 택하거나, 문제를 쉽게 만드는 것이다.

정공법은 점진적 합의체계를 유지하면서 기술혁신을 통해 효율성을 제고하는 것이다. 그러려면 일단 작업증명의 대안부터 찾아야 한다. 크립토키티의 예에서와 같은 시스템 과부하 문제에 대한 근원적 해결법도 동시에 고려해야 한다. 과부하 문제를 해결해야 한다는 숙제는 정공법을 택하는 경우에만 적용되는 것은 아니다.

생존퍼즐의 제약조건을 완화해 문제 난이도를 낮출 수도 있다. 제약조건 완화의 핵심은 효율성과 양립하기 가장 어려운 탈중앙화 수준을 낮추는 것이다. 두 가지 방법이 있다. 첫 번째 방법은 블록체인 관리자에 대한 개방성을 낮추는 것이다. 개방형 블록체인의 틀을 유지하면서 합의에 참여하는 관리자를 제한할 수도 있고 아예 개방성을 포기하고 인가형 블록체인에서 해법을 찾을 수도 있다.

첫 번째 방법이 블록체인 전체의 탈중앙화 수준을 낮추는 것이라면 두 번째 방법은 스마트계약 블록체인에 딸린 하위 서비스 생태계의 탈중앙화 수준을 낮추는 것이다. 엄밀히 얘기하면 하위 생태계의 탈중앙화 수준을 강제로 낮출 수는 없고 이들 스스로 탈중앙화 목표수준 혹은 기대수준을 낮춰 잡는 것이다. 개별 탈중앙앱의 계약·거래 중 일부를 오프체인화하면 블록체인의 낮은 처리속도, 용량의 문제를 어느 정도 회피할 수 있다.[2] 물론, 바람직한 방법은 아니다. 그리고 이는 블록체인 자체가 아닌 개별 앱 개발자의 선택의 문제이기도 하다. 따라서 이 두 번째 방법에 대해서는 이 장에서 별도로 다루지 않는다.

한편, 생존퍼즐 풀기는 한 번에 끝나지 않는다. 정공법으로 해법을 찾은 경우도 그렇고 두 번째 방법으로 제약조건을 완화한 경우라면 더더욱 그렇다. 특히, 거래 플랫폼으로 사용되기를 원한다면 비즈니스 환경 변화, 플랫폼 참여자의 증가와 요구 수준의 변화 등을 반영하여 끊임없이 새롭게 제시되는 생존퍼즐의 해법을 찾아야 한다.

시스템 개선

2016년 6월, 이더리움 블록체인에 대형 해킹 사고가 발생했다. 이더리움에서 작동하는 DAO 중 하나였던 The DAO의 프로그램 오류를 파고든 해커가 당시 가치로 미화 5천만 달러에 해당되는 거액의 토큰을 자신의 이더리움 계좌로 빼돌렸다. 해커 계좌로 옮겨진 토큰을 처분하려면 48일이 지나야 한다는 규칙이 있었는데, 다행히 대응할 시간이 충분한 상황에서 이더리움 개발진에게 발견됐다.

그런데 해결이 쉽지 않았다. 중앙집중 시스템이면 해커의 계좌를 일단 동결하고 토큰을 원래의 주인에게 옮겨주면 된다. 그런데 이더리움 시스템에서는 이것이 불가능했다. 블록체인의 비가역성으로 인해 이

---

2 블록체인으로 처리하기에 적합하지 않은 부분을 오프체인화하는 것이 아니라 블록체인으로 처리하는 것이 바람직한 계약의 체결이나 이행, 즉 거래를 블록체인 외부에서 처리하는 것을 말한다.

거래를 되돌리기 어려웠다. 이런저런 대안이 제시됐는데, 결국 원래 주인에게 토큰을 강제로 되돌리는 데이터를 기록하는 데에 다수의 관리자들이 합의하는 방식으로 처리됐다. 이런 처리 방식에 반대하는 이들이 적잖아서 사실상 새로운 블록체인을 만들었다. 이처럼 명백한 문제를 바로잡는 것도 개방형 블록체인에서는 간단치 않다.

블록체인 시스템은 컴퓨터 소프트웨어로 작동된다. 시스템의 개선은 곧 소프트웨어의 개선이다. 블록체인 소프트웨어의 중요한 특징 하나를 간략히 살펴본 후 시스템 개선에 대해 얘기하자.

오픈 소스

블록체인 시스템 개선을 위해 참여자들끼리 합의가 필요하다는 데에는 블록체인 소프트웨어의 중요한 특징 하나가 암묵적으로 전제되어 있다. 우리에게 알려진 대부분의 블록체인 시스템은 오픈 소스opensource 소프트웨어를 기반으로 작동한다. 개방형은 물론이고 불특정 다수가 사용자인 인가형 블록체인 시스템도 마찬가지다.

오픈 소스 소프트웨어는 소스 코드source code를 공개하는 컴퓨터 프로그램이다. 소프트웨어를 어떻게 프로그래밍했는지 대중에게 공개하고 그것의 수정, 보완, 재배포까지 허용한다. 모든 것을 투명하게 공개하고 저작권도 행사하지 않는다. 리눅스Linux가 대표적인 오픈 소스 소프트웨어다. 탈중앙을 지향하는 시스템은 오픈 소스에 기반을 둘 수밖에 없다.

블록체인 소프트웨어가 비오픈 소스closed-source라면 원칙적으로 개발자 외에는 이것의 작동원리를 정확하게 알지 못한다. 그렇다면 이것이 진정한 탈중앙 시스템을 구현할 수 있는지 관리자와 사용자들이 확신할 수 없다. 뿐만 아니라 참여자들이 원하는 대로 시스템을 개선할 수도 없다. 개발자를 신뢰하고 개발자에 의존해야 한다는 뜻인데 탈중앙화의 취지에 정면으로 위배된다.

오픈 소스의 가장 큰 단점은 소프트웨어 자체를 직접적인 이익 추구 수단으로 활용하기 어렵다는 것이다. 따라서 그것을 적극적으로 개발, 개선할 유인이 상대적으로 크지 않다.3 오픈 소스의 장점도 있다. 기반 기술이 오픈 소스로 공개되면 집단지성의 힘을 바탕으로 다양한 응용이 이루어지는 가운데 혁신의 중심에 서기도 한다.4

시스템 개선과 분기

모든 소프트웨어가 그렇듯이 블록체인 소프트웨어도 프로그램 오류, 버그로부터 자유로울 수 없다. 블록체인은 원칙적으로 오픈 소스를 기반으로 하니 심각한 버그가 있다면 공격자가 이를 알아내 악용하기도 쉽다. 해커가 버그를 파고들어 일단 거짓 데이터를 기록하는 데 성공하고 나면 The DAO 사태에서처럼 블록체인의 주요 특성들과 결합해 복구하기 힘든 상황이 벌어질 수 있다.

그래서 블록체인 소프트웨어에도 끊임없는 업데이트가 이루어진다. 단순한 기술적 결함을 보완하기 위한 것도 있고, 블록체인 시스템의 운

---

3 블록체인도 오픈 소스에 기반을 두어 소프트웨어 판매 수입은 기대하기 어렵다. 그러나 이 시스템과 연계된 지불토큰의 판매를 통해 개발자가 수익을 얻을 수 있으므로 적극적인 이익 추구 수단으로도 활용될 수 있다.
4 서버와 모바일 운영체계(OS)는 대부분 오픈 소스인 리눅스를 기반으로 한다.

영규칙을 바꾸기 위한 것도 있다. 점진적 합의방식을 택하는 개방형 블록체인의 중요한 소프트웨어 업데이트를 부르는 명칭에는 분기라는 표현이 들어간다. 불특정 다수의 관리자가 동시에 소프트웨어를 업데이트하기 어렵고 그것을 강제할 수도 없기 때문에 신·구 소프트웨어가 공존하는 상황에서 블록갈래가 나뉠 수 있기 때문이다.

업데이트로 인해 합의규칙이 강화되는 효과가 나타나는 경우를 '연성분기'soft fork, 반대로 규칙이 완화되거나 전혀 다른 합의규칙이 도입되는 경우에 '경성분기'hard fork라고 한다.5 일반적으로 우리말로 번역하지 않고 '소프트 포크', '하드 포크'라는 표현을 사용한다.

연성분기

연성분기 시에는 규칙이 강화된다. 예를 들어 한 블록에 담을 수 있는 데이터 용량의 상한을 10MB에서 5MB로 낮추는 것이다. 합의규칙을 강화하는 업데이트로 인해 발생한 분기 상황은 오래 지속되지 않고 자연적으로 해소될 가능성이 높다. 그래서 '연성'soft의 분기다.

업데이트에 찬성하는 관리자와 업데이트에 무관심하거나 반대하는 관리자들이 반반일 때 연성분기는 어떻게 전개될까? 편의상 모든 관리자가 블록생성 권한을 획득할 확률이 같다고 가정하자. 이 경우 찬성하는 관리자 집단과 나머지 관리자 집단에서 각각 50%의 확률로 블록생성 권한을 얻게 된다.

---

5 연성·경성분기가 조금 어색한 표현일 수도 있지만 분기나 일시분기의 경우 우리말 표현을 주로 사용하면서 소프트·하드 포크는 영어를 쓰는 관행이 일관적으로 보이지 않아 우리말 표현으로 통일했다.

연성분기 업데이트가 실시되면 강화된 새로운 규칙을 따르는 블록이 관리자 집단에 받아들여질 확률은 100%이다. 관리자의 업데이트 여부와 관련 없이 블록이 채택되기 때문이다. 반면, 기존의 규칙을 따르는 블록은 업데이트를 하지 않은 관리자들에게만 50%의 확률로 받아들여진다.[6]

이것이 무슨 의미일까? 소프트웨어 업데이트를 실시한 관리자들은 새 규칙에 부합하는 블록만 받아들여 블록생성 권한을 획득하는 능력이 집중된다. 반면, 업데이트를 하지 않은 관리자들은 새 규칙 블록이든 기존 규칙 블록이든 상관하지 않고 받아들여 블록생성 능력이 분산된다.[7] 시간이 지날수록 새 규칙 채택이 유리해진다. 따라서 소프트웨어의 업데이트가 강요되는 것은 아니지만 아예 딴살림을 차릴 것이 아니라면 업데이트를 빨리 실시하는 것이 합리적이다. 업데이트로 인한 분기가 발생하더라도 신속하게 해소될 것이라는 뜻이다.

---

6 블록 크기 제한을 10MB에서 5MB로 강화했을 때 새 소프트웨어로 4MB 크기의 블록을 생성해 전파하더라도 기존 규칙을 고수하는 이들이 이를 받아들이지 않을 이유가 없다. 반대로 기존 소프트웨어로 9MB 크기의 블록을 만들어 전파하면 새 소프트웨어 채택자들은 이를 거부한다.

7 예를 들어보자. 연성분기 이후 최초 블록생성 자격을 기존 규칙을 따르는 관리자 집단(O)과 새 규칙을 따르는 관리자 집단(N)에서 거의 동시에 얻었다고 하자. 기존 규칙을 따르는 블록 o_1, 새 규칙을 따르는 블록 n_1이 시스템 내에 비슷한 시점에 전파된다. 집단O와 집단N에 두 블록이 무작위로 전파되면, 집단O의 50%는 블록 o_1을 받아들이고, 나머지 50%는 블록 n_1을 접수해 후속 블록 o_2를 연결하려 할 것이다. 반면, 집단N은 규칙에 맞지 않는 블록 o_1은 받아들이지 않고, 전체가 블록 n_1을 수용하여 후속 블록 n_2 연결을 시도하게 된다. 블록 o_1은 확률상 전체 관리자 25%(집단O의 50%)의 지지를 받고, n_1은 75%의 지지를 받는다. 이런 상황이 지속되면 블록생성이 거듭될수록 집단O에 소속된 관리자가 만든 블록은 폐기될 가능성이 높아진다.

그런데 어떤 이유에서건 강화된 규칙을 결코 수용하기 어려운 이들도 있을 것이다. 이 경우 방법은 두 가지다. 블록체인 커뮤니티를 떠나거나, 아니면 동조하는 이들끼리 기존의 규칙을 고수하는 커뮤니티를 만들어 분기 상태를 영구화하는 것이다. 후자의 대응은 연성분기 업데이트를 거부하는 경성분기 업데이트를 실시한 것과 실질적으로 같다.

경성분기

경성분기 업데이트가 이루어지면 완화되거나 아예 전혀 다른 규칙에 따라 블록을 만들게 된다. 기존에 5MB로 블록 크기에 제한을 두고 있었는데 10MB로 크기 제한을 완화하면 규칙이 느슨해지는 경성분기다. 작업증명 대신 새로운 합의체계를 도입하는 것 역시 경성분기에 해당된다. 경성분기 업데이트를 실시한 관리자가 새로운 규칙에 따라 생성한 블록은 기존의 규칙을 고수하는 이들에게 받아들여질 수 없다.

업데이트 찬성과 반대 비율이 비슷한 상황에서 경성분기가 이루어지면 어떤 상황이 전개될까? 규칙을 완화시키는 경우라면 연성분기 때와 정반대의 분기 시나리오가 전개된다. 업데이트한 이들이 시간이 지날수록 불리해진다. 규칙을 완전히 바꾸는 경우에는 기존 규칙을 따르는 집단과 새 규칙을 따르는 집단 모두 상대의 규칙에 따라 생성된 블록을 거부하게 된다. 소프트웨어 업데이트로 발생한 분기 상태가 자연적으로 해소되지 않을 가능성이 높으니 '경성'hard의 분기다.

경성분기는 분기상태가 영구적으로 지속되는 '영구분기'permanent fork로 귀결되는 경우가 종종 있다. 이런 탓에 경성분기를 영구분기와 동의어로 사용하는 경우도 흔하다. 그러나 경성분기와 영구분기는 다르다.

경성분기 중에는 관리자 집단 대다수의 지지를 얻어 영구분기 없이 해소된 경우가 많다.

앞에서 이더리움 개발진이 해커가 탈취한 토큰을 되찾기 위해 단행한 업데이트가 경성분기다. 이미 기록된 데이터를 강제로 변경하는 예외적 규칙을 만들었기 때문이다. 이 경성분기 이후 이더리움은 두 갈래로 영구분기되었다. 규칙 변경을 인정하는 블록갈래와 인정하지 않는 블록갈래가 2016년 7월 이후 병존하고 있다.

합의체계 개선

점진적 합의체계의 대표 격인 작업증명으로는 개방형 블록체인의 생존퍼즐을 풀기가 쉽지 않다. 해결 방법은 크게 두 가지다. 점진적 합의의 틀을 유지하면서 효율성을 높이거나, 점진적 합의를 버리고 인가형 블록체인과 같은 확정적 합의가 가능하도록 만드는 것이다. 점진적 합의를 포기하면 효율성은 개선되지만 탈중앙화 수준이 떨어질 수 있다.

지분증명

점진적 합의방식을 유지하면서도 작업증명의 비효율을 개선하는 대안으로 지분증명PoS: proof-of-stake이 제시됐다. 같은 지분증명이라는 이름을 사용하고 있어도 실제 적용 방법은 조금씩 차이가 있다. 주의할 점이 있다. 지분증명은 관리자에게 합의권을 부여할 때 지분을 기준으로 사용하는 방식을 총칭하는 용어가 아니다. 점진적 합의체계를 따르면서 지분의 높고 낮음을 기준으로 블록을 생성할 권한을 부여하는 경우에 국한한다.

지분증명의 핵심은 이름에 드러나 있다. 작업증명에서는 작업능력이 높은 관리자가 블록생성 권한을 부여받을 확률이 높은 것처럼, 지분증명에서는 큰 지분을 가진 관리자일수록 블록생성자가 될 가능성이 높다. 지분은 해당 블록체인 시스템이 발행하는 지불토큰이다. 블록생성 권한을 얻기 위해 무의미한 작업을 수행할 필요 없이 관리자별로 보유하고 있는 지분의 크기만 입증하면 된다. 지분증명을 도입하면 비싼 채굴장비를 도입하지 않아도 되고 전기요금 낭비도 없다. 그러면서도 데이터 처리속도는 빨라진다.

최초로 지분증명을 도입한 블록체인은 2012년 피어코인Peercoin으로 알려져 있다. 피어코인은 합의방식으로 작업증명과 지분증명을 혼용한다. 이외에 Nxt, NEM 블록체인 등이 지분증명을 사용한다. 블록체인의 데이터 처리 효율성을 좌우하는 중요 변수인 블록생성 간격의 경우 Nxt와 NEM은 1분 내외다. 이더리움은 2019년 상반기 현재 작업증명을 택하고 있지만 향후 지분증명으로 합의방식 전환을 준비하고 있다. 지분증명이 도입되면 블록생성 간격은 5초 아래로 떨어질 것으로 예상하고 있다.

지분증명은 각각의 관리자들이 지분에 따라 당첨구역의 크기가 다른 원반을 돌리는 게임에 비유할 수 있다. 정해진 시간마다 모든 관리자들의 원반이 자동으로 돌아간다. 원반이 멈췄을 때 바늘이 당첨구역 내에 위치하면 블록생성 권한을 얻는다. 일종의 복권추첨lottery- based 방식이다. 컴퓨터들이 원반을 돌릴 수는 없으니 실제로는 해시함수를 이용해 당첨자를 정한다. 당첨되기를 기다리기만 하면 되니 블록생성 과정에서 발생하는 비용이 매우 낮다.

블록생성 권한을 얻기 위한 한계비용이 0에 가깝다는 것^{nothing at stake}은 지분증명의 장점인 동시에 약점이 될 수 있다. 이로 인해 야기될 수 있는 대표적인 문제점은 분기가 발생했을 때 관리자들이 여러 갈래에서 동시에 블록생성 권한 얻기를 시도할 수 있다는 것이다.

작업증명의 경우에는 작업에 상당한 비용이 발생하니 여러 블록갈래에서 동시에 작업하는 것은 비합리적이다. 그런데 지분증명은 두 블록을 모두 선택해 양쪽 갈래에서 모두 당첨되길 기다리더라도 추가 비용이 거의 없다. 둘 중 어느 블록갈래가 살아남을지 확신할 수 없다면 두 블록을 모두 선택하는 것이 개별 관리자 입장에서는 합리적이다.

많은 관리자들이 이렇게 행동하면 시스템 전체적으로는 큰 혼란이 야기된다. 분기의 빈도도 높아지고 지속 시간도 길어진다. 관리자에게도, 사용자에게도, 시스템 전체에도 바람직하지 않다. 이런 행동을 예방하기 위해 양쪽 모두를 선택하는 경우 불이익을 주는 방식을 도입할 수 있다.

이런 기술적 보완점 외에도 지분을 기준으로 블록생성 권한을 부여하는 것에 대한 근원적 비판도 있다. 자본 친화적이라는 것이다. 지분율이 높을수록 유리하다는 것은 자본 동원력이 높을수록 유리하다는 것과 거의 같은 얘기다. 사실 자본친화적인 것은 작업증명도 마찬가지다. 작업능력은 결국 투입자본에 비례하기 때문에 자본력이 높을수록 유리하다는 것은 분명하다. 물론, 작업증명보다 지분증명이 더 자본친화적임은 부인할 수 없다.

또한, 초기의 지분구조가 고착될 가능성도 높다. 지분비율과 거의 비례해 블록생성 보상이 지급되기 때문이다. 초기에 대규모 지분을 배분받으면 추가적 노력 없이도 높은 지분비율이 유지되고, 해당 블록체인에 강력한 영향력을 행사할 수 있다.

개방형 블록체인의 확정적 합의

점진적 합의 알고리즘은 누구에게나 데이터 관리 권한이 열려있다는 점에서 직접민주주의와 유사하다. 분권과 탈중앙의 구현에 상대적으로 적합하다. 그러나 직접민주주의는 문제점도 많다. 이에 대한 대안으로 대의민주주의가 도입되었듯이, 개방형 블록체인의 합의체계에 대의제를 도입하여 합의의 효율을 높이려는 시도도 있다. 이렇게 하면 개방형 블록체인에서도 블록생성 간격을 인가형 수준으로 좁히고 매번 블록을 생성할 때마다 합의를 확정할 수 있다.

이와 같은 방식으로 개방형 블록체인에 확정적 합의를 구현한 것을 편의상 '대의제 합의체계'라고 부르기로 하자. 대의제 합의체계의 핵심은 블록체인 지분 보유자들이 일정수의 관리자들을 선발해 이들에게만 합의과정에 참여토록 하는 것이다. 블록생성 시점에 관리자 집단의 규모와 관리자별 합의권의 크기를 알고 있으니 인가형 블록체인과 같은 단순하고 효율적인 합의가 가능해진다. 선발된 관리자들끼리 어떤 방식으로 합의할 것인지는 기술적 이슈다. 중요한 것은 지분 보유자들이 자신들의 이익을 충실히 대변할 대표자를 어떤 방식으로 선발·교체하고, 어떤 권한을 부여할 것인가이다.

대의제 합의체계에 대한 가장 큰 비판은 개방형 블록체인의 탈중앙

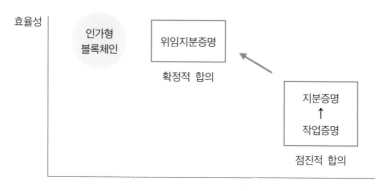

그림 7-1. 개방형 블록체인의 합의체계 개선

화 취지에 위배된다는 것이다. 비판하는 입장에서는 어떤 식으로든 관리자로의 참여를 제한하면 인가형 블록체인과 다를 바 없다고 본다. 커뮤니티 전체보다 소수 관리자의 이익을 더 중시할 수 있다는 것이다. 대의민주주의 역사를 보면 이러한 우려가 기우인 것만은 아니다.

대의제 방식으로 개방형 블록체인에 확정적 합의체계를 구현한 대표적인 예는 '위임지분증명'DPoS: delegated proof-of-stake이다. 명칭에서 짐작할 수 있듯이 지분 보유자들로부터 권한을 위임받은 제한된 숫자의 대표자들만 관리자로 참여할 수 있는 변형된 지분증명이다.[8] 최초로 위임지분증명을 도입한 블록체인은 2014년 Bitshare라고 알려져 있다. 2019년 상반기를 기준으로 적잖은 수의 블록체인이 위임지분증명 계

---

8 앞에서 다룬 지분증명도 소수지분을 특정 관리자에게 위탁하여 권한을 대리 행사토록 설계할 수 있다. 그러나 이 경우는 관리자 숫자를 특별히 제한하지 않는다는 점에서 대의제 방식의 위임지분증명과는 차이가 있다.

열의 합의체계를 택하고 있다. 그중 하나인 EOS의 블록생성 간격은 0.5초이다.

구조개선과 분업

합의체계의 개선과 다른 각도에서도 블록체인의 효율성을 높이기 위한 시도가 이루어지고 있다. 대표적인 방법은 블록체인의 내부 구조를 바꾸거나 외부 시스템과의 관계를 개선해 블록체인의 시스템 확장성scalability을 제고하는 것이다. 블록체인 내부의 데이터 처리 구조를 변경해 데이터 처리 효율을 높이는 경우를 온체인 확장이라고 부르고, 다른 블록체인과 역할을 분담하고 협력하는 방식으로 효율성을 개선하는 경우 오프체인 확장이라고 부르기도 한다.

구획분할과 블록체인 간 구조화

구획분할이란 블록체인이 처리하는 데이터를 나눠 구획별로 블록을 만들고, 이 개별 구획들의 블록을 모아 최종 블록을 만드는 것을 말한다.[9] 온체인 확장 방식이다. 블록체인의 구획을 분할하면, 분할된 하나하나의 구획이 사실상 각각의 블록체인과 같은 기능을 한다. 한 곳에 모든 데이터를 모으는 경우에 비해 과부하를 막을 수 있다.

---

9 이더리움 프로젝트 중 '샤딩'(Sharding)이 구획 분할에 해당된다.

그림 7-2. 블록체인 내부 구획분할

    문제점도 있다. 개별 구획별로 각각 합의가 이루어지기 때문에 전체
가 하나의 블록체인으로 작동할 때에 비해 악의의 관리자로부터 시스
템을 방어하는 능력은 떨어질 수밖에 없다. 이러한 약점을 파고드는 공
격을 51% 공격과 대비해 1% 공격이라고도 부른다. 이를 예방하기 위
해 구획별 관리자를 주기적으로 무작위 변경하는 방법이 제안되어 있
다. 이렇게 하면 악의의 관리자가 블록체인의 특정 구획만 집중 공격하
기 어렵다.

    블록체인 간 다층구조화는 하나의 뿌리체인root chain을 중심으로 나무
tree 구조의 블록체인 간 연결을 만드는 것이다.10 역할 분담과 협력을 통
해 효율성을 높이는 오프체인 확장 방식이다. 나무 모양의 다층구조를
만들면 당초 뿌리체인에 집중됐던 데이터 기록요청이 1층, 2층에 쌓여
올라가는 하위체인으로 분산된다.11

    뿌리체인에 하위체인의 모든 데이터를 그대로 기록한다면 나무 구

---

10 이더리움 프로젝트 중 '플라즈마'(Plasma)가 다층구조화에 해당된다.
11 구획분할과 블록체인 간 구조화의 실질적인 차이는 크지 않다. 〈그림 7-3〉의 2층을
　 지우고 위아래를 뒤집으면 〈그림 7-2〉와 사실상 다를 바 없어진다.

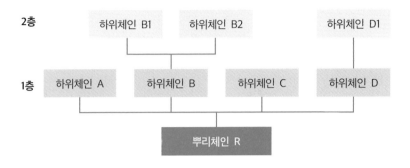

그림 7-3. 블록체인 간 다층구조화

조를 만들 이유가 없다. 블록의 고유한 축약 값인 블록해시 정도만 뿌리체인에 기록한다. 이 경우 뿌리체인은 데이터를 기록하는 것보다는 블록체인의 데이터 신뢰도를 담보하는 안전장치anchor이자 이 블록체인 생태계를 하나로 묶는 역할을 맡는다.

뿌리체인에는 어떤 성격의 블록체인이든 연결할 수 있다. 각각 다른 분야를 담당하는 개방형 블록체인을 연결할 수도 있고, 인가형 블록체인을 연결하는 것도 가능하다. 블록연결 구조를 갖고 있는 중앙집중식 데이터베이스를 연결할 수도 있다.

블록체인 간 연결

블록체인을 연결해 두 시스템의 데이터를 서로 교환하거나 일방향으로 데이터를 이동시키는 방식으로도 확장성을 높일 수도 있다. 이러한 기술 또는 이렇게 연결된 블록체인을 '인터체인'inter-chain이라고 부른다. 인터체인으로 연결되는 두 블록체인의 관계는 대등할 수도 있고 종속적일 수도 있다.

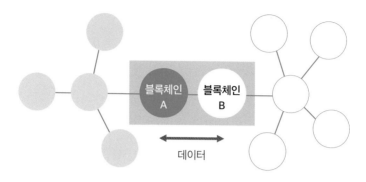

그림 7-4. 블록체인 간 병렬적 연결

    대등하다는 것은 두 블록체인이 동등한 지위에서 서로의 데이터를
상호 교환한다는 뜻이다. 종속적이라는 것은 주main 블록체인의 데이
터를 부가된 블록체인이 활용해 새로운 가치를 만들어낸다는 의미다.
이 종속적인 블록체인을 '부가체인'side-chain이라고 부르기도 한다. 12 주
체인과 부가체인의 관계는 다층구조에서 뿌리체인과 하위체인 간의 관
계와는 전혀 다르다.

    여러 블록체인들이 각자 강점 있는 분야에 특화하고 필요에 따라 각
각의 블록체인 생태계를 연결하면 데이터를 단독으로 관리하는 부담을
줄이고 데이터의 조합을 통해 더 높은 가치를 창출할 수도 있다. 블록
체인 간 연결 기술이 발전하면 인터넷처럼 어느 블록체인에 있는 데이
터건 쉽게 접근해 활용할 수 있는 블록체인 세계를 만들 수도 있다. 인
터체인이 블록체인 기반 탈중앙 인터넷으로 발전할 수도 있다는 뜻이
다. 인트라넷과 인터넷의 관계를 개별 블록체인과 인터체인과의 관계

---

12 인터체인, 부가체인을 다른 방식으로 정의하는 경우도 있다.

에 대입해 이해할 수 있다.

지금까지의 시스템 확장에 관한 논의에서 우리는 블록체인 경제가 형성된다면 특정한 블록체인 시스템에 의존하는 폐쇄적이고 고립된 경제 생태계가 아닐 가능성이 높다는 단서를 몇 가지 보았다.[13] 또한, 탈중앙앱에 대해서 살펴보면서 블록체인 기술이 데이터를 다루는 여러 기술과 협력할 수밖에 없다는 점에 대해서도 얘기했다. 이와 같은 관점에서 보면 개방형 블록체인과 인가형·비개방형 블록체인, 나아가 중앙집중형 데이터 관리 시스템을 상호 배타적인 관계로 이해할 이유가 없다. 각각의 기술 사이의 우월성 논쟁 역시 큰 의미가 없다.

인가형 블록체인

인가형 블록체인은 분산형 데이터 관리의 취지를 살리되 관리자에 대한 시스템 개방성을 낮추어 개방형 블록체인의 여러 문제점을 동시에 해결하고자 한다. 인가형 블록체인은 개방형 블록체인의 단점을 대부분 보완할 수 있다. 생존퍼즐 풀기도 한결 수월하다.

---

13 예를 들면, 개방형 블록체인에 기반을 둔 플랫폼 인프라를 정점으로 개방형 블록체인 시스템, 인가형 블록체인 시스템, 나아가 중앙집중 시스템이 다층구조를 이루는 블록체인 경제가 형성될 수 있다. 개방형 블록체인 기반 블록체인 경제와 인가형 기반 블록체인 경제가 인터체인으로 연결되어 상호 협력하는 시나리오도 생각해 볼 수 있다.

높은 효율성과 현실 순응도

인가형 블록체인의 가장 두드러진 장점은 효율성이다. 개방형 블록체인보다 빠르게 데이터를 처리할 수 있다. 블록생성 간격도 좁고 완결성도 높다. 불특정 다수가 아니라 서로 신뢰할 수 있는 소수가 데이터를 관리하니 개방형에 비해 신경 쓸 일이 줄어들고, 이것이 상대적으로 높은 데이터 처리 능력으로 나타난다. 다른 조건이 같다면 개방형 블록체인은 인가형보다 데이터 처리속도가 빠를 수 없다. 데이터 관리 비용도 인가형이 우위에 있을 가능성이 높다. 확정적 합의체계를 갖는 개방형 블록체인도 이와 같은 장점을 공유한다.

시스템에 문제가 생겼을 때 해결방법을 찾아 실행에 옮기는 것도 상대적으로 용이하다. 시스템 관리주체가 누구인지 분명한 중앙집중 시스템만큼은 아니지만, 데이터 관리에 문제가 생겼을 때 관리 잘못에 대한 책임을 물을 여지도 있다.

인가형의 또 다른 중요한 장점은 개인정보 보호나 비밀 유지가 필요한 영역에 적용하기 용이하다는 것이다. 예를 들어 데이터 기록은 제한하지 않으면서도 데이터의 열람은 본인과 감독기관에만 허용해 사실상 데이터를 비공개할 수도 있다. 아예 사용자의 접근까지 제한하는 비개방형 블록체인의 경우 개인정보 보호 수준을 한층 높일 수 있다. 사용자 실명제를 도입해 활용 가능한 분야를 넓힐 수도 있다.

지불토큰으로부터 자유로워지고 데이터 관리 본연의 기능에 더욱 충실해질 수도 있다. 인가형 블록체인이 토큰을 채용하는 것은 선택사항이다. 별것 아닌 것 같은 장점이지만 상당히 큰 의미가 있다. 자체 지불토큰을 갖는다는 것은 블록체인 시스템 자체가 수익을 창출하는 비즈니스 모델이어야 한다는 뜻과도 같다. 토큰에서 자유로워지면 블록체인을 직접 수익을 창출하지 않는 분야, 예를 들어 비거래 플랫폼이나 공공기관, 기업의 내부 데이터 관리 용도 등으로 사용할 수 있다.

이와 같은 장점을 둘로 정리하면 상대적으로 높은 효율성과 기존 질서에 대한 순응도이다. 그러다 보니 블록체인의 시작은 개방형이었지만, 2019년 상반기 시점에서 볼 때 실생활에서의 활용에 더 근접한 사례는 인가형이나 비개방형 블록체인에 기반을 둔 경우가 더 많고 다양하다. 공공기관이나 기업, 금융기관이 직접 참여하는 블록체인 프로젝트는 인가형·비개방형 블록체인인 경우가 많다.

애매한 위상

인가형 블록체인의 장점만 보면 인가형이 개방형에 비해 뚜렷하게 우월해 보인다. 그런데 그렇게 단정짓기 어렵다. 사실 개방형과 비교한 인가형 블록체인의 장점 대부분은 오히려 기존의 중앙집중 시스템이 더 경쟁력이 있다. 개방형 블록체인의 단점이 문제라면 굳이 인가형 블록체인을 택할 필요 없이 기존 시스템을 고수하는 것이 나을 수도 있다는 뜻이다.

효율성이 높고 기존 질서에 대한 순응도가 높아 생존퍼즐을 풀고 플랫폼화하기 쉽다고 해서 그것이 큰 성공을 담보하리라는 보장은 없다. 오히려 작은 개선 사례를 여럿 만드는 데 그칠 가능성도 높다. 인가형 블록체인을 도입해 생존퍼즐의 난이도를 낮추면서 탈중앙화 수준도 크게 낮추는 경우가 일반적이기 때문이다. 개방형 블록체인을 지지하는 입장에서 보면, 인가형 블록체인은 개방형이 추구하는 블록체인만의 확실한 강점도 희석되고, 기존 중앙집중 시스템의 강점도 희석되는 애매한 위상의 시스템이다.

어느 수준 이상의 탈중앙화 없이는 블록체인이 스스로를 차별화하기 어렵다. 다시 말하면, 세상을 바꾸는 블록체인 혁명이 언젠가 성공한다면 그 중심에는 개방형 블록체인이 자리 잡고 있을 가능성이 더 높다는 것이다. 그러나 인가형 블록체인이 기존 시스템을 소폭 개선하는 데에서 그치고 블록체인 혁명의 변방만 맴돌 것이라고 낮잡아 보는 것은 아니다.

우선, 인가형은 탈중앙화 수준이 낮다는 전제부터 곱씹어 봐야 한다. 일반적으로 그렇다는 점은 부인하기 어렵지만, 개방형이 소수에 휘둘리지 말라는 법도 없고 인가형이 공익의 대변자가 되지 말라는 법도 없다. 대의제 합의체계의 개방형 블록체인과 인가형 블록체인은 사실 백지 한 장 차이다. 그리고 비판하는 입장에서 보면 인가형은 어정쩡한 기술이지만, 관점을 달리하면 양쪽의 장점을 모두 가진 실용적인 기술이기도 하다. 이 같은 장점을 잘 살리면 인가형 블록체인에 기반을 둔 좋은 블록체인 경제가 형성될 가능성도 충분하다.

PART 3

블록체인의 활용

블록체인 경제의
첫 번째 장벽 넘기

8장

세상을 바꾸는 힘, 일곱 가지

블록체인의 세상을 바꾸는 힘은 플랫폼과 만날 때 극대화된다.
이 힘은 블록체인 경제로 가는 첫 장벽을 넘는 원동력이다.

블록체인의 세상을 바꾸는 힘은 블록체인의 3대 강점 — 데이터 신뢰도, 시스템 안정성, 그리고 탈중앙화로부터 나온다. 앞에서 이미 강조했듯이 이 중 가장 중요한 것은 탈중앙화다. 그런데 나머지 두 강점이 어떤 역할을 할 것인지는 자세한 설명 없이도 어렵지 않게 유추할 수 있지만, 탈중앙화가 어떤 원리로 세상을 바꾸는 데에 기여할 수 있는지는 모호하다.

높은 수준의 탈중앙화가 인류의 삶에 큰 변화를 일으킬 수 있는 원동력은 크게 다섯 가지로 나눌 수 있다. 이 다섯은 각각 다른 모습이지만, 뿌리는 모두 탈중앙화이기 때문에 자세히 들여다보면 서로 밀접하게 연관되어 있다. 주로 탈중앙화에서 비롯된 다섯과 나머지 두 강점에서 비롯된 둘을 합쳐 총 일곱 가지의 세상을 바꾸는 힘을 통해 블록체인은 플랫폼 혁명에 도전한다.

그 일곱 가지 힘은 다음과 같다. 첫째, 디지털화를 이상적으로 구현한다. 둘째, 안팎으로 치열하게 경쟁하는 가운데 집단지성을 극대화한다. 셋째, 중개자 의존성을 탈피한다. 넷째, 비즈니스 자동화를 완성한다. 다섯째, 분권적이지만 여럿을 하나로 모으는 힘은 강력하다. 여섯째, 데이터에 기반을 둔 신뢰사회를 실현한다. 일곱째, 멈추지 않는다. 일곱 중 다섯이 탈중앙화와 밀접히 관련된 만큼 탈중앙화 수준이 낮거나 아예 탈중앙화를 포기하고 다른 두 강점, 데이터 신뢰도와 시스템 안정성을 위해 블록체인 기술을 활용하는 경우에는 블록체인의 세상을 바꾸는 힘이 크게 줄어들 수밖에 없다.

이 힘들은 블록체인 기술이 어떤 분야에 어떤 방식으로 활용되든지 공통적으로 적용되지만 플랫폼, 특히 거래 플랫폼의 기반기술로 활용될 때 극대화된다. 블록체인 경제로 가는 길을 막고 있는 첫 번째 장벽을 넘는 것도 결국 이 일곱 가지 힘에서 비롯된다. 각각의 힘이 플랫폼과 어떻게 연결되는지는 해당 부분에 설명해 두었다.

이상적 디지털화

좁은 의미에서 디지털화란 아날로그 데이터를 컴퓨터가 처리할 수 있는 형태로 전환하는 것이다. 현재의 모든 컴퓨터는 0과 1만을 사용하는 이진코드binary code를 이용해 이산적discrete이고 비연속적discontinuous인 방식으로 표현된, 디지털화된 데이터만 처리할 수 있다. 이해하기 어렵다. 아주 쉽게 얘기하면 디지털화는 '쪼개서 채우기'다.

디지털 이미지로 예를 들어 보자. 디지털 카메라로 찍은 사진이 실물과 똑같이 보이지만, 확대하고 또 확대하면 무수히 많은 작은 사각형 조각들이 나타난다. 아주 잘게 쪼갠 사각형들을 합쳐 채워놓으니 부드러운 곡선으로 보일 뿐이다. 잘게 쪼개면 쪼갤수록 디지털 데이터는 현실의 아날로그 데이터와 유사해진다.

이해의 편의를 위해 시각 이미지로 디지털화를 설명했지만, 이 원리는 다른 종류의 데이터에도 그대로 적용된다. 그런데 잘게 쪼개서 채우는 디지털화의 원리는 수단일 뿐이다. 디지털화의 목표는 이런 방식으로 재구성된, 컴퓨터가 읽을 수 있는 데이터를 컴퓨터를 통해 처리해 효율성을 극대화하는 것이다.

그런데 쪼개서 채우는 원리는 컴퓨터가 처리할 수 있는 형태로 데이터를 재구성하는 데에만 그치지 않는다. 잘게 쪼개면 빈틈없이 가득 채울 수 있다. 책상을 통째로 트럭에 싣는다면 몇 개 들어가지도 않고 빈 공간이 많이 생긴다. 그러나 분해하면 빈 공간 없이 꽉꽉 채워 운반할 수 있다. 인화된 사진은 구겨지지 않도록 조심히 보관해야 하지만, 디지털 사진은 저장하고 이동할 때 형체를 신경 쓸 필요가 없다. 데이터 조각을 잃어버리지만 않으면 된다. 디지털화해 컴퓨터에 맡기면 속도도 빨라지지만, 주어진 자원을 최대한 활용하는 데에서 오는 효율성의 향상도 무시할 수 없다.

디지털화의 원리는 그 데이터를 이용해 가치를 창출하는 과정에도 그대로 적용된다. 〈그림 3-2〉에서 살펴 본 것처럼 디지털 데이터는 디지털 기술과 결합하여 디지털 서비스를 만드는 재료가 된다. 잘게 쪼개고 채우는 원리는 이 디지털 서비스에서도 발견된다.

아날로그 시대에는 상품이나 자산을 통째로 소유하는 것이 불가피한 경우가 많다. 그러다 보면 원하는 크기 이상으로 구매해, 사용하지 않고 놀리는 유휴자원이 생기게 마련이다. 비효율이 발생한다는 뜻이다. 그리고 아날로그 방식의 서비스에는 제법 큰 최소 이용 단위가 정해진 게 일반적이다.

그러나 디지털 서비스화하면 통째로 소유할 필요 없는 것은 물론이고, 서비스 이용의 최소단위도 줄어든다. 잘게 쪼개 고객이 원하는 크기로 나눠 거래한다. 여러 서비스를 쪼개고 섞어 새로운 서비스를 만들기도 용이하다. 〈그림 3-2〉에서 보듯이 이렇게 만든 디지털 서비스는 디지털 플랫폼을 통해 효율적으로 거래될 수 있다.

디지털화를 제약하는 요인으로는 기술, 사람, 규제가 대표적이다. 기술력이 따라주지 못하면 어쩔 수 없다. 그런데 기술이 받쳐줘도 중간에 사람이 개입하면 잘게 쪼개고 빈틈없이 채우는 데 제약이 생긴다. 사람이 일하는 시간, 고용 단위 등이 디지털 서비스의 공급 시간과 거래 단위에 영향을 미치기 때문이다. 마지막으로 아날로그 시대의 전통이 남아있는 규제도 디지털화의 제약 요인이다.[1] 디지털 서비스 기업과 플랫폼 기업은 어느 국가에든 소속되어, 역시 어느 국가의 기업 또는 국민인 고객과 거래해야 한다. 디지털화를 저해하는 각종 규제에 순응할 수밖에 없다는 뜻이다. 국가별 규제 편차는 국가별 디지털화 수준

---

1 이 규제는 법적 규제뿐만 아니라 사실상 규제와 같은 기능을 하는 문화적·관습적 장벽을 모두 포함한다.

격차의 원인이 될 수 있다.

블록체인은 디지털 데이터의 관리에 사람의 개입을 최대한 배제하는 것을 미덕으로 한다. 사람이 아닌 컴퓨터를 위한, 맹목적으로 효율성을 추구하는 기술이란 뜻은 아니다. 사람의 손을 거의 타지 않으니 사람 때문에 생기는 디지털화의 제약에서 상대적으로 자유롭다.

또한, 블록체인 시스템은 어느 국가에도 소속되지 않고 네트워크상에서만 존재하니 아날로그적 규제에 구애받지 않고 이상적인 디지털화를 시도하기에 상대적으로 유리하다. 물론, 이러한 힘으로 혁신이 아닌 일탈을 추구하면, 이는 블록체인의 미래를 어둡게 하는 큰 리스크 요인이 될 수도 있다. 한편, 블록체인을 통한 '이상적'인 디지털화는 '효율적'인 디지털화를 보장하지 못할 수 있다는 점도 기억해두자.

경쟁을 통한 집단지성 극대화

안팎으로 끊임없이 경쟁하는 가운데 집단지성을 극대화하는 힘은 블록체인이 탈중앙 플랫폼으로 활용되지 않는 상황에서는 발휘되기 어렵다. 블록체인 플랫폼은 태생적으로 경쟁 친화적이다. 따라서 이 플랫폼은 시장지배력이 높아지더라도 불공정 경쟁과 소비자 후생 감소 등의 문제를 야기할 우려가 상대적으로 낮다.

블록체인 세계에서는 기술로 담을 쌓아 경쟁을 차단하는 것이 원칙적으로 불가능하다. 앞에서 얘기했듯이 블록체인 플랫폼은 오픈 소스 소프트웨어를 채택할 수밖에 없다. 오픈 소스 기반 블록체인 소프트웨어에는 비밀이 없으니 기술의 배타성으로 인한 진입장벽도 존재하지 않는다. 좋은 아이디어만 있으면 후발주자도 기존의 블록체인 소프트웨어를 개선해 낮은 비용으로 새로운 블록체인을 얼마든지 만들어낼 수 있다.

비슷한 블록체인이 우후죽순 생겨나 과당경쟁할 것이라는 뜻은 아니다. 그보다는 유력한 블록체인들 간의 선의의 경쟁과 함께 이들 블록체인 커뮤니티 구성원들이 스스로 끊임없이 개선방안을 찾는 치열한 자기 자신과의 경쟁self-competition이 이루어질 가능성이 높다. 자기경쟁을 게을리하는 블록체인은 커뮤니티가 쪼개지거나, 기술적 토대는 같으면서도 더 나은 아이디어와 거버넌스를 가진 블록체인 플랫폼이 경쟁자로 등장해 자리를 위협할 수도 있다.

블록체인 플랫폼을 끊임없이 긴장하게 하는 경쟁의 원리는 이 커뮤니티 내에 집단지성collective intelligence이 극대화되도록 압박한다. 블록체인 플랫폼의 두뇌는 집단지성으로부터 나온다. 비즈니스 세계에서 소수 엘리트의 경영 능력이 우월한지, 집단지성의 힘이 더 강력한지에 대해서는 견해가 갈린다. 그러나 단선적인 파이프 시대의 비즈니스 환경에서 탈피해 다차원적이고 통합적인 비즈니스 모델을 구축해야 할 플랫폼 시대에 집단지성은 점점 더 큰 힘을 발휘할 가능성이 높다.

궁극적으로 살아남는 블록체인 경제의 집단지성은 플랫폼 기업들을 이끌어가는 엘리트 경영자의 지적 능력, 리더십과는 차원이 다른 비즈니스 경쟁력의 원천이 될 수 있다. 집단지성의 힘이 극대화되면 각각의 플랫폼 기업으로서는 도전하기 어려운 통합적인 블록체인 기반 플랫폼 경제, 플랫폼 제국이 현실화되지 말란 법도 없다.

중개자 의존성 탈피와 거래 자동화

블록체인 활용이 늘어나면 우리가 알게 모르게 의존하고 있는 중앙집중 데이터 중개자로부터 자유로워질 수 있다. 데이터 중개자들이 구축해 놓은 시스템 속에 살면서 우리가 당연시하는 것이 하나 있다. 데이터 관리를 통해 제공되는 서비스와 그 서비스의 중개자를 불가분의 관계로 보는 것이다. 공공 서비스는 정부나 공공기관이 있어야 가능하고, 금융 서비스는 금융기관이 있어야 가능하다고 여긴다. 중개자 의존성은 이러한 '당연시'에서 비롯된다.

중개자 의존성의 결과는 무엇일까? 첫째, 중개자가 없으면 서비스도 없다. 예들 들어 제대로 된 금융기관이 없는 저개발국에 살면 돈을 저축하기도, 빌리기도, 보내기도, 받기도 어렵다. 둘째, 중개자에게 데이터 주인으로서의 권한을 행사하기 어렵다. 중개자가 자신에 관한 어떤 데이터를 갖고 있는지도 잘 모르고, 알더라도 중개자 없이는 그 데이터를 유용하게 사용할 방법도 딱히 없으니 자신의 데이터 소유권 행사에 무관심해진다. 셋째, 만족스럽지 못한 데이터 관리 수수료, 예컨대 높은 해외송금 수수료가 부과되더라도 다른 방법이 없으니 지불하는 수밖에 없다.

중개자에게 전적으로 의존하는 상황에서 벗어나면 언제 어디에서든 데이터 관리 서비스를 이용할 수 있다. 자신의 데이터에 대한 권리를 주장하기도 쉬워지고 '수수료 바가지'를 쓸 우려도 낮아질 수 있다. 반대로 중개자들의 영향력은 줄어든다. 혹은 중개자들이 기존의 영향력을 유지하기 위해 보다 사용자 친화적으로 변화할 수도 있다. 중개자

의존성으로부터의 탈피는 데이터 관리 서비스 이용자의 편익 증가로 연결될 가능성이 높다.

블록체인을 통해 비즈니스 자동화를 완성하는 힘은 중개자 의존성을 탈피하는 힘과 연관성이 높다. 데이터 관리에서 중개자를 없앤 것 자체가 이 분야에서 자동화의 큰 진전이기 때문이다. 여기에 스마트계약이 도입되면서 다양한 분야에서 '진정한 자동화'를 구현하며 자동화 수준을 한 차원 더 높일 수 있게 되었다. 특히, 생산·물류의 자동화와 스마트계약을 통한 거래의 자동화가 만나면서 비즈니스 전체의 자동화에 근접해가고 있다.

경제활동은 크게 상품이 만들어지는 생산, 생산의 전후 단계에서 재료와 완성품이 이동하는 물류, 그리고 상품의 소유권이 바뀌는 거래의 영역으로 나눌 수 있다. 인공지능 로봇, 자율주행차 등을 이용한 생산과 물류의 자동화에 대해서는 관심이 높다. 생산, 물류의 자동화와 함께 디지털 서비스화도 진행된다. 많은 사람들이 이들 분야에서 인간의 역할이 줄어들 것이라는 점에 대해 충분히 인식하고 있다.

이에 비해 상품과 서비스 '거래'의 자동화에 대한 관심은 상대적으로 낮다. 아날로그 시대의 오프라인 거래의 디지털화, 온라인화에 만족하는 선에서 인식이 멈춰 있다. 블록체인은 상대적으로 덜 관심 받고 있는 계약의 체결과 이행, 즉 거래 부문에서의 자동화 수준을 한 단계 끌어 올린다. 이를 통해 비즈니스 전반의 자동화 수준을 높인다.

탈중앙적 통합

블록체인 기술은 시스템 통합과 확장의 패러다임을 바꿀 수 있다. 블록체인을 설명하는 분산이라는 말 때문에 블록체인을 기존의 거대한 중앙집중 시스템을 분해하고 분산시키는 기술로 오해할 수 있다. 그러나 블록체인은 한 곳으로 집중된 데이터 관리 권한은 여럿에게 나누지만, 반대로 여러 중개자가 각각 나눠 관리하던 기존 시스템들 간의 통합을 원활하게 만드는 힘이 있다. 이와 같은 강점을 '탈중앙적 통합'decentralized, but integrated의 힘이라 부를 수 있다.

기존 중앙집중 시스템은 하나의 시스템만 놓고 보면 중앙집중적이지만, 유사 분야의 여러 시스템들 간 상호관계를 놓고 보면 각각 따로 움직이는 경우가 일반적이다. 예를 들어보자. 각국 정부는 각각의 국가에서 매우 강력한 중앙집중 중개자다. 그러나 전 세계로 시야를 넓혀보면 데이터의 통합 관리에 그다지 적극적이지 않다. 데이터, 정보가 곧 중개자의 힘이고 권력인데 소중한 데이터일수록 배타적으로 움켜쥐려고 한다. 데이터를 통합해 관리하고 싶어도 각각의 중개자 간 관리 능력 편차 등으로 인해 쉽지 않은 경우도 많다. 이런 상황을 '중앙집중적 분산'centralized, but fragmented이라고 부를 수 있다.

효율성만 놓고 보면 가장 좋은 것은 중앙집중적으로 통합하는 것이다. 그러나 기존 중앙집중 시스템은 하나로 통합되기 어려운 경우가 많다. 중요한 데이터를 하나의 시스템에 모아 뒀는데 이 단일 시스템이 공격당하면 수많은 데이터 사용자가 동시에 영향을 받게 된다. 통합의

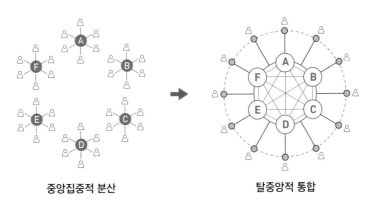

그림 8-1. 중앙집중적 분산에서 탈중앙적 통합으로

중앙집중적 분산　　　　　　　　**탈중앙적 통합**

주도권을 누가 가질 것인지와 같은 문제도 얽혀 있다. 따라서 데이터 관리의 통합이란 단순히 데이터 관리 시스템을 합치는 것 이상의 다차원적 고려를 해야 하는 경우가 많다. 이런 상황에서 단일실패지점이 없고 모두가 주인이 되는 블록체인을 통한 통합은 분절된 시스템 간 통합의 새로운 패러다임이 될 수 있다.

탈중앙적 통합의 힘은 복잡한 데이터 이동 단계를 단순화함으로써 블록체인 플랫폼의 경쟁력 확보에 유용하게 활용될 수 있다. 개별 시스템만 놓고 본다면 기존 중앙집중 시스템을 블록체인으로 대체할 경우 효율성은 분명히 떨어진다. 그런데 기존의 여러 중앙집중 시스템을 블록체인을 통해 하나로 통합하는 경우 효율성이 개선될 가능성도 상당하다. 중앙집중적 분산 상태에서 각각의 분절된 시스템 간 데이터 이동은 비효율적일 수밖에 없기 때문이다.

성공적인 플랫폼은 많은 참여자를 확보해야 한다. 다양한 시스템에 나뉘어져 있는 사용자들을 하나의 무대로 옮기는 것, 다른 데 갈 필요

없이 하나의 플랫폼 아래에서 모든 게 해결될 수 있도록 하는 것 역시 플랫폼이 많은 참여자를 모을 수 있는 중요한 경쟁력이다. 탈중앙적 통합의 힘은 여러 유형의 플랫폼 생태계를 통합 블록체인 경제의 우산 아래로 한데 모으는 구심력으로 활용될 수 있다.

데이터 기반 신뢰사회

블록체인 시스템은 네트워크와 연결되기만 하면 언제 어디서나 확인할 수 있는 신뢰할 수 있는 원본을 제공한다. 이를 '블록체인 원본'이라고 부를 수 있다. 블록체인 원본은 디지털화된 원본 데이터의 일종이지만, 원본 관리자, 즉 중개자의 신뢰도에 의존하지 않는다는 점에서 차이가 있다. 블록체인에서 데이터만 확인할 수 있다면 그 데이터의 진실성, 나아가 그 데이터와 관련된 거래의 진실성에 의심을 품지 않아도 된다. 데이터 기반 신뢰사회의 모습이다.

디지털 방식의 원본은 기존 중앙집중 시스템에서도 구현할 수 있다. 디지털 원본이 성립하려면 우선 사용자가 데이터에 디지털 서명해 데이터 관리 시스템에 기록을 요청해야 한다. 디지털 서명의 진위를 검증해 문제가 없는 것으로 확인되면 그 디지털 데이터 자체가 원본으로 인정받는다. 아날로그 원본에 근간을 둔 어떤 증빙자료도 필요 없다.

그런데 디지털 원본 데이터에는 물리적 형체가 없다. 그래서 아날로그 시대의 시각적 증거에 익숙한 이들에게는 데이터 장부상의 최종 기록이 원래의 기록과 같은지, 애당초 잘못 기록된 것은 아닌지에 대해 근원적 의구심이 생길 수 있다. 블록체인 기술은 이 의구심을 해소하는 매우 효과적인 수단이다.

중앙집중 시스템의 경우 중개자의 고의나 실수로 데이터 내용이 바뀔 수도 있다. 그러나 처음 기록될 때부터 다수의 관리자가 데이터를 나누어서 관리하고 저장하는 블록체인에서는 이런 조작이 성공할 가능성이 없다고 봐도 무방하다. 따라서 기록된 데이터의 진본성authenticity을 명쾌하게 입증할 수 있다.

멈추지 않는 시스템

생존퍼즐을 성공적으로 풀어낸 블록체인 시스템은 멈추지 않는다. 이와 같은 블록체인 시스템은 따로 정해진 영업시간이 없다. 원칙적으로 시스템을 직접 운영하는 회사도, 직원들도 없으니 출퇴근 시간의 개념도 적용되지 않는다. 전 세계 어디서나 언제든지 거래를 연결해야 할 글로벌 거래 플랫폼으로서 유용한 장점이다.

24시간 접속할 수 있는 멈추지 않는 데이터 관리 시스템은 블록체인이 아니더라도 구현할 수 있다. 인터넷 검색, SNS 등이 하루에 10분이라도 작동하지 않는 경우가 있는지 생각해보자. 거의 발생하지 않는 일이다. 물론, 아주 가끔씩 서버 장애 등으로 시스템 접속이 불가능한 경우는 있다. 시스템 정기점검일을 두어 공식적으로 주요 서비스를 몇 시간 동안 중단하기도 한다.

그러나 블록체인은 이런 예외도 없이 끊임없이 작동하는 것을 기본으로 한다. 전 세계 도처에 관리자가 분산되어 있으니 어지간한 네트워크 장애로는 시스템 작동이 영향을 받지 않는다.[2] 따라서 단 1시간, 단 10분의 중단으로 인해 심각한 피해가 발생할 수 있는 분야에서 블록체인은 유용하게 사용될 수 있다.

그런데 시스템 작동이 중단되어도 좋을 분야가 있을까? 당연히 없다. 그러면 모든 분야에 블록체인을 적용하면 좋을 텐데 현실은 그럴 수 없다. 블록체인이 직접 처리할 수 있는 데이터가 제한적이기 때문이다. 그리고 다른 중앙집중 서버와 함께 구동되는 블록체인 기반 탈중앙 앱의 경우, 블록체인이 멈추지 않더라도 전체 서비스의 작동 여부는 중앙집중 서버 상태에 영향 받을 수밖에 없다. 블록체인의 멈추지 않는 힘의 한계다.

첫 번째 장벽 넘기

플랫폼으로서 경쟁력을 확보해야 한다는, 블록체인 경제를 구축하기 위한 첫 번째 장벽을 넘는 힘은 블록체인의 세상을 바꾸는 일곱 가지 힘으로부터 나온다. 일곱 가지 힘을 조합해 더 큰 가치를 만들고, 그 가치에서 플랫폼이 징수하는 몫을 줄이고, 참여자들 간 가치 배분을 더 공정하게 만들 수 있어야 한다.

---

2 시스템 자체는 작동하더라도 사용자가 위치한 지역의 네트워크 장애로 접속하지 못할 수 있다.

그런데 이와 같은 블록체인 플랫폼의 강점이 플랫폼 비즈니스 세계에서 실제 경쟁력으로 연결되기 위해서는 추가적으로 고려해야 할 중요한 요인들이 있다. 바로 경쟁자들이다. 알고 보니 기존 플랫폼에 블록체인 플랫폼이 파고 들 틈이 거의 없거나, 틈이 보이기는 했는데 이들이 블록체인이라는 경쟁자에 대응하기 위해 행동을 바꿀 경우 경쟁력 확보는 예상보다 어려울 수 있다.

기업들이 시장을 독과점할 경우 공급물량을 조절하고 가격을 높여 소비자 후생이 감소할 것이라는 전통 경제학의 대전제는 플랫폼 경제에는 적용되지 않을 수도 있다. 현실에서 대형 플랫폼 기업들이 기존의 독과점 기업처럼 행동하고 있거나, 앞으로 그렇게 행동할 것이라는 증거는 찾기 어렵다. 오히려 플랫폼의 시장 지배력이 높아질수록 서비스 만족도는 높아지는 반면 가격은 낮아지는 경우도 많다.3 만약 기존 플랫폼 기업이 이미 고도로 참여자 친화적이라면, 블록체인 플랫폼의 주요 공략 포인트가 하나 사라지는 셈이다.

또한, 기존 플랫폼 기업이 제공하는 서비스의 현재 가격 수준에 인하 여지가 있다고 하더라도 블록체인 플랫폼이 이를 파고들 수 있다는 보장은 없다. 이들이 블록체인 기반 서비스가 진입할 수 없는 수준으로 가격을 더 낮춰 대응할 수도 있기 때문이다.

플랫폼 기업의 이와 같은 대응으로 인해 블록체인 경제로 가는 첫 번째 장벽 넘기가 어려워지더라도 소비자 입장에서는 크게 아쉬울 것이

---

3 글로벌 독과점 플랫폼인 유튜브와 국내 동영상 서비스 플랫폼의 콘텐츠 수준과 양, 광고시청 시간을 비교해 보면 독과점의 폐해가 발생한다고 얘기하기 어렵다.

없다. 이상적인 블록체인 경제가 활성화되었을 때 기대되는 것과 비슷한 소비자 후생의 증가가 이루어질 수 있기 때문이다. 물론, 블록체인으로 플랫폼 세계를 바꾸고자 하는 이들에게 반가운 상황은 아니다.

━━━━ ⌒◡⌐ **9장** ⌐◡⌒ ━━━━

플랫폼으로의 활용

블록체인의 활용법은 십중팔구 플랫폼으로 귀결된다.
플랫폼을 넓은 의미로 해석하면 더더욱 그렇다.

영어를 처음 배우는 아이가 공부에 흥미를 못 느끼고 선생님께 질문한다. "선생님, 이거 왜 배워야 해요? 영어는 언제 쓰나요?" 선생님이 잠시 생각하더니 이렇게 답한다. "애야, 영어는 외국에 나가면 공항에서, 상점에서, 은행에서, 그리고 학교에서 사용한단다. 이렇게 중요하게 사용되니 영어 공부 열심히 해야 한다." 틀린 얘기는 아닌데, 뭔가 핵심을 비켜간 것 같다. 영어는 말이다. 공항, 상점, 은행, 학교에서 사용하는 것은 너무도 당연하다. 선생님은 아이가 왜 영어를 공부해야 하는지에 대해 좋은 답을 주지 못한 것 같다.

블록체인은 기본적으로 데이터와 연관 있는 분야라면, 나아가 디지털 서비스화할 수 있는 분야라면 이론상 어느 곳에든 활용될 수 있다. 그래서 블록체인 기술이 사용되고 있거나 도입을 시도하고 있는 분야를 수박 겉핥기로 소개하는 것은 사실 큰 의미가 없다. 영어가 공항, 상점, 은행, 학교에서 사용된다는 당연한 얘기를 하면서 영어가 중요하다고 강조하는 경우와 비슷하다.

사실 블록체인 기술이 활용되고 있는 분야, 앞으로 활용 가능한 분야에 대한 설명들을 들으면 "뭐 특별한 게 있는지 봤더니 별거 없네"라는 반응을 하는 경우가 많다. 당연하다. 블록체인은 우리에게 익숙한 기존의 중앙집중 데이터 관리 기술로도 가능한 분야의 작동방식을 바꿀 뿐이다. 따라서 블록체인의 세상을 바꾸는 일곱 가지 힘이 실제로 어떻게 적용될 수 있는지 그 원리를 이해하는 게 중요하다. 그래야 이 기술이 활용되는 분야나 방식에 대해, 그것이 제대로 된 활용법인지 스스로 진단하고 이 기술의 미래를 예측해 볼 수도 있다.

앞 장에서 얘기한 블록체인의 세상을 바꾸는 힘을 인정하더라도 그힘으로 무엇을 할 수 있을 것인지에 대해서는 냉정히 따져봐야 한다. 중요한 사실은 블록체인이 큰 발상의 전환이기는 하지만, 결국 그 본질은 데이터 관리 기술이라는 것이다. 그 자체만으로는 할 수 있는 게 없는 범용 기반기술이다.[1]

블록체인의 세상을 바꾸는 힘을 십분 활용한 혁신적 서비스, 그 서비스를 고객에게 전달할 매력적인 인터페이스, 그리고 참여자들을 모으고 잡아두는 합리적인 거래조건 등과 결합하지 못한다면 블록체인 혁명은 이루어질 수 없다. 잘못된 만남이 이루어지면 쓸데없는 비효율만 야기한다. 플랫폼 세계를 뒤흔들기 위해서는 기술 혁신을 넘어 비즈니스 예술의 경지에 도달해야만 한다. 그곳에 이르는 길은 블록체인 플랫

---

1 자율주행 제어기술과 같은 용용·상용기술이 가치창출과 직결되는 것과 대비된다.

폼을 비즈니스 모델로 선택한 이들이 스스로 찾는 수밖에 없다.

블록체인의 활용법이 꼭 플랫폼이어야 하는 것은 아니다. 그러나 블록체인의 가치를 가장 선명하게 드러낼 수 있는 활용법은 디지털 서비스가 거래되는 플랫폼이다. 이 장에서는 세상을 바꾸는 일곱 가지 힘이 각각의 분야에서 어떻게 힘을 발휘할 수 있을지, 특히 플랫폼으로 활용되는 경우 어떤 의미가 있을지 몇 가지 예시를 든다. 어디까지나 예시일 뿐이고, 더 좋은 만남은 얼마든지 가능하다.

SI냐, 플랫폼이냐?

데이터 관리 기술인 블록체인은 기업이나 관공서의 업무 수행에 필요한 데이터를 기록하고 저장하는 용도 등으로 사용될 수 있다. 편의상 이러한 활용법을 '시스템 구축·통합SI: system integration 용도'라고 통칭하기로 하자. SI 용도로 사용되는 블록체인 시스템은 비개방형 블록체인일 가능성이 높다. 인가형 블록체인도 가능하지만 개방형 블록체인은 원칙적으로 해당되지 않는다.

한편, 이미 얘기했듯이 블록체인의 데이터 관리 능력을 블록체인 사용자 간 상호작용을 촉진하는 용도로 적극적으로 활용하여 블록체인 시스템 자체가 독자적인 플랫폼이 될 수도 있다. 이를 '플랫폼 용도'라고 부르자. 플랫폼 기업이 블록체인 플랫폼을 비즈니스에 활용하는 경우 SI 용도인지, 플랫폼 용도인지 구분하기 애매할 수도 있다.

기술적 뿌리는 같지만, SI 용도와 플랫폼 용도의 효과는 차이가 크다. 예를 들어 보자. 블록체인 기술은 기존의 분절된 국제 지급결제 시스템을 통합하는 용도로 유용하게 사용할 수 있다. 8장에서 얘기한 탈중앙적 통합의 힘이다. 이 힘을 이용해 기존 금융기관들끼리 컨소시엄을 구성해 비개방형 블록체인 기술에 기반을 둔 새로운 은행 간 지급결제망을 구축할 수 있다. 블록체인을 SI 용도로 사용하는 좋은 예다. 같은 아이디어지만 이 탈중앙적 통합의 힘을 기존 금융기관들로부터 독립적인, 그러면서도 그 누구의 소유도 아닌 지급결제 플랫폼을 만드는데에 사용할 수도 있다. SI 용도로 사용할 때 블록체인 기술의 역할은 기존 중개자, 플랫폼 기업의 경쟁력을 강화하는 것이지만, 플랫폼 용도로 사용하면 이들의 지위를 위협한다.

SI 용도로 활용하는 경우에도 블록체인의 3대 강점과 여기에서 비롯된 블록체인의 세상을 바꾸는 일곱 가지 힘이 부분적으로 적용된다. 이를 통해 고객에게 보다 나은 서비스를 제공할 수 있다. 그러나 3대 강점과 세상을 바꾸는 일곱 가지 힘의 핵심은 탈중앙화인 만큼 그 효과는 제한적일 수밖에 없다. 결국 SI 용도는 기존 중앙집중형 중개자를 위한 활용법이기 때문이다. 중앙집중 시스템의 데이터 '중앙집권' 문제는 그대로 둔 채, 데이터 '집중관리'로 인해 야기되는 문제를 완화·해소하는데에만 국한시켜서는 블록체인의 힘을 제대로 발휘할 수 없다. 그래서 블록체인 혁명이 현실화된다면, 그것은 SI 용도보다는 탈중앙 플랫폼의 기반기술로 활용되는 경우를 통해서일 것이다.

앞으로 블록체인 기술의 활용 가능 분야를 좁은 의미에서의 데이터 관리 서비스 분야와 데이터 관리를 통한 거래매개 서비스 분야로 나누어 몇 가지 예시를 든다.[2] 원칙적으로 이 분야들 모두에서 SI 용도와 플랫폼 용도의 활용이 가능하다. 다만, 데이터 관리 서비스의 예로 든 것들은 그 자체만으로는 SI 용도가 적합하다. 플랫폼 용도로 활용하려면 원칙적으로 이들 데이터 관리 서비스를 이용한 직접적인 수익 모델을 갖추어야 한다.

데이터 관리 서비스

블록체인은 기본적으로 데이터 관리 기술이다. 따라서 이 기술이 어떤 분야에 적용되든지 데이터를 기록하고 저장하는 기술로서 활용되는 것은 공통이다. 여기에서는 데이터 관리 본연의 영역, 데이터를 기록하고, 저장하고, 열람하는 행위에 초점을 맞춰 블록체인의 활용 분야를 살펴본다. 좁은 의미에서의 데이터 관리 서비스 분야라고 할 수 있다.

데이터라는 말은 다소 추상적이다. 데이터를 결합해 의미 있는 형태로 만들면 문서document[3]가 되고, 정보information[4]가 된다. 따라서 데이터

---

2 거래매개 역시 그 결과 데이터의 기록·변경이 필요하다는 점에서 넓은 의미에서 데이터 관리에 포함시킬 수 있다.

3 문서의 사전적 정의는 "글이나 기호 등을 통해 의도나 주장 등을 나타낸 것"이다. "데이터로 생각을 표현한 것"이라는 말로 바꿔도 큰 무리는 아니다. 흔히 문서라고 하면 사전적 의미의 문서에 더해 그러한 문서가 기록된 아날로그적 형식까지 함께 떠올리지만, 문서의 핵심은 데이터의 조합이다. 디지털 시대에는 특히 그렇다.

4 정보는 "조사나 관찰 등을 통해 수집한 자료를 업무, 연구 등에 활용 가능한 형태로 정리한 지식"이라고 정의할 수 있다. "데이터를 유의미하게 정리한 것"으로 바꿔 써도 뜻이 통한다.

관리는 정보관리, 문서관리라는 말로 바꿔도 큰 틀에서 문제없다.

공공문서 · 정보관리

에스토니아 정부는 자국민들의 건강정보를 비개방형 블록체인 시스템인 e-Health Record에 저장하고 있다. 2019년 3월을 기준으로 99%의 의료정보가 이 시스템에 등재되고 처방의 99%가 디지털화되었으며 청구서는 100% 전자화되었다고 홍보하고 있다. 이 시스템에 거의 모든 진료기록이 등재되어 있으니 환자가 병원을 옮기거나 응급상황에서 평소 이용하지 않던 병원에 방문하더라도 의료기관이 환자의 건강 상태에 관한 최신 정보를 쉽게 파악할 수 있다. 정부도 데이터를 토대로 최적의 의료·건강정책을 수립할 수 있다. 대부분의 처방전이 디지털화되어 처방전 인쇄비용도 아낄 수 있다. 그리고 무엇보다 편리하다.

이 건강정보 시스템은 에스토니아의 블록체인 기반 디지털 ID 시스템 덕분에 효과적으로 작동할 수 있다. 블록체인에 등재된 개인 건강정보를 아무나 업데이트하고 열람하지 못하도록 하려면 신뢰할 만한 신원확인 수단이 필요하다. 이러한 디지털 ID 시스템 역시 블록체인을 통한 문서·정보관리 사례로 분류할 수 있다.

증명서 발급이란 원본과 같은 내용의 사본을 발급해주면서 그 사본의 내용이 원본과 같음을 공신력 있는 이가 확인해주는 것이다. 블록체인을 활용하면 디지털 방식의 원본 문서를 기존 중앙집중 시스템보다 신뢰도 높게 관리할 수 있으니, 문서의 진본 여부를 확인하고 증명하는 것도 보다 효과적으로 수행할 수 있다. 블록체인 기반 증명서 발급은 인쇄된 아날로그식 증명서 없이 이루어진다. 증명서를 제출할 기관에 원본 기록에 대한 1회용 접근 권한을 제출하는 것으로 끝이다.

블록체인은 전자투표 시스템에도 적용할 수 있다. 효율적인 전자투표 시스템이 선거에서 광범위하게 사용되기 위해서는 몇 가지 근원적 의구심을 확실히 해소할 수 있어야 한다. 가장 중요한 것은 투표 결과 조작이 불가능해야 한다는 것이다. 그런데 투표지에 기표한 아날로그 증거가 없는 전자투표의 특성상 이 문제를 명쾌하게 해결하기 어렵다. 블록체인을 통해 다수 관리자가 투표 내역을 기록하고 사후 조작도 불가능하게 한다면 이와 같은 의구심을 덜어 낼 수 있다.

블록체인 선진국 에스토니아는 국회의원 선거, 유럽의회 선거 등에 오래 전부터 블록체인 기반 전자투표 시스템을 활용하고 있다. 2019년 3월에 시행된 국회의원 선거에서는 전체 투표자의 43.8%가 전자투표 시스템으로 투표했다. 투표 내역의 신뢰도를 담보하면서도 비밀투표와 1인 1표의 보통선거 원칙이 지켜지도록, 투표 여부를 기록하는 블록체인과 투표 내역을 기록하는 블록체인을 분리해 운용한다.

블록체인의 탈중앙적 통합의 힘은 공공 부문 데이터의 통합 관리에도 적용된다. 앞에서 설명한 에스토니아의 e-Health Record는 에스토니아 내 의료서비스 제공 기관들의 기록관리 시스템을 통합한 것이다. 우리나라로 치면 개별 병원, 약국, 건강보험공단 등의 의료정보를 하나로 모아둔 것이다. 제대로 구축된 블록체인 시스템은 멈출 가능성이 매우 낮으니 이 중요한 정보들을 한 시스템에 모아 두더라도 시스템 장애로 인해 데이터에 접근하지 못하는 상황이 발생할 우려가 낮다.

여러 국가의 공공 데이터를 통합관리하는 시스템을 구축하는 용도로도 블록체인을 사용할 수 있다. 예를 들어 통관customs, 출입국immigration,

검역quarantine 등 CIQ 분야의 국가별 데이터를 별도의 기구를 두거나 특정 국가에 위탁하지 않고도 블록체인을 통해 통합 관리할 수 있다. CIQ 데이터를 통합하면 글로벌 물류 흐름 분석, 범죄자 추적, 전염병 확산 방지 등을 위한 국제 공조 수준이 한 단계 높아질 수 있다.

공급망 관리

공급망supply chain 관리도 데이터 기반 신뢰사회, 탈중앙적 통합, 멈추지 않는 시스템 등의 힘이 발휘될 수 있는 분야다. 공급망이란 원료의 조달·운송, 공장에서의 제품 생산, 생산된 제품의 최종 판매까지 일련의 과정을 하나의 가치사슬 관점에서 파악하는 것이다. 한 도시 범위를 벗어나지 않는 좁은 공급망도 있고, 지구를 이리저리 몇 바퀴 돌아야 하는 복잡한 공급망도 있다.

단순한 공급망은 단일 중앙집중 시스템으로도 효과적으로 관리할 수 있다. 그러나 공급망의 포괄 영역이 넓어지고 복잡도가 높아질수록 난이도가 점차 높아진다. 공급망의 여러 단계에 흩어져 있는 각각의 중앙집중 시스템이 관리하는 데이터를 단순히 한 곳에 모으기만 하면 데이터 품질 격차가 커 제대로 활용하기 어려울 수 있다. 그리고 하나의 중앙집중 시스템으로 통합한다면 이 시스템이 마비되었을 때 공급망 전체의 물류 흐름에 장애가 발생할 수도 있다.

블록체인 기반 공급망 관리 시스템이 대안이 될 수 있다. 이 시스템은 공급망의 처음부터 마지막 단계까지 단일 시스템을 사용한다. 데이터 품질이 균일하다. 블록체인 시스템이 보장하는 높은 데이터 신뢰도는 기본이다. 단일 시스템이지만 단일실패지점이 존재하지 않아 전 세계 어디에서 어느 시각에 접속하더라도 시스템 장애로 인한 불편이 초 래될 우려가 낮다.

소유권 관리

소유권 관리란 특정 자산의 소유자가 누구인지 판가름하는 장부에 소유 권 변동 내역을 기록하는, 일종의 데이터 관리이다. 블록체인은 매우 신 뢰도 높은 디지털 장부이지만, 블록체인에 특정 자산의 소유권 변동 내 역을 기록한다고 해서 실제로 그 자산의 주인이 바뀌는 것은 아니다. 그 렇게 하기 위해서는 자산의 소유권이 블록체인을 통해 완전히 통제될 수 있어야 한다. 블록체인에서 소유권을 재정리하면 새로운 소유자가 소유권을 행사할 수 있어야 하고, 이 권리 행사에 법적 다툼의 여지가 없 어야 한다. 그래야 블록체인을 통한 소유권 관리가 가능하다.

예를 들어보자. 어떤 비상장 회사가 발행한 주식 전체의 주주별 보유 내역을 스스로 블록체인에 기록하고 이후로도 주식 보유상황이 변경될 때마다 계속 기록하기로 한다. 이 블록체인을 해당 주식의 소유권 관리 시스템이라고 부를 수 있을까? 아니다. 단순히 주주별 주식 보유내역 을 정리한 디지털 장부일 뿐이다. 그러나 이 블록체인에 기록된 지분 변동만 유효하다고 주주총회에서 의결하고, 이것이 법적으로도 인정 된다면 비로소 이 블록체인은 해당 주식의 소유권 관리 시스템, 조금 더 구체적으로는 주식 보관·결제 시스템이라고 부를 수 있게 된다.

우리나라를 포함해 상당수 국가들이 종이에 인쇄된 실물증권을 없 애고 전자증권digital securities 시스템으로 전환하고 있다. 상장증권의 경 우 이미 대부분 증권보관기관에 예탁되어 있고 거래과정에서 실물이 이동하는 경우는 거의 없기 때문에, 사실상 전자증권의 거래 환경과 다를 바 없다. 다만, 최종 증빙서류로 존재하던 실물증권이 없어지고 순수한 전자증권 시대로 전환하기 위해서는 보관기관의 데이터 관리에 대한 신뢰도가 더욱 높아져야 한다. 이 분야에 블록체인 도입 시도가 많은 것은 우연이 아니다.

금융

금융은 매우 오래되고 중요한 플랫폼 비즈니스 분야다. 아날로그 시대의 대표적인 플랫폼 중 하나다. 금융은 플랫폼으로서의 역사는 길지만, 다른 디지털 플랫폼에 비해 글로벌화 수준이 높다고 얘기하기 어렵다. 아날로그 시대에 국가별·권역별로 형성된 주요 플랫폼들이 강력하기도 하고, 국가별 금융 규제의 문턱이 상대적으로 높은 것도 이유가 될 수 있다. 블록체인 기술이 금융 분야에 활용될 때, 특히 독자적 플랫폼으로 활용될 때에는 세상을 바꾸는 일곱 가지 힘이 고루 발휘된다.

지급결제

데이터 관리 관점에서 아주 간결하게 정의하면, 지급결제란 지급수단 means of payment의 소유권 데이터를 재정리하는 것이다. 가장 흔한 예는 물건 구입의 대가로 A가 소유한 금전을 B의 소유로 바꾸어주는 것이다. 이를 위해 A와 B의 은행계좌 내역을 관리하는 장부에 소유권 변경 내역을 기록함으로써, A의 계좌로부터 B의 계좌로 예금이 이동한 것과

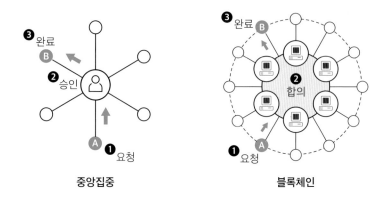

그림 9-1. 단순한 지급결제

중앙집중

❶ 요청
❷ 승인
❸ 완료

블록체인

❶ 요청
❷ 합의
❸ 완료

같은 효과가 발생한다.

지급결제는 경제적 상호작용, 즉 거래를 완결시켜주는 매우 중요하고 특별한 행위다. 따라서 신뢰도 높은 중개자의 개입이 당연시되던 영역이었다.[5] 밀수업자들이 한밤중에 외진 곳에서 밀수품과 거액의 현금을 맞교환하는 것처럼 두 거래 당사자가 만나서 거래를 완료시키는 예외적인 상황도 있다. 그러나 대부분의 경우 은행, 신용카드사와 같은 믿을 만한 중개자를 통한다.

블록체인을 통해 지급결제 인프라가 낙후된 지역에서 여러 가지 방식으로 거래 환경이 개선되고 있다. 저소득 국가의 난민캠프 지원 사업에 비개방형 블록체인 기반 지급결제 시스템이 도입되면서 결제 수수료를 절감하고 있다. 해외에서 일해서 번 돈을 본국의 가족들에게 송금

---

5 지급결제는 주로 금융기관들이 제공하는 서비스이고 넓은 의미에서 금융의 한 분야로 인식되고 있다. 그러나 자금 여유가 있는 이들로부터 자금을 필요로 하는 이들로 자금의 이동을 중개하는 금융 본연의 기능과는 구별된다.

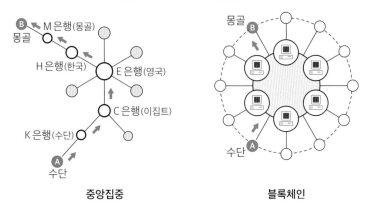

그림 9-2. 국가 간 지급결제

중앙집중　　　　　　　　블록체인

할 때, 수수료도 높고 시간도 오래 걸리는 은행 송금 대신 비트코인을 택하는 이들도 꽤 있다.

〈그림 9-1〉은 기존 지급결제와 블록체인을 통한 지급결제를 비교하고 있다. 블록체인을 도입하면 은행과 같은 중개자에 의존하지 않고도 신뢰도 높은 지급결제 시스템을 구축할 수 있다. 처리 속도 등 효율성 면에서는 합의 과정을 거칠 필요 없는 중앙집중 시스템을 따라잡기 쉽지 않다. 그러나 기존 시스템에 비해 일반적으로 효율성이 떨어지기는 하지만 앞에서 예로 든 난민 캠프처럼 제대로 된 중개자가 활동할 수 없는 환경에서는 블록체인 시스템이 큰 역할을 할 수 있다.

그런데 국경을 넘어 여러 단계를 걸치는 국제 지급결제의 경우 상황이 조금 다르다. 〈그림 9-2〉는 아프리카 수단에 사는 A가 몽골의 B에게 송금하는 가상의 과정을 보여준다. 은행 서비스를 이용하면 수단에서 이웃 나라 이집트를 거쳐, 영국, 한국 그리고 몽골로 여러 단계의 중개자를 거치면서 꽤 높은 수수료가 발생하고 거래 완료까지 소요되는 시간도 길다. 블록체인을 이용하면 이 과정을 통합하여 수단에서 몽골로 직거래할 수 있다. 블록체인 지급결제 시스템이 경우에 따라서는 기존 시스템보다 효율성도 높을 수 있음을 보여주는 예다.

자금조달 · 투자

지급결제 이외의 금융 분야에서 블록체인의 활용이 일찍 두드러진 것은 크라우드펀딩이다. 크라우드펀딩은 개인 위주의 다수 투자자로부터 상대적으로 작은 규모의 자금을 직접 조달하는 것을 말한다. ICO는 블록체인 기술을 활용한, 전 세계 투자자를 상대로 한 일종의 국경 없는 크라우드펀딩이다. ICO에는 과도한 거품이 있었고, 이에 따른 부작용도 컸다. 그러나 한편으로는 블록체인이 금융 분야에 어떤 영향을 미칠지 예견해볼 수 있는 단서이기도 하다.

ICO의 가장 큰 의의는 '개인투자자가 쉽게 접근할 수 있는 글로벌 자금조달 · 투자 플랫폼'의 기반기술로 블록체인이 활용될 수 있는 가능성을 확인했다는 것이다. ICO는 건당 조달 규모가 1억 달러가 넘는 경우도 꽤 있다. 이 시장에 대한 신뢰가 충분히 쌓인다면 자금조달 규모가 더 커지고 적용 분야도 더욱 다양해질 수 있을 것이다.

그러나 이 가능성을 해석할 때에는 주의할 점도 있다. 이 분야의 국가 간 장벽을 낮추고 개인투자자의 접근성을 높이는 것이 블록체인으로만 가능하다고 얘기하기는 어렵다는 것이다. 이는 금융의 글로벌 플랫폼화 관점에서도 설명할 수 있는 변화다. 그런데 기존 금융기관들이 그와 같은 글로벌 투자 플랫폼을 개척하지 못했던 이유가 무엇일까? 블록체인과 같은 기술이 없어서였을까? 그렇게 얘기하기는 어렵다. 가장 큰 원인은 규제다. 각국 금융당국이 개인투자자 보호를 위해 비교적 강하게 규제해 온 분야라서 그런 글로벌 플랫폼을 만드는 것 자체가 불가능했기 때문이다.

따라서 금융 분야에서 앞으로 블록체인 플랫폼이 어떻게 차별화할 수 있을지 예견해 보려면, 반드시 블록체인을 통해야만 가능한 변화가 무엇인지 엄밀히 분리해 접근해야 한다. 규제 회피 능력이 상대적으로 높은 것은 사실이지만 그것을 차별화의 전면에 내세우는 것은 위험하다. 한때 ICO 시장에 '묻지 마 투자' 수준으로 자금이 몰린 데에는 규제 공백의 영향이 컸음을 부인하기 어렵다. 그러나 블록체인 기반 금융・투자 플랫폼에 대한 규제당국의 이해도가 높아질수록 규제 차익을 누리기는 점점 어려워진다. 결국 블록체인 플랫폼만의 고유한 강점으로 승부할 수밖에 없다.

전자상거래

전자상거래digital commerce는 아날로그 시대의 대표 플랫폼인 시장이 디지털 플랫폼으로 진화한 것이다. 전자상거래의 핵심 기능인 거래 성사match making는 다른 거래 플랫폼에도 공통적으로 적용된다. 다양한 상품과 서비스의 판매자와 구매자를 연결해주는 장터 형태의 플랫폼 생태계를 구축하는 것은 블록체인을 통해 도전해볼 만한 분야이고 도전해야 할 분야이다. 블록체인판 아마존, 앱 스토어를 만드는 것을 뜻한다. 이 분야에서 역시 블록체인 플랫폼이 차별화하기 위해서는 블록체인의 세상을 바꾸는 일곱 가지 힘 모두가 중요하다.

블록체인 기술이 유용하게 활용될 수 있는 분야이지만 극복해야 할 난관도 크다. 상품을 사고파는 B2C 전자상거래 플랫폼을 블록체인을 통해 구축한다면, 주문, 배송, 반품 등 거래를 구성하는 모든 단계를 블록체인을 통해 처리하는 것이 이상적이다. 예를 들어 배송 추적이 물류회사가 자체적으로 관리하는 중앙집중 시스템에 의해 오프체인 영역에서 처리된다면 블록체인의 높은 데이터 신뢰도는 퇴색한다. 따라서 당장은 거래 단계 전체를 온체인화하기 쉬운 분야에서부터 성과를 내는 데에 집중해야 할 것이다.

한편, 중요한 거래 단계를 모두 블록체인으로 처리할 수 있게 된다고 해서 블록체인 기반 전자상거래 플랫폼이 같은 분야의 기존 플랫폼 기업과 대등하게 경쟁할 수 있는 것은 아니다. 기존 기업들은 다양한 방법으로 서비스를 스마트화하고 있다. 예를 들어 아마존은 거래 중개 과정에서 습득한 대량의 정보를 활용해 경쟁력을 높이고 있다. 수익성이 높은 분야에서는 직접 판매자가 되기도 하고, 소비 지역과 가까운 곳에 대형 물류창고를 두고 대량구매로 낮은 가격에 조달한 상품을 빠르게 배송한다. 블록체인 플랫폼을 통해 제공되는 전자상거래 서비스 자체가 이와 같은 수준에 한참 못 미치는데 '거래의 성사' 단계만 블록체인을 통해 처리한다고 한들 고객들의 만족도는 기존 플랫폼보다 매우 낮을 가능성이 높다.

공유경제는 물품, 공간, 서비스를 인터넷 기반으로 대여·차용하는 비즈니스 모델이다. 플랫폼 관점에서 보면 소유라는 정적인 경제행위를 공유라는 동적인 서비스로 전환해 플랫폼에서 거래할 수 있게 만든 것이다. 아날로그 시대에도 이미 시도되었지만 참여자 간 빠른 정보 교환과 공유 단위의 세분화 등이 중요한 공유경제의 특성상 디지털 시대에 와서 다양한 영역으로 빠르게 확산되고 있다.

블록체인은 공유경제 플랫폼에도 유용하게 사용될 수 있다. 공유경제 역시 무언가를 네트워크를 기반으로 사고파는 행위를 시스템화한 것이라는 측면에서 보면 일반적인 전자상거래와 본질적인 차이는 없다. 그리고 공유경제 모델은 거래 단계가 복잡하지 않은 경우가 많아 모든 거래 단계를 온체인화하기에 상대적으로 용이하다. 공유 자동차, 공유 숙박의 거래 환경을 상품 판매의 경우와 비교해 보면 쉽게 이해된다. 또한, 원칙적으로 P2P 거래 환경이라는 점에서 블록체인의 취지에도 잘 부합한다.

사물인터넷

사물인터넷IoT: internet of things이란 "사물과 사물 간, 그리고 사물과 사람 간 데이터 교환·활용 기술"을 뜻한다. 인공지능 로봇, 자율주행차 등은 의미 있는 데이터를 만들어내고 수집하고 전송하고, 동시에 외부로부터 필요한 데이터를 입수해 스스로의 행동을 개선한다. 사물인터넷의 핵심은 데이터다. 데이터 관리 기술인 블록체인이 활용될 여지가 크다는 뜻이기도 하다.

사람들은 비즈니스, 취미, 오락, 사교 등 다양한 목적으로 인터넷을 활용한다. 그러나 사물인터넷의 목적은 단순하다. 해당 스마트 기기에 주어진 임무를 효과적으로 수행하기 위해 필요한 데이터를 주고받는 것이다. 목적이 단순한 대신 더 강력하게 요구되는 특성이 있다. 필요한 때 정확한 정보를 확실하게 주고받을 수 있어야 한다는 것이다. 블록체인의 데이터 신뢰도와 시스템 안정성이 기여할 수 있는 여지가 큰 부분이다.

사람들 간의 인터넷은 중앙집중 시스템의 연결체다. 따라서 사물 간 또는 사물과 사람 간의 인터넷이라고 해서 중앙집중 방식으로 관리하지 못할 이유가 없다. 다만, 앞에서 언급한 사물인터넷의 가장 중요한 요건을 감안한다면 블록체인을 활용한 사물인터넷이 기존 시스템에 기반을 둔 사물인터넷에 비해 유리한 부분은 분명히 있다.

예를 들어 보자. 서유럽에서 동유럽으로 이동 중인 자율주행차가 있다. 프랑스에서 독일로 국경을 넘어가면서 자율주행에 필요한 데이터를 다운로드 받기 위해 독일 측 데이터 서버에 접속을 시도하는데 디지털 ID 인증 시스템이 마비된다. 자율주행차가 사용할 수 있는 데이터가 제한되면서 운행 안전성이 떨어지고 이동시간이 증가한다. 블록체인 기반 디지털 ID 인증 시스템은 기존의 중앙집중식 시스템에 비해 더 통합적이고, 더 신뢰도 높고, 더 안정적으로 설계될 수 있다. 자율주행차가 국경을 넘어서면서 시스템 접속 장애로 곤란을 겪을 우려가 낮아진다는 뜻이다.

이런 장점들을 바탕으로 블록체인 기술은 사물인터넷 기기의 인증에서부터 데이터의 교환과 거래, 거래과정에서 필수적으로 수반되는 서비스 이용료의 결제 등에 폭넓게 활용될 수 있다. 예로 든 자율주행차의 ID 인증 시스템뿐만 아니라, 사물인터넷의 결합체라고 할 수 있는 스마트 시티, 스마트 팜, 스마트 공장, 스마트 그리드의 운영을 위한 기반기술로 자리매김할 수 있다.

콘텐츠·게임·SNS

동영상, 사진, 음악, 만화 등 디지털 콘텐츠의 거래는 큰 틀에서 전자상거래의 하위 분야다. 디지털 콘텐츠만의 고유한 특성도 있다. 복제가 용이하다 보니 저작권의 관리가 쉽지 않다. 저작권이 제대로 관리되지 않으면 그 가치를 제대로 평가받을 수 없고 정당한 가격에 거래되기도 어렵다. 블록체인 기술을 이용하면 신뢰도 높은 지적재산권 관리 시스템을 구축할 수 있다. 이를 토대로 블록체인에 기반을 둔 콘텐츠 거래 플랫폼이 형성될 수 있다.

게임의 경우 크게 두 가지 분야에서 블록체인 기술이 활용될 수 있다. 우선, 게임 소프트웨어를 거래하는 플랫폼으로 사용될 수 있다. 게임은 그 자체가 매매의 대상이 될 수 있는 디지털 콘텐츠이다. 또한, 스마트계약 블록체인을 통해 탈중앙앱 방식의 게임을 구동하는 인프라를 제공하고 게임 아이템 등을 사고파는 거래 플랫폼을 구축할 수 있다.

SNS를 제공하기 위한 플랫폼에도 블록체인 기술이 사용되고 있다. SNS 플랫폼도 일종의 콘텐츠 플랫폼이다. SNS에 게시되는 글이나 동영상, 사진 역시 디지털 콘텐츠이기 때문이다. 기존의 SNS 플랫폼은 이들 콘텐츠를 기반으로 하는 소셜 네트워킹 환경을 제공하고 그 대가로 광고를 보게 하거나 아이템을 판매하는 방식 등으로 운영되고 있다. 블록체인판 SNS도 비슷한 방식을 택할 수 있고, 고유한 생존방법을 찾을 수도 있다.

콘텐츠·게임·SNS 분야의 거래를 블록체인 기술을 통해 매개하기 위해서는 중앙집중형 데이터 관리 시스템과의 협력이 필수적인 경우가 많다. 동영상, 사진, 음악, 게임 등과 관련된 데이터의 저장과 활용을 위해서는 고성능 대용량 서버가 필요하기 때문이다. 이들 데이터는 현재로서는 블록체인으로 직접 관리하기에 부적합하다. 또한, 콘텐츠의 저작권을 보유하고 있는 기업과의 협업도 중요하다. 이 분야의 많은 플랫폼 기업들이 블록체인 플랫폼을 통한 비즈니스 확장을 모색하고 있다. 자연스러운 현상이다.

반사회적 비즈니스

지금까지 블록체인 기술이 일반적인 비즈니스 영역에서 거래매개를 위해 활용되는 경우를 살펴보았다. 대부분 기존 기업형 플랫폼과 직접 경쟁하게 된다. 단기간에 큰 성공사례를 만들기 쉽지 않은 여건이다. 대신 주류 플랫폼 기업들이 평판 리스크나 법위반 우려 등으로 인해 관심을 덜 갖는 분야를 노리면 플랫폼으로서 첫 번째 장벽 넘기가 한결 쉬워진다.

대표적인 분야는 도박이다. 도박은 국가에 따라서는 불법화한 경우도 있고 일부 지역이나 외국인만을 대상으로 제한적으로 허용하기도 한다. 그러다 보니 각국의 규제가 덜 미치는 인터넷 공간을 활용한 도박 비즈니스가 성행하고 있다. 인터넷 도박은 서버 소재지의 개념이라도 있지만 네트워크상에만 존재하는 블록체인 플랫폼에서 운영되는 도박장은 단속과 처벌 대상 자체가 불명확하다.

개방형 블록체인 기반 플랫폼 인프라 중에는 2019년 상반기 현재 기초적인 생존퍼즐을 어느 정도 풀어낸 것으로 평가받는 것들이 몇 개 있다. 그런데 이들 인프라를 적극적으로 이용하는 탈중앙앱 기반 서비스 중 상당수가 도박과 관련된 것들이다. 플랫폼 기업과 정면 승부해서는 단기간에 해법을 찾기 어려운 현실이 반영된 것이다. 하지만 세상을 바꾸는 혁명이 반사회적 비즈니스에서 싹트고 있다는 것은 썩 바람직해 보이지 않는다. 도박 외에도 성매매, 마약, 장물 거래 등 탈중앙화 수준이 높은 블록체인 플랫폼이 악용될 수 있는 분야는 많다.

10장

암호자산

블록체인 플랫폼을 통해 글로벌 투자 · 자산거래 시장을
혁신할 수 있다. 물론, 투자자 보호 등 리스크도 크다.

또다시 2030년 5월, 스코틀랜드 에딘버러에 사는 J씨는 자율주행차를
이용해 에버딘으로 이동하면서 자동차 내부의 디스플레이를 통해 뭔가
열심히 읽고 있다. '투자평가사' V사의 웹사이트에 게시된 투자정보이
다. 이곳에서는 매주 10개의 전 세계 유망 신규 투자 프로젝트를 소개
한다. 인공지능의 투자 분석 결과를 토대로 각 프로젝트의 성공 가능
성, 기대 수익률, 주요 리스크 요인, 그리고 프로젝트 책임자와 핵심 인
력에 대한 평가 등을 제공한다. 이를 종합해 각 프로젝트에 대한 최종
평점이 매겨진다. 이 인공지능 애널리스트의 최근 3년간 분석 적중도
도 알 수 있다.

이 정보들은 모두 무료다. V사를 통해 투자할 필요도 없다. 이 회사
의 기본적인 수입은 광고와 이 회사로부터 프로젝트를 평가받고자 하
는 이들이 납부하는 수수료, 투자자들이 별도로 신청해 이용하는 자산

관리 서비스 이용료 등이다.

J씨가 실제 투자할 때는 블록체인 기반 투자 플랫폼 'The I'를 이용한다. 이 플랫폼은 누구에게나 열려 있다. 합리적인 수준의 수수료만 부담하면 전 세계 누구나 수익증권, 주식, 채권, 지불토큰 등을 이 플랫폼을 통해 발행해 자금을 조달할 수 있다. 그러나 V사처럼 신뢰도 높은 투자평가사들로부터 좋은 점수를 받지 못하면 아무도 관심 갖지 않기 때문에 이 플랫폼을 이용해 투자 사기를 시도하는 이는 거의 없다.

이번에 J씨는 한국의 신생 벤처기업이 제안한 화상분석 기술 기반 맞춤형 피부관리 서비스 프로젝트에 투자하기로 결정했다. 투자금은 300파운드 정도다. 3년 전부터 V사의 분석 자료를 주로 이용해 매달 조금씩 투자하고 있다. 투자 원금은 3만 파운드쯤인데 지난달에 1만 파운드를 회수했고 현재 평가액은 5만 파운드 내외다. 다음 달부터는 부동산 투자시장에서 V사와 비슷한 역할을 하는 R사의 정보를 이용해 전 세계 부동산 프로젝트에 대한 소액투자를 시작할 계획이다.

J씨는 이와 같은 투자환경에 만족해한다. 10년 전에 비해 개인투자자가 직접 투자할 수 있는 대상이 비교할 수 없을 만큼 다양하고 투자 수수료도 매우 낮다. 블록체인 투자 플랫폼을 이용해 발행되는 암호자산이 크게 늘어났고, 이와 같은 투자 환경에서 투자자를 보호하고 투자 판단을 돕는 서비스가 정착했기 때문에 가능해진 변화다. 투자자산을 거래하는 유통시장도 함께 발전했다. 2030년의 증권회사는 10년 전에 비해 주 업무가 크게 달라졌다.

지금까지 얘기는 블록체인 플랫폼이 투자·자산거래 분야에 가져올 수 있는 변화에 관한 수많은 가상 시나리오 중 하나일 뿐이다. 블록체인에는 국가 간 투자 장벽을 낮추고 개인투자자의 투자기회를 넓히는 등 이 분야의 새 패러다임을 만들어갈 저력이 있다. 다만, 그 과정에서 투자자 보호 등 해결해야 할 난제들도 많다.

블록체인과 연관된 투자자산 하면 비트코인과 같은 화폐성 자산부터 떠올리게 된다. 화폐성 자산은 매우 특별한 의미를 갖는 블록체인 기반 자산 유형이기는 하지만 이것만이 전부는 아니다. 그리고 이 화폐성 자산의 실체에 대해서도 오해가 많다. 그 많은 오해는 잘못 붙여진 이름으로부터 비롯된다.

제대로 된 이름

비트코인 등 블록체인에 기반을 둔 자산을 흔히 암호화폐, 가상화폐라고 부른다. 그러나 이들 중에는 2019년 상반기를 기준으로 엄밀한 의미에서 화폐라고 부를 만한 것들이 거의 없다. 특히 이름이 비교적 널리 알려진 것들 중에는 전혀 없다고 봐도 된다. 만든 사람이 화폐라고 생각하고 만들었어도 아닌 건 아니다. 그럼에도 불구하고 명칭에 화폐라는 단어를 사용해 불필요한 오해를 키우고 있다. 따라서 이것들에 대해 얘기하려면 우선 제대로 된 이름부터 붙여줘야 한다.

이것들을 총칭하는 이름으로는 암호자산crypto-asset이 적절하다. 단순 호칭으로는 화폐를 연상시키는 코인coin보다는 토큰token이라고 부르는 게 낫다. 토큰을 짧은 우리말로 옮기면 좋지만 이 단어가 암호자산을 의미하는 용어로 사용될 때의 어감을 살리기 쉽지 않아 영어 표현을 그대로 쓴다. 일단 돈이라는 생각을 지우고 대하는 것이 이것들을 바르게 이해하는 선결조건이다.

암호자산의 '암호'는 블록체인 데이터 관리의 특징 중 하나인 암호화를 뜻하는 것으로 '블록체인에 기반을 둔'이라는 뜻 정도로 이해하면 된다. 그리고 '자산'이니 돈과 비슷한 것과 증권 외에도 경제적 가치가 있는 것 중 블록체인을 통해 소유권이 관리될 수 있는 것이라면 무엇이든지 포함한다.

암호화가 핵심?

그런데 이것의 명칭에 왜 암호화를 강조할까? 암호자산 시장에서는 암호화를 뜻하는 '크립토'crypto라는 약칭이 토큰 이상으로 애용되고 있다. 암호화가 그만큼 중요하고 핵심적인 특징일까? 이미 얘기했듯이 데이터 관리 시스템에 암호화 기술을 적용하는 것은 기본 중의 기본이다. 블록체인만의 특별한 차별화 요인은 아니다. 당연히 적용할 기술을 적용해 놓고서 대단한 발명인 것처럼 홍보하는 느낌이 들기도 한다.

사실 암호화는 암호자산의 상위개념인 디지털 자산의 공통적 특징이다. 아날로그 자산처럼 소유권을 입증하는 물리적 증빙서류가 없는 디지털 자산은 소유권 데이터를 관리하는 시스템의 신뢰도가 높아야한다. 이 시스템이 꼭 블록체인이어야만 하는 것은 아니다. 다만 어떤 시스템으로 소유권을 관리하든 암호화 기술 없이는 데이터의 신뢰도를 확보하기 어렵고 자산의 디지털화도 사실상 불가능하다.

그럼에도 불구하고 이 책에서도 블록체인에 기반을 둔 자산을 설명하는 수식어로 암호라는 단어를 존중한다. 이미 이 단어에서 블록체인을 연상하는 이들이 많기도 하고, 분산이나 탈중앙 등의 블록체인 관련 수식어가 자산의 접두어가 되었을 때 씩 어울리지도 않기 때문이다.[1] 또한, 명실상부한 디지털 자산 시대를 여는 데에 블록체인이 기여하고 있는 것도 사실이니 디지털 자산 전체가 사용해야 할 암호라는 수식어를 선점한 것을 비난할 수만은 없다. 그러나 블록체인을 대표하는 단어로 암호화가 최선의 선택은 아니라는 점은 다시 한 번 강조한다.

화폐가 아닌 이유

화폐라고 부르면 안 되는 이유는 분명하다. 2019년 상반기를 기준으로 화폐라고 불러줄 만한 것이 사실상 없기 때문이다. 크게 세 가지 유형이 있다. 첫째, 화폐와 비슷한 성격은 갖고 있고 앞으로 화폐로 발전할 가능성도 있지만 아직은 화폐라고 부르기에 시기상조인 것들이 있다. 둘째, 화폐가 될 것이라고 주장하고 있지만 화폐와 유사한 다른 자산으로 발전하고 있는 것들도 있다. 셋째, 화폐라는 이름을 붙여서는 절대로 안 될, 전혀 다른 성격의 자산도 있다. 세 유형 모두 화폐라는 명칭은 오해만 키울 뿐이다.

　따라서 이것들을 총칭할 때에는 화폐보다는 자산이라고 부르는 것이 바람직하다. 회계학적 관점에서 자산asset은 경제적 가치가 있는 재화를 두루 이르는 말이다. 현금, 예금, 증권, 부동산, 심지어 경제적 가

1　예를 들어 '탈중앙 자산'이라고 부르면, 자산 소유권이나 수익권이 탈중앙화된 것으로 오해할 수 있다.

치가 있는 무형의 권리까지 포함한다. 일상용어로서 자산은 유용하고 귀중한 무언가를 뜻한다. 화폐도 일종의 자산이다. 그러니 이들 중 정말 화폐가 나오더라도 암호자산이라는 명칭은 여전히 유효하다.

암호자산이라는 명칭은 G20 재무장관회의, 금융안정위원회[FSB] 등 권위 있는 국제적 논의의 장에서 이미 사용 중이다. 한국은행도 공식 발간한 연구자료에서 이 용어를 채택했다. 이 책에서도 암호화폐라는 용어를 사용하기는 하지만 이는 암호자산의 하위 개념이다. 아직은 가능성만 보여주고 있지만, 앞으로 엄격한 의미에서 명실상부한 화폐라고 부를 만한 것들이 나타날 경우를 대비한 용어다.

암호자산이 특정 블록체인에 결부된 고유한 자산인 경우 '코인'[coin], 그렇지 않으면 '토큰'이라고 구분해서 부르기도 한다. 예를 들면, 이더리움 블록체인에 직접 딸린 암호자산인 이더는 코인이고, 이더리움의 스마트계약 기능을 이용해 만든 암호자산은 토큰이라고 구분하는 것이다. 이 둘을 구분하지 않고 모두 토큰이라고 부르는 경우가 늘고 있다. 이 책에서도 구분할 실익이 크지 않다고 보고 토큰으로 통칭한다.

암호자산의 본질

제대로 된 이름을 붙여줬으니 이제 개념을 정확하게 이해할 차례다. 암호자산이란 블록체인을 통해 탈중앙화된 방식으로 소유권이 관리되는 디지털화된 자산이다.[2] 플랫폼 관점에서 보면 블록체인 기반 거래 플랫폼을 통해 소유권이 관리되고 거래되는 자산이다. 즉, 암호자산 역시 블록체인을 플랫폼으로 활용한 사례다.

블록체인 기반 소유권 관리

암호자산이 무엇인지 오해하지 않으려면 암호자산의 정의를 정확하게 이해해야 한다. 암호자산은 블록체인 시스템이 발행한 자산 또는 블록체인 기술로 가치를 창조하는 자산이 아니라 "블록체인을 통해 소유권이 관리되는 자산"이다. 별것 아닌 듯하지만 매우 중요한 차이다.

화폐성 암호자산인 지불토큰은 블록체인 시스템에서 탄생하고 그 가치 형성에 블록체인의 신뢰도가 적잖이 기여한다. 그러나 그렇지 않은 암호자산들도 있고 앞으로 그 종류가 더 많아질 수 있다. 암호자산의 가장 중요하고 공통적인 특징은 블록체인의 기록에 따라 소유권이 결정된다는 것이다.

이해를 돕기 위해 주식을 예로 들어보자. 우리나라에서 주식의 소유권 관리는 대부분 한국예탁결제원의 증권예탁결제 시스템을 통해 이루어진다. 그렇다고 해서 주식이 이 시스템에서 생겨났고, 그 가치가 이 시스템에서 결정된다고 믿는 사람은 없다. 주식은 회사가 발행한 것이고, 주식의 가치를 결정하는 것은 기본적으로 해당 주식을 발행한 기업

---

2 증권예탁결제기관의 SI 용도로 도입된 비개방형 블록체인 시스템으로 소유권이 관리되는 증권이 있다면, 이를 암호자산으로 불러야 할지 애매하다. 기술적으로 블록체인을 이용하지만 데이터 관리에 중개자 개입을 배제할 수 없기 때문이다. 이 경우는 '형식적 암호자산' 정도로 부르는 것이 적합해 보인다. '실질적 암호자산'이 되려면 블록체인이 중개자의 지배하에 있어서는 안 되고 자산의 소유자가 중개자를 통하지 않고서도 블록체인 시스템을 통해 소유권을 직접 관리할 수 있어야 할 것이다.

의 영업성과이다. 증권예탁결제 시스템은 주식이라는 금융자산의 소유권을 명확하게 관리하기 위한 수단일 뿐이다. 암호자산과 블록체인의 관계는 주식과 증권예탁결제 시스템과의 관계와 기본적으로 같다.

암호자산은 나쁘다?

암호자산은 아날로그 시대의 자산을 탈중앙적으로 디지털화한 것이다. 전혀 없던 성질의 자산이 새로 생겨난 것은 아니다. 자산의 가치를 결정하는 기본원리에는 아날로그 시대와 차이가 없다. 암호자산이기 때문에 좋은 자산이 되는 것도 아니고, 암호자산이기 때문에 나쁜 자산이 되는 것도 아니다. 좋은 자산인지, 나쁜 자산인지는 그 자산이 입고 있는 기술적 외형이 아니라, 자산으로서의 본질에 얼마나 충실한지에 따라 결정된다.

그래서 좋은 자산인지 아닌지는 개별 토큰을 하나씩 뜯어보는 수밖에 없다. 토큰 자체를 두고 좋은 자산인지, 나쁜 자산인지를 얘기하는 것은 주식, 부동산 등과 같은 보통명사를 두고서 좋고 나쁨을 따지는 것과 다름없다. 따라서 블록체인에 기반을 둔 탈중앙적인 디지털 자산 관리 시스템에 자체에 대해 강한 호불호가 있는 경우가 아니라면 토큰 자체의 좋고 나쁨에 대해서는 중립적 시각을 갖는 것이 합리적이다.

물론, 암호자산 중 '좋은 자산'의 비중이 그다지 높지 않다는 점을 감안하면, 암호자산에 대한 사람들의 부정적 선입견을 탓할 수만은 없다. 2019년 상반기까지 발행된 토큰의 상당수는 투자 리스크가 아주 큰 프로젝트의 자금 조달을 위한 것들이다. 기존 금융시장의 질서 아래에서는 투자자 보호를 위해 개인의 직접 접근을 제한적으로 허용하고 있는 영역이다. 그 질서의 빈틈을 파고들어 형성된 시장이다 보니 한때 투전판과 크게 다르지 않은 상황이 연출되었다. '잔치'가 한창일 때도, 끝나고 나서도 여러 부작용이 속출할 수밖에 없다.

네 가지 유형

암호자산은 크게 화폐성 암호자산과 비화폐성 암호자산으로 나눌 수 있다. 화폐성 암호자산은 화폐처럼 거래의 매개수단으로 활용되도록 고안된 암호자산을 말한다. 비화폐성 암호자산이란 화폐성 암호자산 이외의 모든 암호자산을 뜻하며 투자토큰, 증권토큰, 기타토큰으로 세분화할 수 있다.[3]

이미 앞에서 여러 차례 얘기했듯이 화폐성 암호자산을 이 책에서는 지불토큰payment token이라 부른다. 일반적으로 사람들이 암호화폐, 가상화폐, 코인 등의 표현으로 부르는 것들은 십중팔구 지불토큰을 의미한다고 보면 된다. 2019년 상반기까지 발행된 암호자산 중 시가총액이 큰 것들은 대부분 지불토큰이다. 비트코인, 이더리움, 리플 모두 지불토큰이다.

지불토큰은 어떤 용도의 거래에 사용되는지에 따라 '단순simple 지불

---

3 스위스 금융시장감독위원회(FINMA)는 2018년 1월 발표한 가이드라인에서 암호자산을 크게 지불형(payment), 기능형(utility), 자산형(asset)으로 구분한다. 이 책의 지불토큰은 FINMA의 구분에 따른 지불형과 기능형 토큰을 합친 것과 같다. FINMA의 자산형 토큰은 이 책의 비화폐성 암호자산과 유사하다.

토큰', '플랫폼platform 토큰', '사용권utility 토큰'으로 구분할 수 있다. 암호자산 거래시장에서도 이와 유사한 개념 구분이 시도되고 있으나 통일된 명칭은 없다. 각각의 지불토큰이 어떤 차이가 있는지는 PART 4에서 자세히 살펴볼 것이다.

비화폐성 암호자산 중 '투자토큰'investment token은 이 책에서 제안하는 용어다. 이런 유형의 암호자산이 존재한다는 것 자체는 새로운 발견이 아니지만 이를 떼어내 별도로 부르는 대중화된 용어는 아직 없다. 투자토큰은 발행 단계에서는 블록체인과 직·간접적으로 관련된 프로젝트에 대한 지분이지만 향후 다른 유형의 토큰, 주로 지불토큰으로 변환될 수 있는 암호자산이다.

투자토큰에 해당되는 개념이 정착되지 않은 이유를 유추해볼 수 있다. 이것의 경제적 실질은 투자 프로젝트에 대한 투자자의 지분을 표시하는 토큰임이 분명하다. 그러나 토큰 발행자 입장에서 보면 이를 프로젝트 지분이라고 규정하는 것보다 앞으로 화폐로 사용될 지불토큰을 미리 발행하는 것이라고 설명하는 것이 낫다. 신종자산으로 마케팅해야 자금 유치에도 도움이 되고 규제를 피할 여지도 생기기 때문이다.[4]

투자토큰은 향후 지불토큰으로 변환되는 것이 정석이지만, 블록체인 관련 기업의 주식으로 전환될 수도 있다. 나아가 블록체인과는 아무 상관없는 기업의 증권 또는 자산의 소유권으로 바뀔 수도 있다. 프로젝

---

4 FINMA의 가이드라인에서는 투자토큰을 별도로 구분하지 않는다. 그러나 규제 목적상으로는 투자토큰을 구분할 필요가 있다는 것을 인식하고 있다. 향후 지불토큰으로 사용될 예정이더라도 발행시점에는 지분으로만 기능할 수 있다면 이 토큰은 증권으로 취급해 증권규제를 적용한다.

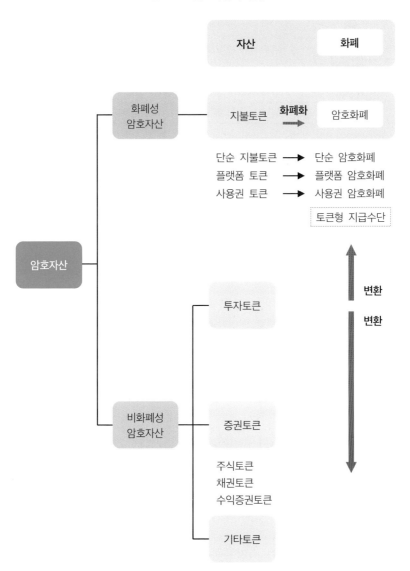

그림 10-1. 암호자산의 종류

표 10-1. 암호자산의 종류

명칭	특성
지불토큰	거래매개 수단으로 활용 가능한 화폐성 자산
투자토큰	다른 유형의 토큰으로 변환될 프로젝트 지분성 자산
증권토큰	블록체인으로 소유권이 관리되는 증권
기타토큰	위의 세 가지 유형에 속하지 않는 암호자산

트가 실패해서 투자토큰 단계로 계속 머물다가 사실상 소멸될 수도 있다. 토큰의 외형이나 명칭만 빌렸을 뿐 아예 처음부터 투자 사기였을 가능성도 있다. 투자토큰은 각종 투자사기에 악용되어 암호자산에 대한 세간의 인식을 나쁘게 만든 원인제공자이기도 하다.

비화폐성 암호자산 중에는 주식·채권·수익증권 등 증권을 암호자산으로 만든 것들이 있다. 이들은 보통 증권토큰security token이라고 부른다. 널리 통용되는 명칭이다. 토큰화 증권tokenized security이라고도 한다.

증권토큰의 증권으로서의 속성은 일반증권과 동일하다. 일반증권의 가치평가에 사용하는 방법을 그대로 사용해 증권토큰의 가치를 평가할 수 있다. 가장 중요한 차이는 블록체인을 통해 소유권이 관리된다는 것이다. 이는 기존 증권사나 증권거래소에 의존하지 않고도 증권을 거래할 수 있다는 뜻이다. 각국의 증권규제를 적용받지 않는 증권거래가 가능할 수 있다는 뜻이기도 하다. 편리할 수도 있지만, 위험할 수도 있는 특성이다.

2019년 상반기까지는 투자토큰과 증권토큰 정도가 별도로 이름을 붙여줄 만한 비화폐성 암호자산이다. 나머지 비화폐성 암호자산은 '기타토큰'으로 부르기로 하자.

토큰화 그리고 플랫폼화

암호자산은 디지털화된 자산, 줄여서 디지털 자산의 일종이다. 블록체인이라는 디지털 방식의 분산형 데이터 관리 기술을 통해 소유권이 관리된다. 이에 따라 아날로그 자산에 비해서는 거래 편의가 제고되고, 중앙집중 시스템으로 소유권이 관리되는 디지털 자산에 비해서는 소유권 관리의 신뢰도를 높일 수 있다. 암호자산의 소유권을 관리하는 블록체인 시스템은 그 자체가 암호자산 거래를 매개하는 플랫폼이기도 하다. 화폐성 자산을 관리하면 지급결제 플랫폼, 증권을 관리하면 증권거래 플랫폼이다.

자산을 암호자산으로 만드는 것을 토큰화tokenization라고 한다. 토큰화는 자산의 디지털화를 전제로 이루어진다. 암호자산은 디지털 자산의 한 종류임을 상기하자. 그러다 보니 토큰화의 중요한 특징으로 거론되는 것 중에는 디지털화된 자산이라면 공통적으로 적용되는 것도 섞여있다. 대표적인 것이 거래단위를 원하는 만큼 잘게 나누는 것이다. 암호자산의 장점에 대해서 얘기할 때는 이것이 '토큰화'로 인한 것인지 '디지털화'로 인한 것인지 구분해 볼 필요가 있다. 블록체인 기술의 개입이 없더라도 디지털화로 인한 효과는 얻을 수 있기 때문이다.

암호자산화, 토큰화를 가능케 한 것 역시 블록체인의 세상을 바꾸는 힘들이다. 이상적 디지털화의 힘으로 아날로그 자산을 디지털 자산으로 탈바꿈시킨다. 중개자 의존성에서 벗어나 거래비용을 절감할 수도 있다. 국경에 구애받지 않는 통합의 힘으로 자산과 투자자 사이의 거리를 더 좁힌다. 그리고 24시간 멈추지 않는 거래 환경을 제공한다.

자산거래 부문은 글로벌화가 높은 수준으로 진행된 분야도 있지만 국가별 규제가 강하게 적용되는 경우도 꽤 남아있다. 외환, 채권 등 일부 자산군의 경우 이미 기관투자자들 사이에서는 국경과 거래시간 제약이 사라졌다. 그러나 개인투자자들에게는 여전히 국가 간 거래 문턱이 높은 자산군들이 많다. 암호자산과 블록체인 플랫폼은 그 문턱을 더 낮출 수 있다.

당장은 기존 규제와 충돌 지점이 많아 답을 찾기 쉽지 않아 보인다. 그러나 투자의 편리성과 신뢰성이 검증되고 암호자산의 특성에 맞는 투자자 보호장치가 마련되면 변화가 아주 빠르게 진행될 수도 있다. 투자자 보호장치는 금융당국의 규제 형태가 될 수도 있고 앞의 가상 사례의 투자평가사처럼 시장에서 자생적으로 형성될 수도 있다.

암호자산 투자

암호자산 거래시장 역시 전통적인 자산과 마찬가지로 크게 발행시장과 유통시장으로 나뉜다. 암호자산의 소유권 자체는 중개자가 없는 블록체인 플랫폼으로 관리된다. 그러나 실제로 투자가 이루어질 때에는 중개자의 도움을 받아야 하는 경우가 대부분이다. 2019년 상반기까지 이 시장은 제도권 금융기관 밖에서 주도하고 있다. 국가에 따라 기존 금융기관이나 거래소도 부분적으로 참여하고는 있지만 아직까지는 자산 자체의 투자investment 리스크, 규제regulation 리스크, 그리고 평판reputation 리스크가 큰 분야다. 새로운 시장이 만들어지기는 했지만, 시장을 안정적으로 지탱하는 질서는 형성되지 못한 단계다.

암호자산의 발행을 흔히 ICO^{initial coin offering}라고 한다. 지불토큰의 경우 새로운 토큰을 만드는 방법은 몇 가지가 더 있다. 그러나 지불토큰이든 증권토큰이든 신규 토큰의 대규모 공급은 발행시장에서만 가능하다. ICO는 기업공개를 뜻하는 IPO^{initial public offering}와 비슷한 어감이라 기억하기 쉬운 장점은 있지만 그다지 바람직한 명칭은 아니다.[5] 굳이 영어 약칭을 쓴다면 TGE^{token generation event}라고 부르는 것이 오해를 줄일 수 있다.

2019년 상반기까지 이 시장에서 발행된 토큰은 주로 지불토큰 또는 지불토큰으로 전환될 투자토큰이다. 이 두 유형에 치우친 것은 증권토큰의 경우 기존 증권거래 규제를 피해가기 어렵기 때문이다. 프로젝트 성격상 증권을 발행하는 것이 맞는 경우에도 무리해서 지불토큰을 도입하는 경우가 적잖았다. 토큰 발행시장에 거액의 자금이 몰리던 시기에 규제를 회피하고 손쉽게 자금을 조달하기 위해 남발한 지불토큰은 향후 블록체인 세계에 큰 짐이 될 수 있다.

암호자산 발행시장에 대해서는 상반된 시각이 공존한다. 우선, 투자자 보호장치의 미비를 우려하는 시각이 있다. 블록체인과 토큰에 대한

---

5 IPO와 ICO는 어감만 비슷할 뿐 공통점은 거의 없다. IPO는 절차와 요건이 명확하게 정해져 있다. IPO는 아무 기업이나 하는 것이 아니라는 데 세계적으로 공감대가 형성되어 있다. 반면, ICO는 제도화 수준이 매우 낮고 국가별로 규제 편차가 크다. 장려하는 국가부터 아예 금지하는 국가까지 다양하다.

과도한 기대감, 익명성, 규제 공백 등이 복합적으로 작용해 시장이 과열되었던 것이 사실이다. 벤처캐피털이나 기존 크라우드펀딩 시장에서 수용되기 어려운 설익은 아이디어들이 시장과열을 틈타 혁신적 아이템으로 포장되는 사례도 많았다. 반면, 혁신의 공간으로 보는 이들도 있다. 이들은 암호자산 발행시장이 개방형 블록체인이 이끌어 갈 블록체인 혁명의 종잣돈 공급처라는 점을 강조한다. 또한, 모험자본 시장에 대한 개인투자자의 접근성이 획기적으로 개선되었다는 점에 의의를 두기도 한다.

토큰에 우호적인 국가에서도 증권토큰에 대해서는 원칙적으로 증권규제를 적용한다. 투자토큰도 증권토큰에 준하여 규제하기도 한다. 반면, 지불토큰에 대해서는 화폐에 준하는 것으로 보아 증권규제 수준의 투자자 보호장치를 강제하지 않고 자금세탁 방지 의무 등만 부과하기도 한다. 그러나 지불토큰의 경우도 화폐 용도보다는 주로 투자목적으로 보유한다. 가격변동성 역시 고위험 주식 이상이다. 따라서 지불토큰에 대해서도 발행·유통시장 모두에서 개인투자자에 대한 보호장치를 마련할 필요가 있다. 어떤 방식의 규제가 적절한지는 나라마다 규제환경이 다르니 함부로 얘기하기 어렵다. 다만, 국경을 초월해 거래되는 자산인 만큼 국가별 규제의 높낮이를 맞추는 것이 바람직하긴 하다.

암호자산 유통시장에도 글로벌 스탠더드가 정립되지 못한 상태다. 거래를 중개해주는 이들을 부르는 용어도 '암호화폐 거래소', '가상통화 취급업자' 등 암호자산을 바라보는 입장에 따라 크게 차이가 있다. 여기에서는 '암호자산 거래업자', 줄여서 '거래업자'로 부르기로 한다.[6] 거래업자는 기존의 증권거래소와 증권보관기관, 증권중개업자를 합쳐 놓은 것 같은 기능을 수행한다.

대부분의 암호자산 거래업자는 전형적인 중앙집중형 중개자다. 탈중앙 시스템에 기반을 둔 암호자산의 거래가 중개자에 의해 주도된다는 것이 어색하다. 거래업자들이 암호자산 거래 중개에 사용하는 시스템은 블록체인과는 무관한 경우가 일반적이다. 블록체인에 기반을 둔 암호자산 거래 플랫폼을 DEX^{decentralized exchange}라고 한다. 암호자산의 유통 환경까지 블록체인 경제로 끌어 들이려는 시도다.

그런데 DEX의 확산이 바람직하기만 한 것일까? DEX는 암호자산 세계와 국가권력과의 접점을 하나 더 줄인다는 점에서 블록체인 경제의 세 번째 장벽을 더 높일 수 있다. 암호자산의 유통시장은 각국 정부가 암호자산 거래, 나아가 블록체인 경제의 거래 전반에 대해 납세, 자금세탁방지 등 기존 규범체계에 따른 의무를 이행하도록 요구할 수 있는 몇 안 되는 지점이다. 그 접점이 DEX에 의해 대체되는 것이 블록체인 세계에 득일지, 실일지는 따져봐야 할 것이다.

---

6 우리나라에서 거래소는 공공성이 강한 기관으로 인식되고 있어 거래업자라는 표현으로 대체했다. '업자'라는 용어는 보험업자, 투자 중개업자 등 우리 법체계에서 흔히 사용되는 표현이다.

블록체인과 암호자산

굳이 세상을 시끄럽게 하는 암호자산이 꼭 필요한 걸까? 암호자산 없이 블록체인 기술만 잘 활용해도 되는 것 아닐까? 지불토큰과 지불토큰 이외의 암호자산으로 나누어 생각해볼 수 있다.

증권토큰 등 비화폐성 암호자산에 관한 이슈들은 주로 투자·자산 거래 분야에서 블록체인 기술의 활용에 관한 문제다. 이 새로운 유형의 디지털 자산을 어떤 방식으로 기존의 국가별 금융·투자 규제와 조화를 이루게 할지의 문제로 수렴한다. 증권토큰 등의 이점을 극대화하기 위해 기존의 규제를 정비하느냐, 기존 규제에 토큰이 순응하도록 하느냐가 관건이다. 거의 모든 쟁점은 각국 금융당국이 고민할 문제다.

그러나 지불토큰은 상황이 다르다. 블록체인 기술의 활용 문제이기도 하지만, 동시에 개방형 블록체인의 존립에 관한 문제이기도 하다. 지불토큰을 없애라는 것은 개방형 블록체인을 없애라는 뜻과 같다. 그런데 개방형 블록체인은 화폐, 금융·투자를 넘어 모든 분야의 플랫폼에 적용될 수 있다. 따라서 투자자 보호, 투기예방 등 금융규제도 중요한 고려 요인이지만, 한발 더 나아가 플랫폼 세계에서 개방형 블록체인의 역할과 문제점 등에 관한 깊이 있는 고민이 함께 이루어져야 한다.

개방형 블록체인에 왜 지불토큰이 반드시 필요할까? 지불토큰은 개방형 블록체인 세계의 보상수단이다. 이 보상수단이 없으면 개방형 블록체인 시스템의 성립과 유지에 가장 중요한 관리자들을 끌어 모을 수 없다. 또한, 개발자가 투자금을 모으기도 어렵다. 시스템 개발의 경우 공익재단이 별도 투자를 받지 않고 경제적 유인과 무관하게 맡는 경우 등도 생각해볼 수 있지만, 관리자에 대한 보상 문제는 지불토큰이 없다면 해결방법을 찾기가 사실상 불가능하다.[7]

지불토큰이 없으면 왜 관리자들에게 경제적 보상을 주기 어려운 것일까? 데이터 기록 수수료를 납부하는 방법을 생각해보자. 일단 블록체인은 네트워크상에 존재하는 컴퓨터 시스템이니 현금이나 물건으로 수수료를 납부할 수 없다는 건 자명하다. 그러면 신용카드 결제나 은행 계좌이체를 할까? 어떤 관리자가 내가 요청하는 데이터를 기록해주는지 불분명하니 누구에게 돈을 보내야 하는지부터 애매하다.

일단 해당 블록체인 대표계좌에 돈을 보내고 알아서 처리해달라고 할 수 있다고 치자. 그런데 중개자 없이 데이터를 관리해보겠다는 시스템이 전형적인 중개자인 신용카드사나 은행 결제 시스템, 최종적으로는 중앙은행의 결제 시스템에 의존한다는 건 어색하다. 블록체인이 중개자의 도움을 받지 않고 스스로 통제할 수 있는 금전적 가치가 있는 무언가를 찾아야 한다. 그렇지 않으면 중개자 의존적인 분산형 데이터 관리가 되는 모순에 빠진다.

따라서 개방형 블록체인은 '고유'의 지불토큰을 두는 것이 기본이다. 그래야 투자금 확보, 개발자와 관리자에 대한 보상 문제의 해법을 무리 없이 찾을 수 있다. 나아가 이 보상수단을 이용해 블록체인 시스템 내에서의 각종 거래에 대한 결제를 중앙집중 중개자에 의존하지 않고서

---

7 인가형이나 비개방형의 경우 블록체인 관리비용은 참여 기업이나 공공기관이 별도로 부담할 수 있다.

처리할 수 있게 된다. 그러나 투자금 확보 문제에 대한 해법을 따로 찾은 경우 반드시 고유의 지불토큰이 있어야 하는 것은 아니다. 꼭 필요한 건 탈중앙적으로 관리되는 보상수단이지 그것이 반드시 스스로 창조한 지불토큰일 이유는 없기 때문이다.

보상수단 확보와 결제를 위해 중개자로부터 도움을 받는 것은 개방형 블록체인이기를 포기하는 것과 같다. 그러나 다른 블록체인, 예를 들어 뿌리체인의 지불토큰을 하위체인이 보상수단으로 차용하는 것은 충분히 선택 가능한 대안이다.[8] 그런데 개방형 블록체인의 상징과도 같은 지불토큰을 포기하고 다른 블록체인의 토큰을 차용하려는 이가 있을까? 왜 벌어지지도 않을 것 같은 상황을 상정해서 이 얘기를 길게 하는 걸까? 혁신적 발명품인 것 같은 지불토큰이, 그래서 수없이 만들어진 그 지불토큰이 어쩌면 블록체인의 발전을 가로막는 골칫덩이가 될 수도 있기 때문이다. 블록체인 경제의 두 번째 장벽을 넘기 위한 실마리를 찾아가는 과정에서 이 문제에 대한 해답 역시 찾게 될 것이다.

---

8 〈그림 7-3〉의 뿌리-하위체인 다층구조에서 하위체인의 개발은 뿌리체인 개발자가 별도의 투자금 유치 없이 맡을 수 있다. 이 경우에도 하위체인 관리자에 대한 유인·보상 체계는 여전히 필요하다. 다만, 하위체인 관리자에 대한 보상수단으로 사용할 지불토큰은 별도로 만들 필요 없이 뿌리체인의 지불토큰을 차용할 수 있다.

PART 4

블록체인과 화폐

블록체인 경제의
두 번째 장벽 넘기

11장

지불토큰

화폐가 되고 싶어 태어났지만 아직까지 화폐가 된 것은 없다.
화폐가 될 수 없는 것을 알면서도 화폐가 되겠다는 것들도 있다.

옷을 사고 싶다면 돈이 필요하다. 옷을 팔고 싶다면 돈을 받아야 한다. 어떤 경제적 활동을 하든지 돈이 없으면 안 된다. 돈은 경제적 상호작용이 원활히 이루어지기 위해 필수적인 매개체다. 이 책에서 수차례 등장하는 상호작용이라는 단어가 또 나왔다. 화폐를 매개로 하는 경제활동들의 조합, 화폐시스템은 플랫폼이다. 그것도 매우 역사가 깊은, 경제활동에 없어서는 안 될 중요한 플랫폼이다. 화폐를 통한 거래매개를 통해 경제주체 간의 다양한 상호작용을 가능케 한다.

이 플랫폼은 법적 지원장치까지 겸비하고 있다. 상당수 국가에서 법정화폐는 법률로서 그 지위가 보장된다. 그래서 대부분의 경우 화폐시스템은 국가 단위로 형성된 강제성 높은 플랫폼이다. 그리고 오래된 플랫폼인 만큼 아날로그 시대의 유산이 크게 남아 있다.

디지털 시대에 국경의 제약을 받고, 현금과 지폐라는 아날로그 방식의 매개수단에 의존하는 플랫폼은 불편하다. 그래서 이 매개수단을 디지털 방식의 지급수단으로 보완하려는 시도가 활발하다. 핀테크의 주요 관심 영역 중 하나다. 그러나 대부분의 지급결제 핀테크는 기존 화폐시스템을 기반으로 한 하위 플랫폼이다. 그런데 아예 화폐시스템 자체를 새로 만들고자 하는 시도가 블록체인 플랫폼을 기반으로 이루어지고 있다.

이미 얘기했듯이 화폐시스템은 그 자체가 플랫폼이다. 그런데 이 플랫폼을 형성하는 핵심이 무엇인지에 대해서는 견해가 갈릴 수 있다. '좋은 화폐'가 먼저 존재하고 그 화폐를 거래매개 수단으로 의존하는 경제활동들이 모여 화폐시스템을 만든다고 주장할 수 있다. 반대로 어떤 경제시스템 내의 다양한 경제활동을 효과적으로 매개하기 위한 도구로서 화폐가 도입되어 화폐시스템이 성립한다고 얘기할 수도 있다. 어느 관점에서 지불토큰을 보는지에 따라 화폐로서 지불토큰의 역할과 위상, 그리고 미래 모습이 크게 달라진다.

블록체인 경제에 화폐라는 거래매개 수단이 더해져 독자적인 화폐시스템을 형성하면 참여자를 블록체인 플랫폼에 묶어 놓는 구속 장치가 하나 더 늘어난다. 이외에도 장점은 더 있다. 문제는 화폐시스템을 새로 구축하는 게 쉽지 않다는 것이다. 강력한 플랫폼인 기존의 법정화폐시스템과 플랫폼 간 대결을 야기할 우려도 있다. 독자적인 화폐가 왜 블록체인 경제의 두 번째 장벽이 될 수 있는지 이해하기 위해서는 그 원인 제공자 지불토큰부터 들여다봐야 한다.

세 가지 유형

블록체인 플랫폼에서 거래되는 자산을 뭉뚱그려 암호화폐, 가상화폐라고 부르는 것만큼 흔한 오해가 또 하나 있다. 이 책에서 지불토큰이라고 부르는 화폐성 암호자산이 모두 비트코인과 그것의 변종이라고 여기는 것이다. 지불토큰은 크게 셋으로 구분할 수 있다. 이 셋은 거래 매개 수단으로서 처한 환경이 다르고, 이 차이는 향후 이들의 화폐로서의 미래를 좌우할 수 있다.

첫 번째 유형은 사전에 특별히 정해진 사용처가 없는 지불토큰이다.[1] 이런 유형의 지불토큰을 '단순 지불토큰'이라고 부르기로 하자. 어떤 거래에든 사용될 수 있는 범용 지급결제 수단을 지향한다. 유명한 단순 지불토큰들은 대부분 고유의 블록체인에 기반을 둔다. 그러나 스마트 계약 블록체인을 이용해 만들 수도 있다. 단순 지불토큰 중 가장 유명한 것이 비트코인이다. 비트코인에 대해서는 이미 여기저기에서 조금씩 다루었고, 뒤에서도 별도의 주제로 얘기하니 다른 토큰들을 간략히 살펴보자.

리플은 이상적인 탈중앙을 지향하는 비트코인과는 정반대의 철학을 배경으로 탄생했다. 현실적이고 기존 질서 친화적이다. 리플 결제 플랫폼을 개발한 리플사의 사업모델은 이 결제 시스템을 통해 비효율적인

---

[1] 정해진 사용처가 전혀 없는 것은 아니다. 단순 지불토큰이 결부된 블록체인 기반 지급결제 플랫폼의 이용 수수료는 반드시 이 토큰으로 납부해야 한다.

국제결제 시스템을 대체하고, 이 과정에서 리플을 기존 기축통화의 대체화폐로 사용토록 하는 것이다.[2]

라이트코인은 비트코인의 이상을 충실히 구현하면서 효율성을 높였다. 개방형 블록체인을 기반으로 한다. 2분 30초에 하나 꼴로 블록을 만들 수 있게 설계되어 이론상 거래 확정에 소요되는 시간이 비트코인의 4분의 1이다. 비트코인보다는 매우 빠르지만 그렇다고 효율적이라고 부르기는 어려운 수준이다.[3]

두 번째 유형은 블록체인 경제를 형성하는 플랫폼 인프라를 제공하는 블록체인에 결부된 지불토큰이다. '플랫폼 토큰'이라고 부르기로 하자.[4] 주목적은 이 플랫폼 인프라에서 스마트계약의 사용 등 코드를 실행할 때 수수료 지급용으로 사용하는 것이다. 그러나 앞의 단순 지불토큰처럼 블록체인 내외의 어느 거래에든 지급결제 수단으로 사용될 수도 있다. 플랫폼 인프라를 이용해 구현되는 특정 탈중앙 서비스의 결제 용도로도 사용 가능하다. 이더리움 인프라에 결부된 이더 토큰, EOS 인프라에 결부된 EOS 토큰 등이 대표적인 플랫폼 토큰이다.

마지막 유형은 앞의 두 유형 이외의 토큰으로서, 특정 서비스를 이용·구매할 때 결제용으로 사용하는 토큰이다. '사용권 토큰'utility token이라고 부르기로 하자. 일반적으로 사용권 토큰은 스마트계약 블록체

---

2 인가형 블록체인에 기반을 두고 있고 1,000억 개를 한꺼번에 발행해, 그중 200억 개는 개발자가 갖고 나머지를 점점 시장에 풀어 놓는 구조다.

3 채굴 방식으로 발행하며 발행한도는 비트코인의 4배인 8,400만 개다.

4 FINMA의 가이드라인에서는 단순 지불토큰과 플랫폼 토큰을 구분하지 않는다. 규제 목적으로는 이 둘을 나눌 실익이 크지 않기 때문이다.

인을 통해 만들어진다. 블록체인 플랫폼을 통해 제공되는, 거래의 주요 부분이 온체인화된 탈중앙 서비스의 결제에 이용되는 게 이상적인 모습이다. 그러나 서비스 거래의 거의 모든 부분은 블록체인 외부에서 이루어지고 사실상 결제만 블록체인에 의존하는 경우도 이 유형의 토큰으로 분류할 수 있다. 블록체인 플랫폼을 이용해 제공되는 파일공유, 게임 등의 서비스 이용·구매 전용 토큰, 암호자산 거래업자에게 수수료 납부 등을 위해 사용하는 '거래소 토큰' 등을 예로 들 수 있다.

화폐? 자산?

지불토큰은 거래매개 수단으로서의 특성, 투자자산으로서의 특성을 모두 보유한다. 사실 우리가 일상생활에서 사용하는 법정화폐도 이 두 특성을 모두 갖고 있다. 그러면 지불토큰을 화폐로 보는 게 맞을까, 투자자산으로 보는 게 맞을까?

화폐인지 아닌지는 지불토큰별로 따져보는 것이 원칙이지만, 결론부터 얘기하면 2019년 상반기를 기준으로 대부분의 지불토큰은 투자자산에 더 가깝다. 유명한 지불토큰일수록 더더욱 그렇다. 그러나 시간이 지나면 이 중에서도 화폐로 불러줄 만한 것들이 나올 수 있다.5

지불토큰은 지급결제를 주목적으로 만들어진 암호자산이다. 어떤

---

5 유명하지 않은 사용권 토큰 중에는 화폐에 꽤 근접한 것들도 있다. 그러나 이들 역시 장기적으로 화폐로 존속할 수 있을 것인지는 면밀히 따져봐야 한다.

지불토큰이건, 명백한 사기가 아니라면 화폐의 기능을 어느 정도 수행할 수 있다. 실제로 결제수단으로 통용되기도 한다. 그러나 우리는 화폐로 기능할 수 있는 모든 자산을 화폐라고 부르지는 않는다.

화폐가 다른 자산과 뚜렷하게 구분되는 특징은 거래가 원활히 이루어지도록 지원하는 것, 즉 화폐성이다. 어떤 자산을 화폐라고 부를 수 있으려면 화폐성이 충분히 높아야 한다. 그런데 현대 인류가 사용하고 있는 화폐는 화폐성을 위하여 자산의 다른 중요한 기능을 희생시키고 있다. 바로 투자성이다.

그렇다고 화폐가 투자대상이 될 수 없다는 뜻은 아니다. 투자성은 상대적인 개념이기 때문에 달러화보다 유로화의 가치가 상대적으로 높게 유지될 것으로 예상된다면 달러화를 팔고 유로화를 매입해서 수익을 낼 수 있다. 외환딜러들이 하는 일이다. 그러나 유로화의 가치가 오르더라도 유로화로 가치가 표시되는 다른 자산과 비교하면 유로화 자체는 나쁜 투자자산이 되기 쉽다. 아니, 화폐는 예외적인 상황이 아니라면 나쁜 투자자산일 수밖에 없다.

장기적으로 보면 화폐는 가치가 떨어지지만 다른 자산들은 가치가 오른다. 그런데 자산의 가치란 무슨 뜻일까? 우리가 흔히 말하는 자산의 가치는 화폐라는 회계단위로 표시되는, 화폐의 가치와 비교한 상대가치다. 어떤 주식이 1년간 절대가치가 두 배가 되었는데, 그 사이 화폐의 절대가치가 네 배가 되었다면 해당 화폐로 표시된 주식의 상대가치는 1년 전에 비해 두 배 상승한 것이 아니라 반 토막이 난 셈이다.

화폐성을 위해 투자성을 희생한 화폐보다 장기 수익률이 낮은 투자자산이 있다면 그것은 투자자산으로서의 지위를 박탈당해야 한다. 그래서 화폐가 아닌 투자자산은 장기적으로 가치가 오를 수밖에 없다. 극단적으로 화폐의 수익률이 가장 높다면, 바꿔 말해 다른 모든 투자자산의 장기 수익률이 마이너스가 된다면 화폐 말고 다른 투자자산은 필요 없다. 그런데 이런 일이 벌어질 수 있을까? 아니다. 경제사經濟史를 다 뒤져봐도 인류는 화폐성도 훌륭하고 투자성도 높은 자산을 찾는 데 실패했다. 인류가 무능해서가 아니라 그런 자산은 없기 때문이다.

어느 정도 화폐성이 있는 자산이더라도 주된 보유목적이 거래의 결제가 아니라 투자수익의 추구라면 화폐가 아닌 투자자산으로 봐야 한다. 대표적인 예가 금이다. 금, 조금 더 구체적으로 금화는 화폐였다. 그러나 금을 화폐로 직접 사용하면서 오는 불편함과 부작용을 이미 겪은 인류는 더 이상 금을 화폐로 널리 사용하지 않는다.

현재도 불편을 감수하고 금을 지급결제 용도로 사용하는 경우가 있다. 그러나 금을 보유하는 이들 대부분은 이를 거래매개 수단으로 생각하지 않는다. 투자 수단으로 여기는 경우가 압도적이다. 그래서 우리는 이제 금을 더 이상 화폐라고 부르지 않고 화폐성이 있는 투자자산이라 부른다.

마찬가지로 지불토큰도 화폐인지 투자자산인지는 사람들이 주로 어떤 동기에서 그것을 보유하는지를 기준으로 따져봐야 한다. 개발자가 아무리 화폐로 통용되는 것을 염두에 두고 만들었고 그것을 보유하는 사람들 중 일부가 그것을 화폐라고 믿고 실제로 결제에 사용한다고 해서 화폐가 되는 게 아니다. 지불토큰을 거래매개보다 투자 목적으로 보유하는 비중이 훨씬 높다면 '화폐'가 아니라 '화폐성 투자자산'이다.[6] 이 둘을 구분하지 못하면 무의미한 화폐논쟁에 쉽게 빠지게 된다.

화폐의 디지털화

지불토큰이 화폐로 발전한 암호화폐는 일종의 디지털 화폐digital currency다. 디지털 방식으로 만들어지고, 디지털 방식으로 가치가 표시되고, 디지털 방식으로 결제에 활용되는 지급수단을 통틀어 디지털 화폐라고 한다. 화폐라는 표현이 들어있기는 하지만 이 용어는 엄밀한 의미에서 화폐가 아닌 지급수단에도 사용되고 있다.

화폐 = 지급수단?

화폐는 지급수단을 겸하고 있지만, 지급수단이라고 해서 화폐인 것은 아니다. 동전, 지폐, 수표, 어음 중 어떤 것이 화폐이고 어떤 것이 지급수단일까? 동전과 지폐는 화폐와 지급수단이 결합된 것이고, 수표와 어음은 지급수단이다. '명목화폐'fiat currency라는 추상적 거래매개 수단이 실제 결제에 사용될 수 있도록 발행권자가 공식적으로 만들어준 지급수단이 지폐나 동전과 같은 현금이다.[7] 나머지는 현금 사용의 불편을

---

6 지불토큰을 화폐로 사용하는 이들의 많고 적음의 문제가 아니다. 토큰A를 보유한 이가 100명인데 이들 모두 해당 토큰을 화폐로 활발히 사용하고 있다면 이는 명백히 화폐다. 그러나 토큰B를 1만 명의 사람들이 비슷한 수량씩 보유하고 있는데 그중 100명만 화폐로 사용하고 나머지는 투자자산으로 여기고 가치가 오르기를 기다리고만 있다면 그것은 화폐가 아닌 투자자산으로 보아야 한다는 것이다.

7 달러화, 유로화, 엔화, 파운드화, 원화와 같은 법정화폐는 금이나 은과 같은 가치 있는 자산을 기반으로 발행되지 않는다. 지금 사용하는 화폐는 '파운드'와 같은 중량을 뜻하는 명칭에서 유추할 수 있듯이 귀금속과의 교환을 보장하는 증서로부터 시작됐다. 이후 오랜 기간에 걸쳐 귀금속의 가치로부터 결별을 시도해 왔는데, 현대에 와서는 전적으로 사용자의 신뢰에 의해 가치가 형성되는 명목화폐로 탈바꿈했다.

해소하기 위하여 화폐를 토대로 금융기관이 고안한 지급수단이다. 은행 계좌이체나 신용카드도 지급수단이다.

마찬가지로 지불토큰도 이것이 디지털 화폐로 성숙한다면 화폐의 본질에 해당되는 부분과 디지털 지급수단 부분으로 나눠 볼 수 있다. 화폐와 지급수단을 구분하는 것은 지불토큰의 핵심을 보다 엄밀히 이해하고 화폐로서의 미래를 예측해보는 데 도움이 된다. 예를 들면, 달러화나 엔화를 토큰화해서 지급수단으로 만든 '토큰형 지급수단'의 화폐성이 높다는 것을 근거로 지불토큰의 화폐로서의 미래를 밝게 보는 논리적 오류에 빠지지 않게 된다.

지불토큰이 기본적으로 채택하고 있는 디지털 지급수단 부분이 효율적이어야 결제 목적으로 사용될 때 불편함이 없다. 그러나 이것이 지불토큰이 갖는 화폐성의 본질은 아니다. 지급수단 부분은 얼마든지 기술적으로 개선할 수 있기 때문이다.

어떤 지불토큰이 있는데, 여러모로 디지털 시대의 화폐가 되는 데에 부족함이 없지만 채택하고 있는 고유의 지급수단이 불편하다고 하자. 해결 방법은 많다. 우선 해당 블록체인 커뮤니티의 합의를 바탕으로 더 효율적인 지급수단으로 교체할 수 있다. 또한, 법정화폐가 다른 시스템의 도움을 받아 지급수단을 개선하듯이 다른 블록체인의 도움을 받아 효율적인 지급수단을 차용할 수도 있다.

디지털 화폐

가장 기초적인 형태의 디지털 화폐는 페이팔PayPal과 같은 핀테크 지급수단이나 디지털 상품권이다. 이들은 현금, 수표, 신용카드, 은행 계좌이체 등 아날로그 시대에 도입된 전통적 지급수단을 디지털 방식으로 대체하려는 시도다. 이들의 가치 표시 역시 기존 법정화폐를 이용한다. 엄밀한 의미의 화폐가 아니라 디지털화된 지급수단이다.

우리나라에서는 '가상화폐'virtual currency라는 용어가 디지털 화폐를 통칭하는 용어로 가장 애용되고 있다. 그런데 가상화폐는 원래 게임 아이템 구입 등에 이용되는 게임머니, 한때 우리나라에서 큰 인기를 끌었던 싸이월드의 결제수단이었던 '도토리' 등을 부르는 말이다. 가상화폐도 일종의 디지털 화폐다. 법정화폐와 별개의 회계단위를 사용하는 경우가 많다는 특징이 있다. 그렇다고 해서 법정화폐와 분리된 가치결정 메커니즘이 작동하는 경우는 거의 없다. 보통 가상화폐의 가치는 법정화폐에 고정되어 있다. 또한, 사용처가 게임, SNS 등 특정 디지털 서비스의 거래 생태계 내부로 제한된다. 따라서 가상화폐 역시 독자적인 화폐라기보다는 자체 회계단위를 사용하는 디지털 상품권에 가깝다.

중앙은행도 디지털 화폐를 발행할 수 있다. 기존의 동전, 지폐와 화폐로서의 본질은 같으나 지급수단 부분을 디지털 방식으로 개선하는 것이다. 이런 변화는 지급결제 핀테크 비즈니스에 큰 영향을 미칠 수 있다. 법정화폐 고유의 지급수단이 편리하다면 굳이 별도의 지급수단을 이용할 유인이 줄어들기 때문이다. 아직은 연구 중인 이 디지털 화폐를 중앙은행 디지털 화폐CBDC: central bank digital currency라고 한다.

지불토큰 발행

지불토큰을 매력적으로 만들기도 하지만 동시에 지불토큰에 부정적이고 왜곡된 인상을 주는 것, 바로 '채굴'mining이다. 광산에서 금을 캐듯이 컴퓨터로 네트워크상에서 비트코인을 채굴해 돈을 번다는 얘기에 매료된 이들도 있지만 허황되다고 생각하는 이들도 많다.

지불토큰이 거래에 사용되려면 우선 발행부터 해야 한다. 법정화폐의 경우 중앙은행이 정부, 은행 등에 빌려주거나 이들이 가진 금융자산을 구매해주는 방식을 활용해 시장에 풀린다. 거시경제학 교과서에 등장하는 화폐우貨幣雨와 같은 방식도 가능하지만, 그런 행운을 직접 누린 이들은 거의 없다. 블록체인 시스템이 지불토큰을 발행하는 방법은 크게 셋 — 채굴, 판매, 무상지급으로 나뉜다.

채굴

채굴이란 블록체인 관리자가 데이터 관리에 기여한 대가로 블록이 생성될 때마다 새로 발행되는 지불토큰을 얻는 것을 말한다. 이렇게 해서 받는 새로운 지불토큰을 채굴 보상이라고 한다. 채굴은 지불토큰 발행량을 점진적으로 증가시키고, 관리자들을 시스템 내로 끌어들이는 두 가지 기능을 수행한다. 작업증명의 경우만 채굴이라고 하고, 다른 합의 방식의 경우에는 주조 등으로 구분해 부르는 이들도 있다.

채굴 보상의 크기는 일정할 수도 있고 변경될 수도 있다. 아예 처음부터 채굴을 채택하지 않는 경우도 있고 보상의 크기가 점차 줄어들어 결국은 0이 될 수도 있다.

채굴 보상에 이용되는 지불토큰은 매 블록생성 시마다 보상에 사용될 만큼 시스템상에서 생성된다. 이 토큰을 받아가는 관리자는 해당 블록을 생성하는 데 기여한 관리자다. 즉, 채굴 보상은 블록생성 보상의 일종이다.[8] 어떤 관리자가 블록을 생성하는지는 블록체인이 채택하고 있는 합의체계에 따라 다르다. 작업을 가장 먼저 완수한 관리자가 블록을 생성하고 블록생성 보상을 받아가는 작업증명의 경우 토큰 가치가 상승해 보상의 크기가 커지면 과도한 작업경쟁을 유발할 수 있다.

판매

두 번째 방법은 블록체인 개발자가 새로 만든 토큰을 '판매'sale하는 것이다. 정확히 얘기하면 블록체인 시스템으로부터 개발자가 토큰을 무상배정 받고, 그 토큰 중 일부 혹은 전부를 투자자에게 판매하는 방식이다. 이를 통해 대량의 토큰이 한꺼번에 공급되고, 블록체인 개발자는 판매 수입으로 개발비용을 충당하고 이익을 실현한다.

여러 가지 방법이 가능하다. 시스템 출범 시점에 판매할 수도 있고, 개발단계에서 미리 판매할 수도 있다. 미리 판매하면 지불토큰으로 변환될 투자토큰을 판매하는 것이다. 시스템 출범 전후에 여러 단계에 걸쳐 판매하는 것도 가능하다. 다만, 여러 단계에 나누어 판매하는 경우 앞서 발행된 토큰의 가치를 후속 토큰이 희석dilution시키기 때문에 최초 발행시점에 개발자가 발행 스케줄과 총 발행량을 미리 알리는 것이 보통이다.

---

8 블록생성 보상은 크게 수수료 보상과 채굴 보상으로 이루어진다는 것을 상기하자.

채굴과 판매는 동시에 채택할 수 있다. 이 둘은 지불토큰의 공급과 투자자, 개발자, 관리자 등 블록체인 시스템의 이해관계자들에 대한 유인과 보상 측면에서 상호보완적이다. 채굴이나 판매 중 한 가지 방법만 채택하는 경우는 대부분 그럴 수밖에 없는 사정이 있다.

토큰을 판매하려 해도 사줄 사람이 없거나, 개발자가 생각하는 적정 가격보다 잠재적 구매자가 판단하는 적정가격이 매우 낮은 경우에는 판매 방식을 택하기 어렵다. 극단적인 예가 비트코인이다. 비트코인 시스템이 처음 출범했을 때 이것을 판매했으면 누가 어떤 가격에 얼마만큼 사줬을까? 이 경우 개발자는 신규 지불토큰 판매를 통한 비용 충당과 이익 실현이 불가능하다. 대신 사람들이 이 토큰에 무관심한 시기에 아주 낮은 비용으로 채굴하거나 시스템을 외부에 공개하기 전에 미리 채굴해서 토큰을 대량 확보해두고, 나중에 가치가 상승하면 유통시장에 매각해 이익을 실현하는 방식을 택한다.

채굴이 불가능한 경우에는 판매 방식만 사용한다. 일반적인 사용권 토큰처럼 토큰 발행을 외부 블록체인 시스템에 의존하는 경우 채굴은 선택할 수 없다. 또한, 블록생성 보상으로 데이터 관리 수수료만 지급하더라도 관리자를 충분히 모으고 시스템을 유지할 수 있다면 채굴 보상은 없어도 된다.

무상지급

신규 토큰을 특별한 목적을 위해 아무 대가 없이 '무상지급'하는 것도 가능하다. 법정화폐 세계에서는 거의 볼 수 없는 화폐우가 블록체인 세계에서는 자주 내리고 있다.

첫 번째 유형은 블록체인 영구분기가 이루어질 때 기존 토큰 보유자에게 새 토큰을 일괄 지급하는 경우다. 블록체인이 영구분기되어 기존 블록갈래와 새 블록갈래로 완전히 분리되면, 새 갈래는 특정 블록을 기준으로 그 이전까지는 과거의 블록을 그대로 인정하고, 그 다음부터 새 규칙을 적용한 블록을 쌓아간다. 기준 블록까지의 기록은 지불토큰의 소유 상태를 포함해 모두 유효한 것으로 인정한다는 뜻이다. 따라서 영구분기로 갈라져 나가는 블록체인은 기준 블록까지 발행된 토큰과 똑같은 양의 새 토큰을 발행해 해당 시점의 기존 토큰 소유자 전체에게 그대로 나눠줘야 한다.[9]

두 번째 유형은 지불토큰이 최초 판매될 때 전체 발행량의 일부를 무상으로 배정하는 경우다. 우선, 개발자에게 총 발행량의 일부가 배정된다. 이는 개발자의 프로젝트 기여에 대한 보상이다. 향후 블록체인 커뮤니티의 공동이익을 위해 사용할 용도로 신규 발행된 지불토큰 일부를 떼어 놓기도 한다. 블록체인 커뮤니티에 사용자를 끌어 모으기 위한 판촉 차원에서 무료로 토큰을 나눠주는 경우도 있다.

---

9 앞에서 얘기했듯이 영구분기는 주로 블록체인의 규칙 변경을 위한 소프트웨어 업데이트의 일종인 경성분기(hard fork)의 결과로 발생한다. 그런데 지불토큰 투자자들의 경우 규칙 변경 자체보다는 영구분기에 수반되는 새 지불토큰의 무상지급에 더 관심 갖는 이들이 많다. 이런 이유로 영구분기의 원인인 경성분기, '하드포크'를 새 토큰의 무상지급과 동의어로 오해하는 경우가 흔하다.

보관과 결제

물리적 실체가 없는 지불토큰을 편리하고 안전하게 관리할 수 있는 다양한 전자지갑digital wallet이 있다. 전자지갑 안에 토큰이 실제로 보관되는 것은 아니다. 스마트폰 뱅킹 앱에 돈이 보관되지는 않는 것과 마찬가지다. 실제로 전자지갑에 보관되는 것은 토큰을 처분할 때 필요한 디지털 서명에 사용되는 비밀키다.

A가 B에게 지불토큰을 보내는 과정을 대략적으로 살펴보자. 편의상 점진적 합의체계를 택한 개방형 블록체인의 경우를 상정하고 있지만, 다른 합의체계의 경우도 크게 다르지 않다.

A가 자신이 보유한 토큰을 B에게 이체해달라는 거래요청을 불특정 다수의 관리자에게 송부한다(①). 보통 전자지갑 앱에 있는 거래요청 기능을 활용한다. 거래요청을 최초로 입수(②)한 관리자 V는 올바른 요청인지 검증한 다음 이를 시스템 내의 다른 관리자에게 전파한다(③). 거래요청을 입수한 관리자들은 유효한 거래인지 검증한 후 해당 거래를 각자의 대기거래 목록에 포함시킨다(④). 개별 관리자는 자신의 대기거래 목록에서 우선순위가 높은 순서대로 거래요청 데이터를 추려내 예비 블록을 구성하고 블록#500의 생성 권한 획득을 위한 작업을 시작한다(⑤). 관리자 S가 작업을 가장 먼저 완료해 블록생성 권한을 획득한다(⑥). 관리자 S는 블록#499에 연결시킬 블록#500을 완성(⑦) 이를 다른 관리자들에게 전파한다(⑧).

관리자 S가 전파한 새 블록을 입수한 다른 관리자들은 관리자 S의 블

그림 11-1. **토큰의 결제 과정**

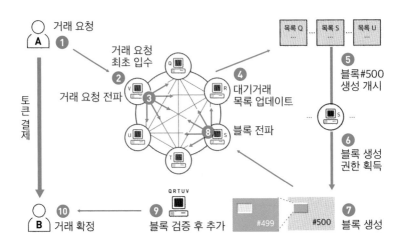

록생성 권한 획득 여부, 블록에 포함된 거래의 유효성을 확인한 후 문제가 없으면 블록#499 뒤에 연결시킨다(⑨). 이후 몇 차례 블록 추가가 이루어지면 A로부터 B로 토큰을 보내는 거래가 확정된다(⑩).

화폐 논쟁

지불토큰이 암호화폐로 발전하더라도 법정화폐의 자리를
놓고 정면 대결하는 상황은 벌어지지 않는다.

지각변동으로 태평양 한가운데 큰 섬이 솟아났다. 새로운 세상을 만들
고 싶은 사람들이 모여들었다. 나라도 만들고 이 섬에서만 발견되는 특
이한 돌멩이를 전부 모아 화폐 대용으로 사용하기로 했다. 이 나라는
사실상 아무것도 없는 상태니 그 돌멩이를 결제수단으로 쓸 일은 거의
없었다. 수렵한 물고기나 열매가 먹고 남을 때 사고파는 데 뜸하게 사
용되는 정도였다.

　그런데 이 섬 지하에 희토류의 일종인 디스프로슘이 대량 매장되어
있을 가능성이 있다는 소문이 돌기 시작했다. 그것도 다른 매장 지역과
는 달리 추출 과정에서 환경오염을 거의 유발하지 않는 희귀한 상태로
묻혀 있다는 것이다. 갑자기 많은 사람들이 이주해 왔고 결제수단으로
사용하고 있는 돌멩이의 가치가 치솟았다. 한 개에 1달러쯤 하던 것이
1년 만에 한 개에 1만 달러를 넘어서더니 1년 반 후에는 2만 달러에 육

박했다.

여전히 화폐로 쓸 일은 거의 없지만 그럼에도 가격이 크게 오른 건 앞으로 디스프로슘이 실제로 개발되면 수량이 한정된 이 돌멩이의 가치가 아주 높아질 것이라는 소문 때문이었다. 이주해온 사람들은 이렇게 믿었지만 바깥세상 사람들 대부분은 허황된 소리라고 생각했다. 디스프로슘 개발에 관한 새로운 소식이 들릴 때마다 돌멩이의 가치는 널뛰기를 했다.

이 가상의 섬나라와 돌멩이가 처한 상황은 2019년 상반기 현재 블록체인 플랫폼과 주요 지불토큰이 처한 상황과 크게 다르지 않다. 돌멩이와 지불토큰 모두 화폐 기능을 일부 수행하고는 있지만 화폐보다는 화폐성 투자자산에 가깝다. 돌멩이의 가치가 치솟은 것은 공급이 제한된 상황에서 이 섬의 미래에 기대를 거는 이들이 급증했기 때문이다. 2017년 지불토큰 가격이 급등한 이유와 같다.

이 돌멩이가 화폐와 비슷한 기능을 하고 있고 앞으로 제대로 된 화폐가 될 가능성도 있다는 주장에 대해 극렬히 반대하는 이는 많지 않을 것이다. 이미 화폐라고 여기는 이들도 제법 될 것이다. 그러나 이들 중에도 지불토큰이 화폐가 될 수 있다는 주장에 대해서는 거부감을 크게 가질 이들이 적지 않을 것이다. 이런 상황이 벌어진 데에는 여러 가지 원인이 있다.

그중 하나는 무의식적으로 형성된 화폐에 대한 고정관념이다. 화폐는 특정한 국가를 기반으로 하는 법정화폐와 동의어라고 자기도 모르게 믿고 있는 것이다. 위의 가상 사례에서 돌멩이가 화폐 용도로 사용되는 환경은 법정화폐가 사용되는 환경과 아주 비슷하다. 그래서 화폐성을 인정하는 데에 거부감이 덜하다. 물론 실현될지 말지 모르는 불확실한 미래에 대한 믿음에 기대어 치솟은 돌멩이의 가치가 위태위태해 보이는 것은 사실이다.

그러나 섬나라처럼 물리적 영토라는 사용공간에 결부되지 않은 지불토큰에 대해서는 뭔가 속고 있는 것 같은 느낌이 든다. 네트워크상에 형성된 가상의 거래 공간에서 이루어지는 경제적 상호작용의 매개수단으로서 새로운 화폐의 출현 가능성에 대해 조금 더 유연하게 사고할 필요가 있다. 그러면 지불토큰의 화폐성을 조금 더 편하게 이해할 수 있을 것이다.

또 다른 원인을 제공한 것은 지불토큰의 화폐성에 대한 핵심을 비켜간 주장과 이로 인해 비롯된 사변적 논쟁이다. 이들 중 가장 대표적이고 압도적이고 비생산적인 것은 이것이 법정화폐를 대체할 것이라는 주장과 그에 대한 반론이다. 사실 지불토큰이 화폐가 될 수 있을 것인지와 그것이 법정화폐를 대체할 것인지에 대한 논의 사이에는 공통분모가 그다지 크지 않다. 그런데 혁신적인 화폐인 비트코인이 확산되어 달러화도, 유로화도, 원화도 설 자리를 잃어 갈 것이라는 일부 열성 지지자의 근거 빈약한 자극적이고 도발적인 주장이 전면에 부각되면서 많은 의미 있는 논의를 덮어버렸다.

주요 쟁점

이 장부터 다음 장까지 지불토큰과 화폐의 관계에 대한 여러 가지 이슈를 다룬다. 화폐 논쟁의 양측 모두에 대해 비판과 옹호를 동시에 해야 할 부분들이 많아 얘기가 길고 다소 복잡하다. 그래서 앞으로 무슨 얘기를 할 것이고 결론은 무엇인지부터 간략히 먼저 정리한다.

첫째, 지불토큰은 화폐인가? 이미 앞 장에서 얘기했듯이 현재 시점에 화폐라고 불러줄 만한 지불토큰은 없다고 봐도 무방하다. 그러나 이들도 화폐가 될 자질, 즉 화폐성은 갖추고 있다.

둘째, 시간이 지나면 화폐가 될 수 있는가? 그렇다. 블록체인 플랫폼에서의 거래를 매개하기 위한 용도의 화폐로 발전할 가능성은 낮지 않다. 국가경제 간 거래, 블록체인 경제 간 거래의 매개를 위한 기축통화형 화폐가 될 가능성도 있다.

셋째, 현재 형성된 가치는 적절한가? 아직 화폐가 된 지불토큰은 없다. 화폐로서의 가치 적절성을 논할 시점이 아니라는 뜻이다. 투자자산에 가까운 상태에 있는 지불토큰의 가치를 신뢰도 높게 평가할 방법은 없다. 화폐가 되고 나면 가치평가도 가능해질 것이다.

넷째, 화폐가 되면 법정화폐를 대체할 것인가? 아니다. 지불토큰이 암호화폐로 발전하더라도 당장 법정화폐의 직접적인 경쟁 상대가 되지는 못한다. 암호화폐는 화폐 세계에서의 플랫폼 대결에서 법정화폐와 정면대결을 시도해서는 승산이 없다. 국가 단위의 아날로그 화폐인 법정화폐가 사용되기 어려운 영역에서 활용되는 일종의 '대안alternative화폐'일 뿐이다. 국가가 존속하는 한 암호화폐는 법정화폐의 '대체substitute

화폐'가 될 수 없다. 만약 먼 훗날 국가에 기반을 둔 경제시스템이 사실상 해체되는 때가 온다면 법정화폐를 대체하는 화폐가 있어야 할 텐데, 지불토큰이 발전한 암호화폐가 유력한 후보가 될 수는 있을 것이다.

다섯째, 그렇다면 지불토큰이 법정화폐의 위상을 약화시킬 우려는 없는가? 약화시킬 수도 있다. 일상생활의 거래에 비트코인이 본격적으로 사용되는 것과 같은 상황은 벌어지지 않더라도, 블록체인 플랫폼에서의 거래가 늘어나고 이 거래의 결제를 위해 지불토큰의 사용이 확대되면 법정화폐의 입지는 그만큼 축소될 수 있다. 블록체인과 지불토큰이 없었으면 법정화폐들이 흡수했을 화폐 수요이기 때문이다.

여섯째, 이런 변화는 누가 주도하는가? 비트코인인가? 아니다. 그 어느 지불토큰도 아니다. 블록체인 기반 플랫폼 경제, 블록체인 경제가 주도한다. 고유의 지불토큰을 갖는 블록체인 경제 모델이 성공을 거두면 그 경제시스템에서 사용되는 지불토큰의 화폐로서의 위상이 높아지는 것이다. 미국경제가 세계경제를 좌우하니 달러화의 쓰임새가 커지는 것과 같은 원리다. 지불토큰이 너무 좋은 화폐라서 달러화도 버리고, 원화도 버리고 지불토큰이 통용되는 블록체인 경제로 몰려드는 것이 아니다. 화폐가 세상을 바꾸는 원동력이 된다는 것은 순진한 발상이다. 화폐는 인류의 경제사에서 없어서는 안 될 중요한 '조연'일 뿐이다.

일곱째, 그러면 2019년 상반기까지 나타난 지불토큰들이 그런 중요한 조연이 될 자격이 있는가? 의문이다. 지금의 특징들을 그대로 가져가서는 '좋은 조연 배역' 받기가 어려울 수 있다. 지불토큰이 화폐가 될 수 있을지를 넘어 '좋은 화폐'가 될 수 있을지에 관한 이슈다.

여덟째, 화폐로 성립하지 못하는 지불토큰은 어떻게 되는가? 간단하다. 소멸하거나 살아남거나, 둘 중 하나다. 화폐가 아닌데 살아남는 지불토큰은 '블록체인 기반 화폐성 디지털 자산'이라는 새로운 자산 영역을 개척할 것이다. 비트코인이 크게 변신하지 않고서도 살아남는다면 화폐보다는 이런 유형의 자산이 될 가능성이 높다.

화폐가 될 수 있을까?

세 유형의 지불토큰 중 어떤 것이 화폐가 될 수 있을까? 지금까지 만들어진 어떤 지불토큰도 우리나라의 실정법상 화폐는 될 수 없다. 〈한국은행법〉에서는 화폐의 발행권한을 한국은행만이 가진다고 못 박고 있다. 우리나라에서 화폐란 단어는 '법적' 용어이고 법정화폐法定貨幣, legal tender와 같은 의미이다. 그래서 정부나 한국은행은 지불토큰을 지칭할 때 불가피하게 돈의 의미를 갖는 단어를 써야하는 경우 화폐보다는 통화라는 표현을 택한다.

그렇다고 해서 법정화폐인 원화가 아니면 화폐라고 불러서는 안 될까? 아니다. 미국 달러화도 실정법상의 화폐가 아니기는 마찬가지다. 그러나 한국사람 중에 미국 달러화가 화폐가 아니라고 생각하는 사람은 거의 없다. 다들 화폐라고 인정하고 외국화폐, 줄여서 외화라고 한다. 화폐의 기능을 충분히 갖추었을 경우 일상용어로서 화폐라는 명칭을 사용하는 것은 우리 사회에서 널리 허용되었다고 봐야 할 것이다. 이 책에서 화폐란 법률용어가 아니라 돈이라는 말을 조금 고상하게 부르는 일상용어다.

지불토큰의 화폐성

화폐이론에서는 화폐가 되려면 교환매개medium of exchange, 가치척도 measure of value, 가치저장store of value이라는 3대 기능을 수행할 수 있어야 한다고 한다.[1] 거래를 원활히 매개하기 위해서는 이 3대 기능이 모두 중요하다. 어떤 자산이 상품이나 서비스 거래의 결제에 이용될 수 있다는 것은, 즉 거래매개 수단이 될 수 있다는 것은 화폐의 3대 기능을 수행하고 있다는 것과 사실상 같은 말이다. 거래매개는 화폐의 3대 기능 중 하나인 교환매개와 어감이 유사하지만 그보다 넓은 개념이다.

예를 들어보자. A가 B에게 상품을 제공하고 B는 A에게 화폐를 넘긴다. A가 B로부터 거래의 대가로 화폐를 받는다는 것은 일단 화폐에 경제적 가치가 담겨 있음(가치저장)을 인정한다는 뜻이다. 그리고 그 화폐 몇 단위가 자신이 제공하는 상품의 가치와 같은지(가치척도) 알고 있다는 뜻이기도 하다. B로부터 받은 화폐로 A가 자신에게 필요한 서비스를 C로부터 구입한다면, 결과적으로 화폐를 매개로 A의 상품과 C의 서비스를 간접적으로 맞바꾸는 거래(교환매개)가 완성된다. 화폐를 이용한 거래매개에는 화폐의 3대 기능이 모두 작용하고 있다는 것을 알 수 있다. 거래매개에 사용될 수 있는지 여부가 화폐성을 가늠하는 가장 중요한 척도인 이유다.

세 유형의 지불토큰 모두 제한적이기는 하지만 거래매개 수단으로 사용되고 있다. 비트코인을 받아주는 상점도 분명히 있고, 이더리움 스

---

1 여기에 이연지급기준(standard of deferred payment), 즉 부채와 같은 이연지급 채무를 상환하는 수단으로 활용될 수 있어야 한다는 것을 추가하기도 한다.

마트계약을 이용하려면 반드시 이더를 사용해야 한다. 암호자산 거래업자가 발행한 거래소 토큰이 수수료 지불 등을 위해 사용되고 있다. 개별 토큰별로 차이는 있지만 화폐의 3대 기능을 어느 정도 수행하고 있다는 사실 자체는 부인하기 어렵다. 즉, 화폐성이 있다는 뜻이다.

물론 앞에서 이미 강조했듯이 화폐성이 있다고 해서 지불토큰이 곧 화폐라는 것은 아니다. 화폐성이 충분히 커져야 화폐라는 명칭이 합당하다. 화폐와 화폐성 투자자산이 엄연히 다르다는 사실을 이해하고 나면 지불토큰에 화폐성이 있다는 정도는 편안하게 인정해줄 수 있다. 그러나 이 두 개념을 분리하지 못하면 지불토큰이 화폐가 아니라고 입증하기 위해 무리하거나 논리적으로 빈틈 있는 주장을 할 수 있다. 그러다 보면 무의미한 화폐논쟁의 출구를 찾기가 점점 어려워진다.

고정관념의 탈피

화폐에 대한 고정관념에 빠져있는 경우가 종종 있다. 우리는 국가라는 전형적인 중앙집중 중개자의 권위를 통해 발행한 법정화폐가 사실상 화폐의 전부인 세상에서 태어나서 경제학을 공부하고 경제활동을 해왔다. 무지해서 고정관념이 생기는 것이 아니라 고정관념이 생기는 것이 당연한 환경이다. 우리가 가지고 있는 화폐에 대한 고정관념은 크게 셋으로 나누어 볼 수 있다.

첫째, 현재의 화폐 세계에서 압도적 주류를 차지하는 명목화폐가 화폐로서 제대로 기능하기 위해서는 국가기관 또는 그에 버금가는 공신력 있는 기관의 뒷받침이 필요하다는 고정관념이 있다. 명목화폐에 형성된 가치의 저변에는 사용자들의 신뢰가 자리 잡고 있다. 그러나 우리는 여태까지 그 신뢰가 중앙은행과 같이 매우 공신력 높은 기관을 통해 형성되는 경우만 경험해보았다. 어느 정도 신뢰를 쌓은 금융기관이 화폐를 발행한다고 하더라도 중앙은행권에 익숙한 현대인들은 이를 쉽게 받아들이기 어려울 수 있다.[2] 하물며 실체가 불분명한 네트워크상의 시스템이 화폐를 발행한다는 발상을 어색하게 받아들이지 않는 것이 오히려 이상하다.[3]

둘째, 화폐를 국가라는 경제적 공간과 결부시키는 고정관념도 있다. 국가경제는 우리가 거시경제를 이해하는 중요한 틀이다. 예를 들어 개별 경제주체의 경제활동의 총합은 국가단위의 GDP로 집계된다. 그러다 보니 우리 삶에 중요한 영향을 미치는 국가단위의 경제시스템에서 경제적 상호작용이 원활하게 이루어지도록 지원하는 수단이 화폐라고 무의식적으로 받아들이는 경우가 많다. 국가별 경제시스템들이 만나 교류할 때 사용되는 화폐에는 '국제통화' 또는 '기축통화'라는 한 등급 높은 위상을 부여하지만 이들 역시 근간은 각각의 국가경제다.

셋째, 화폐는 모든 결제수요를 충족시킬 수 있어야 한다는 믿음도 있다. 대부분의 국가에서 법정화폐는 모든 거래에서 자유롭게 통용된다. 범용성이 높은 거래매개 수단이다. 자기 나라의 법정화폐를 받아주지

---

2 홍콩에서는 HSBC, 중국은행, 스탠다드차타드 은행 등이 지폐를 발행한다. 그러나 이는 홍콩의 중앙은행 격인 '금융관리국'을 대신해서 발행하는 것이므로 순수하게 금융기관이 발행하는 화폐로 보기는 어렵다.

3 화폐의 역사에서 중앙은행이나 이와 유사한 공권력 행사 기관이 아닌 순수 민간 금융기관이 화폐를 발행하는 것은 특별한 사건이 아니다. 사실, 중앙은행 자체가 그렇게 오래된 발명품이 아니다.

않는 경우는 매우 예외적인 상황이기 때문에 이 역시 자연스럽게 형성
될 수 있는 고정관념이다. 그러나 국가라는 테두리를 벗어나면 아주 간
단한 결제에도 사용하지 못하는 법정화폐가 대부분이다. 화폐는 모든
결제에 사용될 수 있어야 한다는 것 역시 제한적 경험에서 비롯된 믿음
일 뿐이다.

　지불토큰은 이 세 가지 고정관념을 벗어나 화폐를 인식할 것을 요구
하고 있다. 법정화폐라는 사고의 틀에 갇혀 우리가 잊고 있었던 화폐의
본래적 의미를 다시 떠올리게 한다. 화폐에 대한 고정관념에서 자유로
워지면 지불토큰에 화폐성마저 없다고 할 이유가 더더욱 없다. 그리고
나면 지불토큰의 가능성과 한계를 조금 더 균형 잡힌 시각에서 이해할
수 있다.

가치의 형성

달러화, 원화와 같은 법정화폐의 가치는 어디에서 오는 것일까? 이 화
폐의 내재가치intrinsic value는 거의 없다.[4] 그러나 시장가치market value는
분명히 있다. 내재가치가 사실상 0인 현대의 법정화폐를 명목화폐라고
한다.[5] 명목화폐의 가치는 그것이 화폐로서 사용되는 경제시스템의 가

4　지폐가 인쇄된 종이, 동전이 각인된 금속의 가치는 있다.
5　명목화폐 대신 불환화폐, 신용화폐라고 부르기도 한다. 법정화폐를 명목화폐와 동의
　어로 여기는 이들도 있지만 이 역시 화폐에 관한 고정관념의 산물이다. 법정화폐는
　공권력이 신뢰를 부여한 공적 명목화폐(public fiat currency), 지불토큰이 지향하는

치로부터 파생된다.

미국에 가서 여행을 하거나 쇼핑을 하려면 달러화가 있어야 한다. 달러화를 사고 보유하려는 욕구, 즉 달러화라는 화폐에 대한 근원적 수요의 원천은 미국의 국가경제다. 이 국가경제시스템에서 생성된 가치의 이동을 독점적으로 매개하다보니 그 가치가 달러화에 반영된다.

그런데 왜 미국에서 달러화가 거래매개에 거의 독점적으로 사용될까? 달러화가 법정화폐임을 법적으로 선언해서일까? 사실 달러화의 독점적 지위는 정부에 세금을 납부할 때 달러화를 사용하도록 하는 데에서 비롯된다. 하나의 경제시스템에서는 하나의 좋은 화폐만을 사용하는 것이 가장 편리하고 효율적이다. 여러 화폐가 난립하면 거래비용만 높아진다. 그런데 미국이라는 경제시스템에서 통용될 하나의 화폐를 선택해야 한다면, 세금을 낼 때 사용하는 법정화폐를 택하는 것이 합리적이다.

미국에서 경제활동을 하는 모든 개인과 법인은 미국 정부에 세금을 내야 한다. 대부분의 거래에는 세금이 따라 붙는다. 그리고 내야 할 세금의 크기는 달러화로 표시되는 상품, 서비스, 자산의 가격, 그리고 소득 규모 등을 토대로 결정된다. 그러니 달러화가 아닌 화폐로 거래하고 세금은 달러화로 낸다면 아주 불편할 수밖에 없다. 이와 같은 원리로 달러화는 미국경제라는 가치창출 공간에 독점적으로 결부되어 화폐수요를 흡수하고 화폐시스템이라는 강력한 플랫폼을 형성한다.

지불토큰의 화폐성이 충분해져 화폐의 수준에 이른 암호화폐는 기

암호화폐는 사적 명목화폐(private fiat currency)라고 부를 수 있다.

존의 법정화폐와 마찬가지로 내재가치가 없는 명목화폐다. 따라서 지불토큰이 화폐로서 가치를 확보하려면 달러화에 가치가 형성되는 것과 같은 메커니즘이 작동할 수 있어야 한다. 가치가 창조되는 경제시스템이 있어야 하고, 그 경제시스템에 특정 지불토큰을 결부시킬 수 있어야 한다. 그리고 이 연결이 안정적으로 지속될 것이라는 신뢰가 뒷받침되어야 한다.

이와 같은 명목화폐의 가치 형성 측면에서 플랫폼·사용권 토큰과 단순 지불토큰이 처한 상황은 크게 다르다. 플랫폼 토큰과 사용권 토큰의 화폐로서의 가치는 블록체인 플랫폼에서 서비스를 거래할 때 창조되는 경제적 가치에서 비롯된다. 이들 지불토큰 가치 형성의 핵심은 플랫폼에서 생성된 가치를 교환하는 거래매개 수단으로 반드시 플랫폼 토큰이나 사용권 토큰을 사용해야 한다는 것이다.

사용권 토큰의 가치가 어떻게 형성되는지부터 살펴보자. 콘텐츠 소유권을 블록체인에 등록하고 동영상을 시청할 때마다 소유자에게 콘텐츠 이용료로 토큰을 지불하는 가상의 블록체인 플랫폼이 있다. 이 플랫폼에 등록된 동영상을 시청하는 데에 건당 1달러 정도의 가치가 있다고 하자. 이용료 결제는 다른 화폐로는 안 되고 이 플랫폼에 결부된 토큰으로만 해야 한다. 그렇다면 이 플랫폼을 이용하기 위해서는 해당 토큰을 반드시 보유해야 한다. 외국에서 물건을 사려면 원화를 그 나라 화폐로 환전해야 하는 것과 같다.

사람들이 1달러로 토큰 1개를 구입하고 그 토큰으로 콘텐츠 이용료를 냈다면 그 시점에 토큰 1개의 가치는 1달러라고 할 수 있다. 동영상을 제공하고 토큰을 지급받은 이는 이 토큰을 다른 동영상을 시청할 때 결제수단으로 사용할 수 있다. 혹은 이 토큰을 필요로 하는 이에게 판매할 수도 있다. 참여자들이 이 토큰의 경제적 가치를 신뢰하는 데에는 합리적 근거가 있다. 동영상의 거래는 분명 경제적 가치를 창출하는 행위이고 이 가치가 커뮤니티 참여자들 사이에서 이동하는 것은 전형적인 경제활동의 모습이다.

사용권 토큰에 가치가 부여되는 메커니즘은 두 단계로 요약할 수 있다. 먼저 블록체인 플랫폼에서의 서비스 거래로 가치가 생성되는 단계다. 그 다음은 가치의 교환에 사용권 토큰을 이용하도록 강제해 그 가치가 토큰에 반영되는 단계다. 그리고 이 2단계의 가치 형성 메커니즘을 유효하게 만드는 중요한 장치가 있다. 바로 신뢰도 높은 데이터 관리 시스템으로서의 블록체인이다. 토큰의 발행과 소유권 변경을 완벽하게 기록함으로써 참여자들은 그 가치가 토큰에 담기고 이동하는 일련의 과정을 신뢰하게 된다. 법정화폐에 형성된 가치에 국가와 중앙은행이 신뢰를 부여하는 원리와 다르지 않다.

사용권 토큰의 가치 원천에 대한 논의는 플랫폼 토큰에도 그대로 적용할 수 있다. 스마트계약 등 플랫폼 인프라가 제공하는 서비스 역시 경제적 가치를 창출한다. 또한, 별도의 사용권 토큰을 두지 않은 탈중앙앱의 경우 플랫폼 토큰을 사용권 토큰 용도로 서비스 거래에 사용하게 된다. 그리고 이 서비스들의 가치에 플랫폼 토큰이 결부되어 있다. 화폐의 가치 형성과 신뢰 구축 측면에서 사용권 토큰과 달리 볼 이유가 없다.

플랫폼·사용권 토큰의 가치 형성에 가장 중요한 요인은 결국 블록체인 플랫폼의 경쟁력이다. 플랫폼에서의 거래가 활성화되면 지불토큰으로 결제해야 할 거래의 전체 가치가 높아지고 그 가치의 교환 수단인 지불토큰에 대한 수요가 늘어난다. 그러다보면 이 두 유형의 지불토큰 중에서는 어느새 화폐라고 불러도 이의를 제기하기 어려운 수준의 거래매개 수단이 출현할 수도 있을 것이다.

2019년 상반기까지 주요 지불토큰은 화폐라기보다는 화폐가 되고 싶어 하는 투자자산이다. 따라서 화폐로서의 가치적정성을 평가하기 어렵다. 명목화폐의 가치를 평가하려면 그것을 화폐로 채택하는 경제시스템의 거래규모, 화폐발행량과 유통속도 등이 어느 정도 안정되어야 한다. 지불토큰의 화폐성이 충분히 높아져 암호화폐의 수준에 이르고, 그것을 화폐로 사용하는 블록체인 플랫폼과 함께 성숙한 화폐시스템을 형성할 때 가능한 일이다. 그때가 되면 지불토큰의 가치를 평가하는 신뢰할 만한 이론들도 자리 잡게 될 것이다.

화폐의 세계

화폐로서의 가치 형성 측면에서 비트코인과 같은 단순 지불토큰은 앞의 둘과 상황이 다르다. 단순 지불토큰의 본거지인 블록체인 기반 지급결제 플랫폼은 그 자체가 가치를 생성하는 공간이 아니다. 플랫폼·사용권 토큰이나 법정화폐처럼 태생적으로 결부된 독자적인 가치창출 시스템을 갖추지 못하고 있다는 뜻이다. 명목화폐가 되기에 매우 불리한 여건이다.

단순 지불토큰에 대해 본격적으로 논의하기에 앞서 화폐에 관한 얘기를 조금 더 해보자. 기존의 법정화폐 세계에는 두 개의 층^{layer}이 있다. 각 국가별 화폐들의 집합인 법정화폐층과 국가 간 거래에 사용되는 국제화된 화폐들이 형성하는 기축통화층을 말한다. 각국의 법정화폐는 그 나라 안에서는 아주 편리한 화폐지만 다른 나라와의 거래에서는 사용하기 어렵다. 그래서 미국 달러화와 같은 국제거래용 통화, 기축통화가 필요하다.

기본적으로 플랫폼·사용권 토큰이 진화한 암호화폐는 법정화폐와는 다른 영역의 화폐가 될 것이다. 플랫폼·사용권 토큰이 사용되는 블록체인 플랫폼에서의 거래에 법정화폐가 침범할 여지는 없다. 이들 암호화폐는 법정화폐의 세계와 뚜렷이 구분되는 새로운 화폐의 층을 만들어낸다. 암호화폐층이다. 2층 구조의 기존 법정화폐 세계에 암호화폐층이 한 층 올라간 3층 구조가 형성된다.

화폐 세계의 1층 그리고 새롭게 추가될 3층은 각각의 화폐에 사실상 전적으로 의존하는 고유한 경제시스템을 갖는다. 그런데 2층은 성격이 다르다. 1층과 3층을 구성하는 개별 경제시스템 사이의 거래를 매개하는 가교 성격의 화폐 영역이다. 따라서 1층과 3층의 화폐에 요구되는 요건과 2층의 화폐에 요구되는 요건에는 차이가 있다. 그 차이가 지불토큰의 미래에 어떤 영향을 미칠지는 차차 규명하기로 하자.

〈그림 12-1〉을 보면 3층 구조의 화폐 세계에 대해 몇 가지 유추할 수 있다. 첫째, 자기만의 확실한 영역을 구축한 1층의 법정화폐들과 3층의

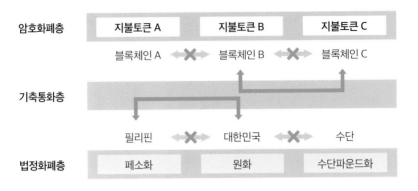

그림 12-1. **3층 구조의 화폐 세계**

| 암호화폐층 | 지불토큰 A | 지불토큰 B | 지불토큰 C |

블록체인 A ◀✖▶ 블록체인 B ◀✖▶ 블록체인 C

기축통화층

필리핀 ◀✖▶ 대한민국 ◀✖▶ 수단

| 법정화폐층 | 페소화 | 원화 | 수단파운드화 |

플랫폼・사용권 암호화폐들이 서로의 영역을 직접, 대규모로 침범할 가능성은 높지 않다. 둘째, 고유의 영역을 갖지 못한 단순 지불토큰은 1층부터 3층까지 어디에서든 자리 잡고자 시도하겠지만 주인이 확실한 1층과 3층에서 주류가 되기는 쉽지 않다. 셋째, 확실한 주인이 없는 2층에서는 법정화폐와 지불토큰 사이에 주도권 경쟁이 일어날 수 있다. 단순 지불토큰이 화폐로서 생존을 위해 고객 확보를 시도해 볼 만한 곳이기도 하다. 넷째, 기존의 2층 구조에 한 층이 더해지니 화폐 세계에서 법정화폐들의 상대적 비중은 줄어들 수밖에 없다. 지불토큰이 법정화폐와 직접 경쟁하지 않더라도 전체 화폐 수요의 일부를 흡수한다는 뜻이다.

화폐 세계의 1층, 즉 특정 국가 안에서 법정화폐가 사용되는 거래 환경에 지불토큰이 절대 침범할 수 없는 것은 아니다. 국경을 넘지 않는 일상적인 거래에서 지불토큰이 결제수단으로 사용되는 경우는 지금도 있다. 그러나 이것을 지불토큰이 암호화폐로 발전해 법정화폐를 대체할 전조로 해석하는 것은 무리다. 상품권이나 멤버십 포인트 등 지불토큰 말고도 그와 유사한 기능을 수행하고 있는 거래매개 수단은 이미 많다. 물론 그것들을 화폐, 조금 더 구체적으로 명목화폐라고 부르지는 않는다.

단순 지불토큰의 운명

사전에 확보한 자기만의 고유한 경제시스템이 없다고 해서 단순 지불토큰이 화폐로 발전할 수 없는 것은 아니다. 강제로든 자발적으로든 단순 지불토큰을 거래매개 수단으로서 의존하는 이들을 충분히 확보하고 유지할 수 있다면 독자적 화폐시스템을 구축할 수 있다.

플랫폼 관점에서 보면 단순 지불토큰은 다른 화폐들과는 달리 '혁신적 화폐'가 먼저 화폐로서 성립하고, 그 화폐를 중심으로 참여자들이 모여 가치를 생성하고 교환하는 플랫폼을 만들어가겠다는 시도다. 그런데 단순 지불토큰이 어디에서 충분한 사용자를 확보할 수 있을까? 답은 단순하다. 다른 화폐시스템과 경쟁해 그들의 참여자를 뺏어 오는 수밖에 없다.

단순 지불토큰이 공략해야 할 대상은 크게 보면 플랫폼·사용권 토큰과 법정화폐다. 그런데 앞에서 얘기했듯이 화폐시스템은 그 자체가 일종의 플랫폼이다. 기존 화폐시스템에 충성도 높은 참여자를 옮겨오도록 하는 것은 플랫폼의 속성상 난이도가 매우 높은 도전이다. 따라서 정면대결해서는 이길 방법을 찾기 어렵다. 단순 지불토큰이 안정적 화폐수요 기반을 확보할 수 있는 몇 가지 시나리오를 생각해보자.

화폐로서 생존 시나리오

첫째, 고유의 지불토큰을 채용하지 않은 블록체인 경제의 화폐로 사용되는 경우다. 화폐 세계의 3층에서 자리 잡는 시나리오다. 지불토큰 없는 인가형 블록체인, 특별한 이유로 고유의 지불토큰 확보를 포기한 개방형 블록체인 기반 플랫폼에서 단순 지불토큰을 결제 수단으로 채택하는 것이다. 이와 같은 방식으로 고객을 확보하는 데에 성공한 단순 지불토큰에는 플랫폼·사용권 토큰의 가치 형성에 관한 논의를 그대로 적용할 수 있다.

다른 블록체인의 화폐로 널리 차용될 수 있으려면 우선 이상적인 '좋은 화폐'로서 자리매김해야 한다. 그런데 단순 지불토큰은 좋은 화폐로서 스스로를 입증할 수 있는 활용 실적track record을 만들기 어렵다. 오히려 플랫폼 토큰이 고유의 거래 환경에서 화폐로서의 역량을 충분히 인정받고 그 활동 범위를 넓힐 가능성이 더 높아 보인다. 한편, 단순 지불토큰이 운 좋게 화폐 세계의 3층에서 화폐로 채택되는 기회를 잡는다고 해도, 특정 블록체인 플랫폼의 거래 환경과 무관하게 발행량이 결정될 수밖에 없는 단순 지불토큰이 그 플랫폼을 위한 좋은 화폐가 되기는 매우 어렵다.

둘째, 지불토큰들의 기축통화, 나아가 법정화폐들의 기축통화가 되는 경우다. 화폐 세계의 2층에서 안정적 화폐수요 확보에 성공하는 시나리오다. 3층의 블록체인 경제 간 거래를 매개하는 기축통화가 되는 것은 일종의 '홈그라운드' 효과가 있어 상대적으로 가능성이 더 높아 보인다. 다만, 지불토큰들의 기축통화든 화폐 세계 전체의 기축통화든, 기축통화가 되어 살아남는 지불토큰은 제한적일 수밖에 없다. 기축통화는 그 정의상 소수일 수밖에 없기 때문이다.

그런데 기축통화로서 생존하는 지불토큰이 단순 지불토큰 중에서 나오리라는 보장은 없다. 법정화폐 세계에서 기축통화의 역사를 보면 기축통화로서 단순 지불토큰의 미래는 어둡다. 기축통화만을 전문으로 하는 화폐가 성공한 사례는 없다. 달러화 역시 앞에서 얘기한 것처럼 국제통화이기 전에 매우 강력한 사용자층을 갖는 국가통화다. 국제통화, 기축통화로서의 지위는 탄탄한 국가통화의 지위에서 파생되었다. 강력한 블록체인 경제에 기반을 둔 플랫폼 토큰이 암호화폐로 성장한다면 단순 지불토큰에 비해 기축통화 경쟁에서 우위를 점할 가능성이 높다는 뜻이다.

비트코인이 지불토큰 세계에서 기축통화와 유사한 역할을 수행하고는 있다. 토큰 거래시장에서는 관행적으로 토큰 가격을 미국 달러화와 비트코인 단위로 표시한다. 그러나 이러한 업계 관행을 근거로 비트코인이 적어도 토큰의 세계에서는 달러화와 같은 기축통화 반열에 올랐다고 평가하는 것은 논리적으로 엄밀하지 않다. 비트코인을 포함하여 지불토큰 중에 화폐라고 부를 수 있는 것들이 없는데, 이 지불토큰들의 기축통화라는 지위를 부여하는 것 역시 섣부르다.[6]

---

6 2019년 상반기까지 토큰 거래시장은 화폐가 거래되는 시장이 아니라 투자자산이 거

셋째, 법정화폐의 세계에서 수요를 확보하는 것이다. 화폐 세계의 1층에서 살아남는 방법을 찾는 시나리오다. 법정화폐와 정면으로 대결하는 시나리오의 실현가능성은 뒤에 따로 자세히 살펴보고, 여기에서는 어두운 틈새시장을 공략하는 시나리오에 대해 얘기하자. 마약, 밀수 등 불법·탈법 거래의 결제나 이로 인한 수익의 자금세탁, 각국 과세당국의 감시 회피, 국제제재의 회피 수단으로 악용되는 경우 등을 말한다. 단순 지불토큰만의 확실한 자기 영역을 구축할 수 있는 방법이기는 하지만 아주 위험한 생존법이다.

어떤 지불토큰이든 이런 목적으로 사용될 수 있지만, 익명성을 극도로 높인 블록체인에 기반을 둔 '다크코인'이라고 불리는 토큰들이 이와 같은 불량한 목적 달성에 유용하다. 그러나 이런 방식의 생존법이 확산되는 것은 매우 바람직하지 못하다. 자칫 해당 토큰뿐만 아니라 개방형 블록체인 전체의 몰락을 야기할 수도 있다. 실현되어서는 안 될 시나리오다.

화폐성 디지털 자산

단순 지불토큰이 화폐로서 자리매김할 수 있는 시나리오를 크게 셋으로 나누어 살펴보았다. 첫 번째, 두 번째 시나리오는 실현가능성이 낮고, 실현되더라도 이 시나리오로 살아남을 수 있는 토큰은 몇 안 된다. 세 번째 시나리오는 가능성은 꽤 높아 보이는데 바람직하지 않다. 결론

래되는 시장이다. 투자자산의 가치를 그 시장의 대표 투자자산의 가치와 비교해 표시한다고 해서 그 대표 투자자산이 곧 화폐이고 기축통화가 되는 것은 아니다

적으로 화폐로서 단순 지불토큰의 미래는 썩 밝지 않다.

화폐가 되지 못한 단순 지불토큰의 운명은 둘 중 하나다. 소멸하거나, 살아남아 화폐성 디지털 자산으로서 새로운 영역을 개척하는 것이다. 화폐성 암호자산은 아날로그 세계에서 이와 딱 맞아 떨어지는 유사한 대상을 찾기 어렵다. 디지털 금이라고 얘기하기도 하지만 금은 투자자산이면서 동시에 매우 유용한 금속이다. 언제든 녹여서 산업용으로 또는 장신구 제작용으로 사용할 수 있다.

그런데 금 가격에는 이와 같은 사용가치와 자산가치가 혼재되어 있다. 장기적인 금 가격 추이를 보면 금의 가치 변동에 영향을 미치는 주된 요인은 사용가치보다 투자심리라는 점을 쉽게 알 수 있다. 금 가격은 글로벌 금융시장에서 불안감이 커지던 2008년 전후 상승하기 시작해 주요 선진국 통화 발행량이 급증하는 동안 따라서 급등했다. 그 시기를 전후해 금의 사용가치에 중대한 변화가 발생한 징후는 없다. 금의 가치에서 자산가치가 상당한 비중을 차지한다는 증거다. 화폐성 암호자산을 굳이 금에 비유하자면 사용가치를 제외한 투자대상으로서의 금이라고 할 수 있다.

귀금속이라는 금의 시각적 특성이 우리의 판단력을 흐리게 하지만, 금 가치의 상당 부분을 차지하는 자산가치는 금에 대한 인류의 믿음에서 비롯됐다. 투자자산으로서 금의 적정가치가 어느 정도인지는 아무도 모른다. 그러나 금이 가치 있는 것이라는 믿음, 그리고 그 가치의 영속성에 대한 믿음을 바탕으로 형성된 가격을 두고 인류의 어리석음을 비난하는 이는 많지 않다.

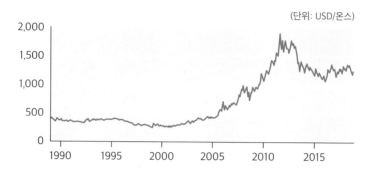

그림 12-2. 금 가격 추이

(단위: USD/온스)

이런 믿음이 화폐성 암호자산에 부여되지 말란 법은 없다. 금처럼 매력적인 외형이 없기 때문에 쉽게 납득되지 않을 뿐이다. 다만, 화폐가 아닌 투자자산으로서의 단순 지불토큰의 가치 적정성을 논하기는 정말 어렵다. 가치가 극도로 불안정한 자산이 될 수도 있고, 금처럼 비교적 가격안정성이 높은 투자자산으로 자리매김할 수도 있다.

새로운 유형의 자산으로서 단순 지불토큰, 특히 비트코인에 대한 인류의 믿음의 크기와 강도는 여전히 시험 중이다. 금의 가치에 대해 인류가 보내는 신뢰의 역사는 인류의 역사 그 자체다. 반면, 비트코인이 세상에 첫선을 보인 건 2009년이다. 비트코인의 자산가치에 대해 인류의 극히 작은 일부가 보내고 있는 신뢰의 확장성과 지속가능성을 판단하기에는 비트코인과 함께한 시간이 너무도 짧다.

비트코인의 운명

비트코인은 흥미로운 분석 대상이다. 디지털 화폐로서의 편리성 측면에서 보면 다른 주요 지불토큰과 비교할 때 낙제점 수준이다. 다른 점은 다 제쳐 두더라도 거래 확정에 한 시간은 기다려야 한다는 것은 디지털 시대에 부끄럽기 짝이 없는 처리 속도다. 토큰에 대해 대체적으로 우호적인 견해를 갖는 이들 중에서도 비트코인은 거품이 너무 심하다는 얘기를 하는 경우를 종종 보게 된다. 그럼에도 불구하고 비트코인은 오랜 기간 토큰계의 부동의 1위 자리를 지켜왔다.

장차 디지털 화폐로서 본연의 기능을 제대로 수행할 수 있을지 의심스러운 비트코인의 인기 비결은 무엇일까? 선도자로서의 인지도, 사토시의 철학에 공감하는 이들의 열성적 지지, 미래에 대한 막연한 기대심리 등이 복합적으로 작용한 결과물일 것이다. 비트코인의 최대 강점은 어찌됐든 사람들을 많이 모았다는 것이다. 좋은 화폐든 좋은 자산이든 많은 사람들의 신뢰를 얻어야 하는데 그 점에서 비트코인은 일단 성공했다. 좋은 플랫폼이 되기 위해 가장 어려운 조건을 충족시킨 것이다. 앞으로의 과제는 얼마만큼 사람들을 더 모으고, 모은 사람들을 어떻게 이 플랫폼 안에 잡아 놓느냐이다.

작업증명을 채택하고 있는 비트코인 커뮤니티의 의사결정을 좌우하는 것은 채굴자 집단이다. 그리고 잘 알려져 있듯이 이들은 기업화되어 있고 중국계 비중이 매우 높다. 주요 채굴자들은 사토시가 정해둔 규칙을 이용해 수익을 내는 데 최적화된 이들이다.

지금의 비효율성을 안고서는 비트코인이 사토시가 생각했던 '직거래 전자화폐'peer-to-peer electronic cash로 자리매김하기 어렵다는 것을 이들도 모를 리 없다. 그러나 시스템을 효율적으로 만드는 것은 비효율적인 규칙에 기반을 둔 이들의 기득권을 빼앗을 수 있다. 큰 이익이 걸려있는 문제이니 이들도 비트코인의 미래에 대해 진지하게 고민하고 있을 것이다. 비트코인의 최종 목표를 '좋은 화폐'로 할지, '좋은 화폐성 암호자산'으로 할지, 아니면 적당한 시점에 이익을 실현하고 버릴 것인지 이미 결정했을 수도 있다.

2019년 상반기까지의 모습 그대로 비트코인이 생존에 성공한다면 가장 가능성이 높은 것은 화폐가 아니라 새로운 유형의 화폐성 디지털 자산이다. 디지털 시대의 새로운 자산 영역을 개척하면서 부수적으로 디지털 화폐로서 기능을 하게 되더라도 사토시의 시도를 실패라고 부를 수는 없을 것이다. 언젠가 커뮤니티 구성원들의 합의를 거쳐 사토시의 이상을 적극적으로 구현하기 위한 대수술을 단행할지도 모른다.

불편한 지급수단이라는 옷은 얼마든지 효율적인 것으로 갈아입을 수 있다. 다른 곳에서 빌려올 수도 있다. 고유의 지급수단이 비효율적이기 때문에 화폐가 되지 못할 것이라는 주장은 논리가 빈약하다.[7] 사토시가 임의로 정해둔 2,100만 개라는 발행 제한도 깨뜨리지 말라는 법은 없다. 플랫폼으로서 가장 어려운 사람 모으기에 성공했고 모인 사람들의 합의에 따라 얼마든지 변화가 가능한 것이 블록체인 플랫폼이기에 비트코인의 미래를 예단하는 것은 섣부르다.

---

7 화폐와 지급수단의 차이에 관한 논의를 상기하자.

암호화폐와 법정화폐

암호화폐 경제 지지자들 중에는 나쁜 화폐인 법정화폐가 이상적인 암호화폐에 의해 대체될 수밖에 없다고 주장하는 이들이 꽤 있다. 법정화폐는 시간이 지날수록 가치가 떨어지는 화폐인 데 반해, 암호화폐는 가치가 오르는 화폐라는 것이다. 그들의 관점에서 법정화폐가 얼마나 나쁜 화폐인지부터 살펴보자.

법정화폐는 나쁜 화폐?

그들에 따르면 법정화폐의 가장 큰 문제는 중앙집중 권력이 자기 입맛대로 돈을 찍어낸다는 것이다. 그 결과 자산 중에서 거의 유일하게 가치가 지속적으로 떨어지는 '매우 나쁜 자산'이 됐다. 가치가 떨어지는 과정에서 법정화폐 이외의 다른 자산을 보유하고 있는 이들에게 부富가 이전된다. 구매력도 점점 떨어진다. 법정화폐를 보유하는 이들의 박탈감이 커진다. 반면, 발행 과정이 투명하게 관리되고 발행량이 제한되는 지불토큰은 사용자가 늘어나고 거래가 활발해지면 그 가치가 높아진다. 쓸수록 가치가 오르는 좋은 자산이다.

이렇게 비교하고 보니 법정화폐보다 지불토큰이 월등하게 우월해 보인다. 지불토큰이 화폐로 성숙하고, 이 성숙한 암호화폐가 법정화폐를 대체하는 것은 시간문제인 것 같기도 하다. 과연 그럴까? 아니다. 그러면 이 논리의 어느 부분에 문제가 있을까?

가장 큰 논리적 빈틈은 화폐와 화폐를 비교한 게 아니라는 것이다. 아직은 화폐라는 이름을 붙여줘서는 안 될 화폐성 투자자산 단계에 머

물고 있는 지불토큰의 특성이 화폐로 성숙한 이후에도 유지될 것이라고 전제하고 법정화폐와 비교하는 오류를 범하고 있다. 지불토큰이 화폐가 된다면, 특히 법정화폐의 지위를 위협할 만큼 좋은 화폐가 된다면 지속적으로 가치가 오르기는 어렵다. 앞 장에서 이미 얘기했듯이 화폐는 화폐성을 위해 투자성을 희생시킨 자산이다.

법정화폐가 나쁜 투자자산이라는 점은 누구나 아는 사실이다. 들고 있을수록 손해인 줄 몰라서 법정화폐를 보유하는 게 아니다. 쓰기 편하기 때문에 보유한다. 그래서 2008년 글로벌 금융위기 때처럼 다른 자산들의 가치가 곤두박질치는 예외적인 경우가 아니라면 법정화폐 보유를 거래에 꼭 필요한 만큼으로 최소화하려고 애쓴다.

투자에 무관심하거나, 특별한 필요가 있거나, 혹은 다른 자산의 수익률을 비관적으로 평가해서 현금 또는 사실상 현금과 다름없는 자산인 예금을 대량 보유하고 있는 이들도 있다. 그러나 이들도 법정화폐를 장기 보유하고 있으면 손해라는 것을 모르지 않는다. 만약 현금을 대량 보유하고 있으면서 가치가 떨어져 손해를 본다고 불평하는 사람이 있다면 그의 무지를 탓해야지 법정화폐가 수익을 못 낸다고 탓해서는 안 된다.

법정화폐의 경쟁력

그러면 지불토큰 중 화폐성이 충분히 높아져 화폐라고 부를 만한 것들이 나온다면, 이들은 법정화폐를 대체할 수 있을까? 쉽지 않다. 투자자산 관점에서 보면 일반적으로 법정화폐가 매력 없는 자산인 것은 맞다. 그러나 특정 국가의 화폐시스템 관점에서 보면 그 나라의 법정화폐는 매우 경쟁력 높은 플랫폼을 형성한다. 이미 좋은 예도 있다. 지구상에서 가장 좋은 화폐라는 미국 달러화도 우리나라에 오면 일상생활의 거래에서 사용하기에 매우 불편하다. 일단 원화로 바꿔야 한다.

한 나라 안에서는 그 나라의 법정화폐 하나만 사용하는 것이 가장 합리적이다. 한국에서 대부분의 경제활동을 하는 사람에게 달러화는 환차손과 환전비용만 발생시키는 애물단지가 되기 십상이다. 환차손 문제를 떠나 주변 사람들이 많이 사용하는 화폐를 사용하는 게 제일 편리하다. 뿐만 아니라 지불토큰은 특정 국가의 경제활동을 원활하게 지원하기 위한 맞춤형 화폐인 법정화폐만큼 해당 국가경제의 물가안정을 담보하는 '좋은 화폐'가 되기도 어렵다. [8]

따라서 정상적인 국가 안에서 범용 거래매개 수단으로서의 지위를 놓고서는 지불토큰뿐만 아니라 그 어떤 대안화폐도 법정화폐라는 절대강자를 이기기 어렵다. 틈새시장에서 살아남을 가능성은 있지만 법정화폐의 자리를 넘보는 것은 한마디로 불가능하다. 국가경제가 멀쩡히 작동하고 있는데, 사람들이 일상생활에서 주된 거래매개 수단으로서 법정화폐 대신 '좋은 화폐'인 비트코인을 널리 사용하는 일은 벌어지지 않는다.

법정화폐가 제 기능을 못하는 지역에서는 지불토큰이 화폐로서 통용될 가능성이 있다. 현재도 통화정책 수행 능력이 낮은 국가에서 아예 달러화를 공용화하거나, 법정화폐보다 달러화를 더 선호하는 경우가 있다. 이들 국가는 정부, 중앙은행, 금융기관 같은 중개자들이 제 역할

---

8 좋은 화폐의 요건에 대해서는 다음 장에서 다룬다.

을 못하는 곳이니 탈중앙 시스템에 기반을 둔 지불토큰이 상대적으로 큰 역할을 할 여지가 있다. 다만, 이 경우에도 지불토큰이 달러화보다 우위를 점하리라는 보장은 없다.

기축통화 경쟁

국경을 넘어서는 경우에는 상황이 다르다. 국가 간 거래란 국가별 경제 시스템의 범위를 넘어서는, 경제시스템 간의 거래다. 국가 간 거래에 이용되는 국제화된 통화의 지위는 특정 국가 내에서 법정화폐의 지위와는 다르다. 달러화도 미국 내에서는 법정화폐지만 한국이나 일본에서는 외국화폐다.

국가 간의 거래에서 달러화를 주로 사용하는 것은 거래 쌍방이 달러화를 사용하는 게 더 편리한 경우가 많기 때문이다. 국제화된 법정화폐보다 지불토큰이 더 편리하고 경제적이고 안정적이라면 경제시스템 간 거래의 결제수단으로서 지불토큰을 선택할 가능성은 분명히 있다. 이미 지불토큰을 이용하는 국제 송금시장도 형성되어 있다.

따라서 지불토큰이 법정화폐의 지위를 직접 위협하는 시나리오는, 만약 현실화된다면 국내 거래보다는 국제 거래일 가능성이 높다. 화폐세계의 3층에서 확실히 자리 잡은 암호화폐가 2층까지 세를 확대할 수도 있고, 2층에서 주로 활동하는 암호화폐가 나타날 수도 있다. 지불토큰은 기본적으로 국경의 구애를 받지 않는 글로벌 화폐를 지향한다는 점을 상기하자. 국가 간 결제 분야에서 법정화폐에 기반을 둔 기존 결제 시스템의 비효율이 상대적으로 크다는 점도 지불토큰이 유리할 수 있는 부분이다.

중앙은행과 법정화폐의 미래

지불토큰을 화폐로 사용하는 경우가 늘어나면 화폐 세계에서 법정화폐에 대한 의존도는 줄어든다. 지불토큰에 대한 화폐로서의 수요는 이들이 없었다면 법정화폐로 몰릴 수밖에 없었을 수요이기 때문이다. 장차 세계경제에서 지불토큰을 채택한 블록체인 경제의 비중이 매우 높아진다면, 지불토큰은 법정화폐의 지위를 근본적으로 위협할 수도 있다. 다만, 이런 시나리오가 현실화된다면 국가의 의미도 달라질 것이고 법정화폐의 개념 자체도 재정립해야 할 것이다.

법정화폐 세계의 반격

블록체인 경제 내에서 지불토큰의 사용에 어떻게 대응할 것인지와는 별개로, 각국 중앙은행과 정부는 지불토큰이 블록체인 밖 거래로까지 널리 확산되는 것을 손 놓고 바라보지만은 않을 것이다. 지불토큰과 접점이 많은 기축통화 보유 국가는 신경을 더 쓸 수밖에 없다. 이들의 대응은 법정화폐의 경쟁력을 강화하는 것, 그리고 공권력을 적절히 활용하는 것 두 측면에서 모두 이루어질 수 있다.

쉽게 생각할 수 있는 경쟁력 제고 방안은 디지털 시대의 거래 환경에 맞추어 법정화폐 자체를 디지털화하는 것이다. 앞에서 얘기한 CBDC를 도입하는 것이다. 사실 CBDC가 없어도 특정 국가 안에서의 결제는 암호화폐가 거의 끼어들 틈이 없을 정도로 효율화되어 있다. 이미 얘기했듯이 아날로그 화폐인 법정화폐 자체는 불편하지만 이를 보완하기 위한 효율적인 지급수단이 다양하게 개발되어 있고 진화를 계속하고 있기 때문이다. 미국이나 유로존에서 CBDC를 도입한다면 상대적으로 비효율이 많이 남아 있는 국가 간 결제 분야에서 달러화, 유로화의 경쟁력을 더 높일 여지는 있다. 블록체인에 기반을 둔 CBDC를 도입해 지불토큰의 장점을 취하면서 법정화폐의 입지도 강화할 수 있다.

국가권력을 통한 견제도 가능하다. 법정화폐는 공권력이 탄생시킨, 공권력의 강력한 지지를 받고 있는 화폐다. 지불토큰이 법정화폐의 지위를 근본적으로 위협할 수 있다고 판단되면 각국 정부가 지불토큰을 불법화하는 방식으로 대응하는 것도 가능하다. 정상적인 국가에서라면 법적 제재의 효과는 강력할 것이다. 특히, 미국이 달러화의 기축통화 지위를 위협하는, 그래서 미국의 패권에 흠집을 낼 수 있는 존재의 세 확산을 강 건너 불구경하듯 하지는 않을 가능성이 높다. 세계 최강대국의 견제수단은 꽤 많고 효과적이다.

결론적으로 암호화폐로 발전한 지불토큰이 블록체인 내부 결제를 넘어 법정화폐 영역을 직접 침범하는 것에 대한 법정화폐 세계의 견제는 유효할 가능성이 높다. 그렇더라도 경쟁자 없이 독주할 때에 비해 각국 중앙은행은 통화정책의 신뢰성 제고 등 법정화폐를 더 좋은 화폐로 만드는 데에 더 신경 쓸 수 있다. 오랜 기간 독과점체계가 유지되던 곳에 무시할 수 없는 잠재적 경쟁자가 나타난 셈이기 때문이다. 지불토큰이 화폐 세계의 1층과 2층에서 본격적으로 활약하지 못하더라도, 미래의 경제사가들은 지불토큰이 법정화폐의 발전에 기여한 공로를 인정해줄지도 모른다.

케인즈의 꿈

만약 지불토큰이 국가 간 거래에서 기축통화 중 하나로 유의미하게 사용되기 시작한다면, 국제금융시장 질서에 심각한 위협요인으로 받아들이는 이들과 이를 계기로 기존 기축통화 시스템의 근본적 변화를 요구하는 이들로 나뉠 수 있다. 미국을 중심으로 한 기존 기축통화 보유국은 새로운 경쟁자의 출현을 반기지 않을 수 있지만 국제통화 질서의 변방 국가들은 변화를 지지할 수도 있다. 지불토큰은 어떤 기축통화 시스템이 미래의 글로벌 경제에 최적인지에 대한 국제적 논의를 다시 한번 이끌어 낼 수도 있을 것이다.

2차 세계대전 이후 국제통화 질서가 크게 재편될 때에도 비슷한 고민이 있었다. 기존 국가별 화폐와는 별개의 세계화폐 도입이 시도됐다. IMF 설립 당시 있었던 논쟁에서 케인즈^{John M. Keynes}가 펼쳤던 주장이었다. 케인즈가 제안한 세계화폐^{bancor}는 개인들의 일상적 사용을 위한 것이 아니라 대규모의 국가 간 결제를 청산하고 외환 부족 상태에 놓인 국가를 효과적으로 지원하기 위한 것이었다. 특정 국가의 법정화폐를 기축통화로 사용하는 것보다 별도의 세계화폐를 도입하는 것이 합리적이라고 본 것이다.

결론은 우리 모두가 알고 있다. 케인즈가 주장한 이상적인 세계화폐는 만들어지지 않았고, 미국 달러화가 그 역할을 수행해오고 있다. IMF는 출범 후 20여 년이 지난 1969년 특별인출권^{SDR: Special Drawing Right}이라는, 사실상 세계화폐로 기능할 수 있는 국제준비자산을 만들었다. 다만, 일반적인 거래를 위해서는 사용하지 못하고 회원국의 위기 지원 목적으로 용도를 한정하고 있다. 미국은 여전히 패권국이지만 IMF 출범 당시와 비교하면 국제사회는 훨씬 다극화되었다. 특정 국가의 법정화폐가 아닌 세계화폐를 도입할 기술적 여건도 충분하다. 지불토큰이 촉발할 수도 있는 다음 번 기축통화 논쟁의 결론은 과거와 달라질 수도 있을 것이다.

13장

좋은 화폐 만들기

**좋은 암호화폐가 블록체인 경제의 성공을 보장하지는 못한다.
그러나 나쁜 암호화폐는 블록체인 경제를 확실히 망친다.**

어떤 괴짜 부동산 개발자가 특이한 쇼핑몰 프로젝트를 제안했다. 건물 설계나 입점 점포 구성 등은 여느 대형 쇼핑몰과 다름없는데, 재미있는 것은 이용하는 사람 모두가 주인이 되는 쇼핑몰을 만들겠다는 것이었다. 그래서 투자자들에게 주식을 배분하지 않고 쇼핑몰이 오픈하면 사용할 전용화폐인 S토큰 100만 개를 만들어 나눠주기로 했다. 추가 발행은 없다.

개발자의 제안에 따르면, 이 토큰은 입점한 점포들이 쇼핑몰에 임대료, 관리비 등을 내는 데 사용한다. S토큰 이외의 화폐 사용은 금지된다. 쇼핑몰 영업이 잘되어 입점 경쟁이 치열해지면 이 S토큰의 가치가 올라가서 투자자들에게 높은 수익을 줄 수 있고, 동시에 결제수단으로도 사용할 수 있으니 주식에 비해 더 낫다는 설명이다. 쇼핑몰 운영에 관한 중요한 사안은 S토큰 보유자들끼리 모여서 결정한다.

쇼핑몰에는 500개 점포가 입점한다. 모든 점포는 S토큰과 같은 방법으로 각 점포의 투자자를 모집하기로 했다. 500 종류의 점포별 토큰이 발행되어 투자자들에게 지분 비율대로 배분됐다. 각각의 점포에서 물건이나 음식, 서비스를 구매하려면 해당 점포의 토큰만 사용하고 가격도 각각의 토큰 단위로 표시하도록 했다. 이 독특한 콘셉트의 쇼핑몰 프로젝트는 큰 인기를 끌어 아주 성공적으로 투자자를 모집했다.

쇼핑몰이 문을 열었다. 스포츠 용품을 판매하는 A상점에서는 A토큰을 내고 물건을 구입했다. 물건 가격이 원화가 아니라 A토큰 단위여서 헷갈리는 고객이 많았다. 그래도 딱히 비싼 것 같지는 않아 거래가 잘 이루어졌다. A상점 주인에게 A토큰이 쌓여갔다. 그런데 A토큰으로는 쇼핑몰에서 할 수 있는 게 없었다. 옆의 B식당을 이용하려는 데 A토큰을 쓰는 건 받아주지 않았다. 그래서 A토큰을 B토큰으로 바꾸려고 하니 그것도 바로는 안 된다고 했다. A토큰을 취급하는 토큰 거래소에서 B토큰을 갖고 있지 않아 일단 A토큰을 S토큰으로 바꾸고 B토큰을 취급하는 다른 거래소에 가서 S토큰을 B토큰으로 교환했다. 덕분에 수수료를 두 번 냈다.

한창 인기 있는 캐릭터 상품을 파는 C상점에는 심각한 문제가 생겼다. 이틀간은 손님이 물밀 듯 몰려들었는데, 셋째 날부터는 파리를 날렸다. 갑자기 캐릭터 상품의 인기가 시들해져서가 아니다. 문제는 C토큰이 종적을 감춘 것이었다. 손님들에게 받은 C토큰을 상점 주인이 토큰 거래소에 모두 다시 판매했다는데 다 어디로 간 건지, C토큰 구하기가 하늘의 별따기가 되었다. 토큰 가격은 천정부지로 솟고 있는데 정작 이 캐릭터 상품을 사려는 이는 토큰을 구할 방법이 없어 며칠째 전혀 장사가 안 되고 있다.

이 특이한 쇼핑몰, 무엇이 문제일까? 답은 뻔하다. 독자적인 화폐를 도입해서는 안 되는 상황에서 수많은 화폐를 만든 대가다. 각각의 상점에서 사용하는 토큰은 우리에게 친숙한 상품권이나 선불카드와는 차원이 다르다. 상품권과 선불카드는 단순한 지불편의 수단이지만, 이 쇼핑몰의 토큰들은 각각 고유의 가치결정 체계를 갖는 화폐로 기능하도록 설계되었다.

화폐, 즉 돈은 경제시스템 내에서 돌아야 한다. 그래서 돈이라는 이름이 붙었다고 얘기하는 이들도 있다. 그런데 이 쇼핑몰의 토큰들은 한쪽에서 다른 한쪽으로 흘러가기만 할 뿐 회전이 되지 않는다. 그리고 좋은 돈은 거래에 사용하는 데 불편함이 없게끔 유통물량이 조절될 수 있어야 한다. 너무 많아 가치가 떨어지는 것도 문제지만, 너무 적어 가치가 오르는 건 더 문제다. 돈을 안 쓰려 해 돈이 더 귀해지는 악순환이 벌어진다.

화폐시스템도 일종의 플랫폼이다. 많은 참여자를 확보해 규모의 경제를 달성해야 하는 것은 화폐시스템을 포함해 모든 플랫폼에 적용되는 공통의 요건이다. 최대한 많은 사용자가 같은 화폐를 사용하게 만들어야 강력한 화폐 플랫폼을 구축할 수 있다. 이 쇼핑몰 개발자와 투자자는 플랫폼의 기본원리를 망각했다. S토큰은 블록체인 세계에서 플랫폼 토큰이 처한 상황과, A, B, C 등 각각의 점포 토큰들은 사용권 토큰이 처한 상황과 유사하다. 블록체인 경제의 첫 번째 관문을 넘고 나면, 이 쇼핑몰 오픈 이후에 벌어진 혼란과 비슷한 일들이 벌어질 수 있다.

화폐시스템 성립의 요건

블록체인 경제가 좋은 화폐시스템을 갖추기 위한 요건을 얘기하기 전에 하나 상기할 것이 있다. 고유의 지불토큰이 블록체인 경제의 필수요소일까? 여러 번 얘기했듯이 답은 '아니오'이다. 블록체인 경제에서 가치 이동을 매개하기 위한 지급수단은 반드시 있어야 한다. 그러나 그것이 꼭 고유의 지불토큰일 필요는 없다.

우리는 인가형 블록체인 기반 플랫폼이 자체 지불토큰 없이도 작동할 수 있다는 것을 알고 있다. 개방형 블록체인의 경우 자체 지불토큰을 보유하는 것이 자연스럽지만 특별한 관계에 있는 블록체인의 지불토큰을 지급수단으로 차용하는 것이 불가능한 건 아니다. 특히, 스마트계약 플랫폼 인프라에서 작동하는 개별 탈중앙앱 단위의 블록체인 경제에서는, 자체 사용권 토큰 대신 인프라에 결부된 플랫폼 토큰을 지급수단으로 채택하는 것이 어색한 일도 아니다.

따라서 고유의 지불토큰을 택한 장점을 살리지 못하고, 오히려 그것이 블록체인 경제의 성장에 방해가 되는데도 지불토큰을 사수死守할 필요는 없다. 다시 강조하지만 지불토큰은 블록체인 경제의 원활한 작동을 위한 수단일 뿐이다.

자체 지불토큰을 택한 블록체인 경제가 좋은 화폐시스템을 형성하려면 갖추어야 할 요건이 있다. 가장 중요한 것은 이 블록체인 경제 내에서 돈이 돌아야 한다는 것이다. 돈은 어느 한쪽으로만 흘러 들어가면 안된다. 돈을 쓰는 사람과 버는 사람이 확실히 구분되어서는 안 된다는 얘기다. 돈을 잘 버는 사람과 못 버는 사람이 없이 누구나 돈을 공평하게 가져야 한다는 뜻이 아니다. 화폐가 회전하는 가운데에도 더 많은 화폐를 가져가는 사람, 덜 가져가는 사람으로 나뉘는 것은 불가피하다. 그러나 돈이 화폐시스템 내에서 아예 회전하지 못하는 것은 큰 문제다.

〈그림 12-1〉에서 화폐 세계의 1층, 즉 개별 법정화폐시스템 내에서 돈이 도는 원리를 들여다보자. 기업이 생산과 판매의 과정을 거쳐 가치를 창출한다. 이 과정에서 화폐는 가계에서 기업으로 이동한다. 기업이 만들어낸 가치 중 일부는 기업에서 일한 노동자에게 임금으로 지급된다. 기업에서 가계의 구성원인 노동자에게로 화폐가 이동한다. 그리고 화폐는 다시 소비의 과정을 거쳐 기업으로 이동한다. 화폐 세계 3층의 블록체인 플랫폼 기반 화폐시스템에서도 이와 같은 원리에 따라 화폐는 회전해야 한다.[1]

화폐가 잘 회전하려면 화폐 자체도 중요하지만, 우선 경제시스템이 그 화폐를 받아들일 준비가 되어 있어야 한다. 위에서 예로 든 것처럼 화폐가 기업과 가계 사이에서 지속적으로 이동하는 것과 같은 가치의 회전 기반이 구비되어야 한다는 뜻이다. 그러려면 경제시스템 안에서 돈을 쓸 수 있는 방법과 벌 수 있는 방법이 공존해야 한다.

돈이 돌 수 있는 경제구조를 갖춘 이후에는 좋은 화폐를 만들기 위해 노력해야 한다. 좋은 화폐의 기본은 가치의 안정이다. 가치안정성이란

---

1 이처럼 경제시스템 내에서 화폐가 회전해야 한다는 요건은 화폐 세계 2층에서만 활동하는 기축통화 전용 지불토큰에는 크게 중요치 않다. 기축통화는 특정한 경제시스템을 위한 화폐가 아니라 경제시스템 간 거래를 위한 화폐이기 때문이다.

두 가지 의미로 해석될 수 있다. 물가의 변동이 크지 않아야 한다는 뜻일 수도 있고, 다른 화폐와 비교한 상대가격, 즉 환율의 변동성이 높지 않아야 한다는 뜻일 수도 있다. 경제시스템 내에서의 화폐 회전 관점에서 중요한 것은 전자, 물가의 안정성이다. 환율의 안정성은 해당 경제시스템 외부와의 거래가 잦거나, 화폐를 거래매개 수단이 아닌 투자수단으로 보유하는 경우 중요한 요인이다.

돈이 도는 거래 기반

블록체인 경제가 거래매개 수단으로 채택한 지불토큰은 해당 블록체인 경제 내에서 회전할 수 있어야 한다. 회전하지 못하는 지불토큰은 블록체인 경제의 효율을 떨어뜨린다. 최악의 경우 블록체인 경제를 죽일 수도 있다.

〈그림 13-1〉처럼 블록체인 경제에서 돈이 돈다는 것은 크게 세 가지 뜻으로 해석될 수 있다. 첫째, 블록체인 플랫폼에서 가장 중요한 지불수단인 플랫폼 토큰이 플랫폼 인프라 사용 과정에서 주인 바뀜이 활발히 일어나는 것이다(①). 둘째, 개별 탈중앙앱, 즉 플랫폼의 하위 생태계 내에서 사용권 토큰이 한곳에 머무르지 않고 회전하는 것이다(②). 셋째, 같은 플랫폼 인프라를 공유하는 탈중앙앱 전체 차원에서 플랫폼 토큰이 개별 탈중앙앱들의 공통화폐 역할을 하며, 이 통합 블록체인 경제 내에서 크게 순환하는 것이다(③).

그림 13-1. 돈이 도는 블록체인 경제

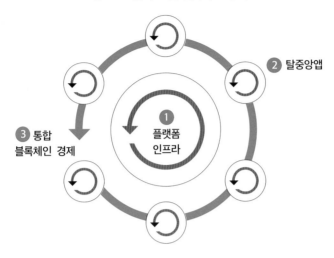

돈이 안 도는 블록체인 경제

전자상거래 서비스만을 제공하는 단순한 블록체인 경제를 예로 들어보자. 이 플랫폼 생태계에 독자적인 지불토큰이 도입되면 이 토큰은 구매자에게서 판매자로 일방적으로 흘러들어가게 된다. 판매자 중 일부는 다른 판매자의 구매자가 되어 토큰이 움직일 수도 있지만 이것만으로는 가치의 대회전大回轉이 일어날 수 없다. 구조적으로 판매자들은 화폐의 과잉보유, 소비자들은 과소보유 상황에 놓인다.

이처럼 가치가 회전하지 않는 상황에서 소비자가 지불토큰을 취득하려면 판매자로부터 구입하는 수밖에 없다. 지불토큰으로 상품과 서비스를 구매하고, 지불토큰을 다 쓰면 다시 판매자로부터 토큰을 구매하는 과정이 반복된다. 판매자가 남아도는 지불토큰을 토큰 거래업자에게 판매하고 소비자가 이를 재구매하는 방식이 될 수도 있다. 화폐보다는 상품권의 발행·유통 환경과 유사하다. 이렇게 되면 굳이 지출할 필요가 없는 지불토큰 구입 수수료, 화폐 세계의 용어로는 환전 수수료를 계속 내야한다. 매번 환전할 때마다 환율이 바뀌는 것도 불편하다.

지불토큰을 채택한 블록체인 기반 경제시스템이 기존 플랫폼 경제와 차별화하려면 결국 참여자, 특히 서비스의 구매자에게 더 큰 이익을 줄 수 있어야 한다. 그리고 그 비법으로 흔히 내세우는 것이 토큰의 가치 상승을 통한 보상이다. 그런데 지불토큰이 회전하지 못한다면 활발한 소비로 경제시스템을 키우는 데에 적극적으로 기여한 소비자일수록 지불토큰 보유량이 늘 0에 가까울 가능성이 높다.

장기적으로 지불토큰이 좋은 화폐가 되면서 동시에 그 가치가 지속적으로 상승할 수 있을지부터가 의문이기는 하다. 그러나 그렇게 된다고 하더라도 토큰이 회전하지 못하면 가치 상승으로 인한 이득은 토큰을 열심히 써서 경제시스템의 가치를 올리는 데 기여한 이들보다 가만히 보유만 하고 있는 이들에게 돌아가게 된다. 참으로 곤란한 상황이다. 사실 현명한 소비자라면 이런 상황이 벌어지기 전에 이미 이 지불토큰과 블록체인 경제에 대한 기대를 낮출 것이다.

지불토큰 가치 상승의 이익을 일반 소비자에게 돌려주기 어렵다고 해서 이 블록체인 경제가 소비자에게 보상을 줄 수 있는 방법이 모두 사라지는 것은 아니다. 멤버십 포인트 적립 같은 방식을 사용할 수 있다. 그러나 그와 같은 보상은 자체 지불토큰이 없더라도 가능하다. 기존 기업형 플랫폼도 흔히 채택하는 방법이다. 반면, 원활히 회전하지 못하는 지불토큰의 단점은 분명하다. 사용자의 환전 수수료 부담과 환율 리스크의 증가, 그리고 불편함이다. 이런 지불토큰이 블록체인 경제의 성장을 효과적으로 지원할 수 있을까? 나아가 이런 지불토큰이 꼭 필요한 것일까?

해결 방법은?

이 장의 서두에서 소개한 이상한 쇼핑몰 얘기로 되돌아가보자. 이 혼란을 해결하려면 어떻게 해야 할까? 우선 501개에 이르는 토큰 중 대부분은 없애야 한다. 점포별 토큰 중 자체 회전이 불가능한 토큰은 다 없애는 게 맞다. 자체 지불수단이 꼭 필요하다면 화폐를 만들려고 하지 말고 상품권 시스템을 도입하면 된다. 투자자들이 들고 있는 토큰은 모두 회수하고 대신 그만큼 주식이나 지분 증권으로 전환해 점포에 수익이 난 만큼 받아가게 해야 한다. 화폐라는 다루기 어려운 자산에 지분의 성격까지 부여한 것이 가장 큰 잘못이기 때문이다.

500개의 점포 토큰 중 자체적으로 회전이 가능한 것이 하나도 없다면 다 없애면 된다. 그리고 나서는 쇼핑몰 전체의 가치 흐름을 분석해야 한다. 개별 점포별로는 아니지만 쇼핑몰 전체로는 가치가 원활히 회전할 수 있다면 쇼핑몰 전체의 S토큰은 살아남을 수 있는 기본요건은 갖춘 셈이다. S토큰을 모든 점포에서 사용하도록 하고 이것이 좋은 화폐가 되도록 잘 관리하면 고유의 화폐시스템을 만들 수도 있다.

그런데 쇼핑몰 전체로도 가치가 원활히 회전하지 못한다면 어떻게 해야 할까? 첫째, 입점 점포 구성을 바꿔 가치 흐름을 개선할 수 있다. 둘째, 소비자들이 쇼핑몰에서 소비만 하는 게 아니라 돈까지 충분히 벌 수 있다면 가치는 더 원활하게 회전할 수 있다. 셋째, 쇼핑몰 외부의 다른 경제시스템과 연결해 통합 화폐시스템을 만들면 가치가 회전할 가능성은 더 높아진다. S토큰을 통합 시스템의 화폐로 사용할 수도 있고, 더 좋은 토큰이 있다면 그 토큰을 통합화폐로 정하면 된다. 넷째, 이렇게 해서도 방법을 못 찾는다면 불편함을 감수하고서라도 이 쇼핑몰을 반드시 이용하게 만들 특별한 무언가를 구비해야 한다. 다섯째, 그런 특별한 무언가도 없다면 아쉽지만 독자적인 화폐시스템 만들기를 포기하는 것을 심각히 고민해야 한다.

　블록체인 경제로 다시 돌아가자. 이 쇼핑몰 문제의 해법은 지불토큰을 택한 블록체인 경제에도 그대로 적용될 수 있다. 플랫폼 토큰도 사용권 토큰도 회전하기 어려울 가능성이 높다. 〈그림 13-1〉에서 첫 번째, 두 번째 유형의 지불토큰 회전이 원활하지 않을 수 있다는 뜻이다. 지불토큰의 회전 문제, 어떻게 해결할 수 있을까?

　플랫폼 인프라상의 다양한 탈중앙앱이 채택한 각각의 사용권 토큰의 경우 스스로 가치 회전이 불가능한 환경이라면, 자체 지불토큰을 통해서만 구현할 수 있는 특별한 이득이 있는지 꼼꼼히 따져봐야 한다.[2] 그런 이득의 실체가 불분명하다면 투자자금은 지불토큰이 아닌 방법을 통해 조달하는 것이 낫다. 증권토큰을 발행할 수도 있고 기존의 주식을 이용해도 된다.[3] 그리고 화폐의 기능은 플랫폼 인프라의 화폐, 즉 플랫폼 토큰에 의존하면 된다. 회전할 수 없는 사용권 토큰을 정리하고 나

2　개별 탈중앙앱 단위에서도 토큰의 회전은 가능하다. 예를 들면, 모두가 판매자인 동시에 소비자가 되는 공유경제 서비스를 제공하는 경우다.
3　주식회사도 탈중앙앱의 서비스 제공자가 될 수 있다

서는 〈그림 13-1〉의 세 번째 유형의 회전이 원활히 이루어지도록 해야한다.

　서비스별로 사용권 토큰을 택하지 않고 플랫폼 토큰을 공통화폐로 사용하면 플랫폼 인프라를 공유하는 개별 탈중앙 서비스를 하나의 경제시스템, 즉 통합 블록체인 경제로 묶는 효과도 있다. 이 통합 블록체인 경제의 가치 회전이 원활히 이루어질 수 있을 만큼 거래의 다양성이 확보된다면 다행이다. 이 플랫폼 화폐를 좋은 화폐로 만들기 위한 작업에 착수하면 된다. 그렇지 못하다면 어떤 서비스가 추가되어야 가치의 흐름을 개선할 수 있을지 커뮤니티 전체가 고민해야 한다. 하나의 플랫폼에서 참여자들이 돈을 쓰고 동시에 벌기도 할 방법을 찾는 것이 핵심이다.[4]

　스스로 해결방법을 찾기 어렵다면 다른 블록체인 경제와 연대해 더 큰 통합 블록체인 경제를 만드는 것도 생각해볼 수 있다. 이런 방법도 통하지 않는다면, 회전하기 어려운 지불토큰을 거래매개 수단으로 이용하는 불편을 감수하면서도 사람들이 기꺼이 이 블록체인 경제에 참여하고 싶어 할 강력한 유인을 제시할 수 있어야 한다. 그것도 어렵다면 지불토큰을 채택하는 블록체인 경제 모델의 유효성에 대해 진지하게 고민해야 할 것이다.[5]

4　예를 들면, 어떤 플랫폼 참여자가 탈중앙앱A 내에서 소비자이지만, 탈중앙앱B 내에서는 서비스 공급자가 된다. 탈중앙앱C를 통해 노동서비스를 공급한 대가로 임금을 받고, 금융형앱D를 통해서는 투자를 해 배당금을 받는다. A, B, C, D 사이의 가치의 이동은 공통의 화폐 역할을 하는 플랫폼 토큰이 매개한다.

5　플랫폼 토큰이 블록체인 경제 밖, 즉 화폐 세계의 1층과 2층에서도 다양한 거래에 사

플랫폼 인프라의 하위 생태계를 단일 지불토큰을 통해 연결하여 통합 블록체인 경제를 완성하는 것은, 법정화폐 세계에서 화폐 통합을 통해 추구하는 목표와 크게 다르지 않다. 유로화 도입의 가장 큰 목적이 무엇일까? 유로화를 사용하는 국가들 사이의 가치 흐름을 개선하고, 궁극적으로 유로존 전체 차원에서 가치의 대회전이 활발히 이루어져 더 큰 가치를 지속적으로 창출하기 위한 것이다.

블록체인 플랫폼 인프라의 초기 단계에는 그 인프라 위에 어떤 탈중앙 서비스가 채워질지 모르니, 그 인프라와 탈중앙앱들이 함께 형성할 통합 블록체인 경제의 가치 회전이 잘 이루어질지 알 수 없다. 그러나 탈중앙앱별로 형성될 개별 서비스 생태계만 놓고 보면, 돈이 돌 수 있는 거래 구조인지 아닌지 쉽게 알 수 있다. 사용권 토큰에 투자할 때는 이러한 점을 잘 감안해 신중하게 투자를 결정해야 할 것이다.

가치변동성

지불토큰의 높은 가치변동성으로 인해 화폐가 될 수 없다거나 좋은 화폐가 되기 어렵다는 지적이 많다. 여기서 가치의 변동이란 물가, 즉 인플레이션·디플레이션율의 변동보다는 다른 화폐와 대비한 상대가치의 변동을 의미한다. 법정화폐 세계의 용어로는 환율변동성이다. 그런

용된다면 이 토큰은 블록체인 경제 내외를 모두 포괄하는 가치 회전 기반을 갖출 수 있다. 블록체인 경제 내에서는 화폐가 한쪽으로 쏠리지만, 블록체인 경제 밖에서 거래매개 수단으로 널리 활용되어 자연스럽게 주인 바뀜이 일어나는 시나리오다.

데 낮은 변동성은 좋은 화폐가 되기 위한 요건이라기보다는 좋은 화폐가 되면 달성되는 특성으로 보는 게 더 적합해 보인다.

법정화폐 세계를 보면 무슨 의미인지 명확해진다. 대부분의 선진국은 외환시장에 직접 개입하기보다는 시장에서 환율이 결정되도록 맡긴다. 그런데 선진국 통화일수록 환율변동성이 줄어들고 투자자 입장에서 '재미없는' 통화가 되는 경향이 발견된다. 화폐가 사용되는 실물경제가 안정적이고 통화당국이 제대로 된 통화정책으로 그 경제를 뒷받침하면 환율의 변동성 문제는 자연스럽게 해결된다.

가치안정토큰

아직 독자적으로 화폐로 기능하기 어려운 단계에 있는 지불토큰도 그 가치를 인위적으로 고정시키는 게 불가능한 것은 아니다. 이른바 가치안정토큰stable coin을 만들어 지불토큰의 가치변동성을 낮추려는 시도가 계속되고 있다. 법정화폐 세계의 용어로는 고정환율 화폐, 또는 환율변동폭을 크게 제한하는 관리변동환율 화폐다. 이런 시도가 어떤 의미가 있는지는 뒤에서 얘기하기로 하고, 여기서는 가치안정토큰이 무엇이고 실제로 가치안정화가 가능한지부터 살펴보자.

가치라는 것은 상대적인 개념이다. 가치의 비교 대상이 있어야 가치를 안정시킬 수 있다. 가치가 안정적이라고 널리 인정받고 있는 대상에 가치를 연동시키는 것이 가치안정토큰의 기본원리다. 크게 보면 두 가지 방법이 있다. 그러나 결론부터 얘기하면 개방형 블록체인 세계 내에 이상적인 가치 고정 대상이 존재하지 않는 한 블록체인의 힘만으로 제대로 된 가치안정토큰을 만드는 것은 쉽지 않다.

첫 번째 방법은 가치가 안정된 화폐나 자산을 기반으로 지불토큰을 발행하는 것이다. 예를 들면, 은행에 달러화를 예치시키고 달러화와의 1대1 태환을 보장하는 방식으로 가치안정토큰을 만드는 것이다. 달러화 대신 다른 법정화폐를 택할 수도 있다. 금처럼 가치 변동이 크지 않은 금속을 사용할 수도 있다.

그러나 이런 방법으로 가치안정화를 달성했다고 해서 좋은 암호화폐를 만들었다며 기뻐할 일은 아니다. 법정화폐와 태환을 보장하는 방식의 토큰은 독자적인 신뢰 기반을 갖는 순수한 명목화폐라기보다는 블록체인 기술을 통해 법정화폐의 거래 편의성을 높인 토큰형 지급수단으로 보아야 한다.6 금속 가치에 연동된 지불토큰도 블록체인 기술을 이용해 해당 금속의 거래 편의성을 높인 것일 뿐이다. 이러한 방식으로 만든 토큰들의 가장 큰 문제점은 법정화폐나 금속을 예치시키기 위하여 블록체인 외부의 도움을 받아야 하고 보관비용도 발생한다는 것이다.

가치안정토큰을 만드는 두 번째 방법은 알고리즘을 이용하는 것이다. 가치가 떨어지면 토큰을 사들이고 가치가 오르면 토큰을 시장에 푸는 것이다. 특별히 새로운 아이디어는 아니다. 고정환율제를 택하고 있는 중앙은행들이 이미 사용하고 있는 방법이다. 그런데 이 방법을 현실에 적용할 때에는 적잖은 어려움이 있다. 토큰을 아무 자산과 맞바꿔서

---

6 이와 같은 토큰을 엄밀한 의미에서 지불토큰이라고 부를 수 있는지도 논의해봐야 한다. 토큰 발행사의 주장을 검증하는 것, 법정화폐 등이 예치된 금융기관이 지급불능 상황에 빠지지 않도록 하는 것은 블록체인의 능력 밖이다. 데이터가 아닌 사람과 기관에 대한 신뢰가 필요하다는 얘기인데, 블록체인의 취지와 배치된다.

는 안 되고 가치를 고정시키고자 하는 상대 자산을 이용해 사고팔아야 하기 때문이다. 예를 들어 달러화 대비 가치를 고정시키려면 충분한 양의 달러화를 미리 확보해야 한다. 법정화폐 세계의 외환보유액과 같은 준비자산이 있어야 한다는 뜻이다.

그런데 이미 얘기했듯이 블록체인 시스템은 외부의 힘을 빌리지 않고 가치가 안정된 화폐나 자산을 준비자산으로 보유하기 어렵다. 순수한 명목화폐인 지불토큰 중에서 가치가 안정된 것이 있다면 개방형 블록체인 세계 안에서 이 문제를 해결할 수 있을 것이다. 문제는 주요 지불토큰 중 그와 같은 조건을 만족하는 지불토큰이 아직 없다는 것이다.

그래서 고안한 아이디어가 이중二重토큰 구조다. 이 방법은 지불토큰과 증권토큰을 함께 발행해 증권토큰을 지불토큰 물량조절용으로 사용한다. 그러나 이는 토큰의 가치, 즉 환율을 고정하거나 안정화하는 데에 이상적인 방법은 아니다. 지불토큰의 가격이 결정되는 시장에 직접적으로 영향을 줄 수 없기 때문이다. 특히, 시장이 한쪽으로 쏠리는 상황에서 가격안정 효과를 내는 것은 불가능하다. 원화의 가치가 급락하는 상황에서 원화표시 국채를 발행해 원화를 사들이면 원화의 가치를 효과적으로 방어할 수 있을지 생각해보면 명쾌하다. 7

---

7 지불토큰의 가치안정화 관점에서 보면 이 이중토큰 구조하에서의 증권토큰은 지불토큰의 물량 조절 수단이지만, 해당 플랫폼에 대한 투자 관점에서 보면 여느 증권과 다를 바 없는 투자수단이다. 이 가격안정화 메커니즘이 효과적으로 작동한다면, 이 두 토큰들과 결부된 플랫폼의 가치가 오를 때 그 가치 상승분은 모두 증권토큰에 반영되기 때문이다. 이는 기업이 발행한 증권의 가치가 오르는 원리와 다르지 않다.

가치안정화의 실익

지불토큰의 가치를 고정하는 데에 성공한다고 하더라도 그것이 이 지불토큰을 화폐로 채택한 블록체인 경제에 반드시 도움이 된다는 보장은 없다. 우선, 가치의 고정이 실제 도움이 될 것인지 여부를 떠나 기존의 중앙집중형 질서의 상징과도 같은 법정화폐에 주로 의존해 가치 안정을 시도하는 것 자체가 어색해 보인다. 그리고 블록체인 세계가 가시적 성과를 보여주지 못하고 있는 주원인을 블록체인 경제 자체의 경쟁력이 아닌 화폐의 좋고 나쁨에서 찾는 화폐 중심적 사고가 이 가치안정토큰 모델에 영향을 미쳤다는 점도 부인하기 어렵다.

또한, 인위적으로 가치안정토큰을 만들고자 하는 것은 무리해서 고유 화폐를 도입하려는 시도의 문제점을 스스로 인정하는 것일 수도 있다. 사실 대부분의 사용권 토큰이 직면한 탈중앙 서비스 거래 환경은, 앞에서 얘기했듯이 제대로 된 명목화폐 시스템을 도입하기에 적합하지 않다. 굳이 도입한다면 페이 플랫폼들과 같은 자체적인 결제 시스템이나 상품권 시스템 정도가 맞다. 부정적인 시각에서 보면, 가치안정토큰이란 고유 화폐가 부적합한 환경임에도 불구하고 억지로 새로운 화폐 갖기에 도전하면서, 막상 그것을 화폐로 사용하는 것이 불편하니 인위적으로 기존 화폐와 비슷하게 만들어보려는 불필요한 시도다. 애당초 새로운 화폐를 시도하지 않았다면 하지 않아도 될 고민이다.

한편, 고유의 명목화폐시스템이 작동할 수 있는 블록체인 경제에서, 그 지불토큰의 가치를 인위적으로 안정화하는 것의 장단점도 따져봐야 한다. 화폐의 가치를 고정시키는 것은 장점도 있지만 단점도 크기 때문이다. 좋은 점만 있다면 모든 법정화폐가 고정환율제를 택하려 할 것이다. 그러나 현실은 자생력 높은 국가경제일수록 자율변동환율제를 선호하는 경향이 뚜렷하다. 변동환율제의 장점이 더 크기 때문이다. 지불토큰의 가치를 인위적으로 고정시키면 고정환율제도의 문제점이 고스란히 발생한다.

고정환율제도의 가장 큰 단점은 경제시스템에 유통되는 화폐 물량을 최적 수준으로 조절하지 못하고, 그 결과 물가가 불안정해질 수 있다는 것이다. 언뜻 생각하면 어떤 화폐의 가치를 달러화에 고정할 경우 그 화폐를 사용하는 경제시스템의 물가가 미국의 물가와 비슷한 수준으로 안정될 것 같다. 그런데 그렇지 않다. 통화가치를 고정시킨 대가가 무엇인지 여실히 보여준 사례가 있다. 홍콩은 1997년 아시아 금융위기 때 대對달러화 고정환율제의 방어에 성공했다. 그러나 그 대가로 꽤 오랜 기간 돈가뭄에 시달려야 했다. 환율을 유지하기 위해 미국 달러화를 내다 팔고 홍콩달러화를 과도하게 사들인 대가였다. 물가가 떨어지고 경제가 위축되었다.

가치를 고정시키거나 변동폭을 줄이는 것이 이득인 경우도 있다. 경제시스템 내부에서의 거래보다 외부와의 거래에서 주로 가치를 창출하는 경제구조라면 가치변동성, 즉 환율변동성을 낮추는 데에 우선순위를 두는 게 유리할 수 있다. 홍콩이 앞서 얘기한 부작용을 몰라서 고정환율제를 고수하는 것은 아니다. 홍콩경제의 높은 대외의존도를 감안한 선택이다.

가치를 인위적으로 안정화시키는 것이 그 지불토큰을 채택한 경제시스템에 도움이 될지 아닐지는 거래 환경이 성숙한 이후에 판단해야 할 문제다. 화폐로 제대로 사용되고 있지 않은 시점에 속단할 문제는 아니다. 따라서 가치안정화가 지불토큰의 일반적 지향점인 것처럼 확대 해석해서는 곤란하다.

화폐로 사용할 환경이 무르익지 않았는데 아무리 가치를 인위적으로 안정시킨다고 해도 거래수요가 근본적으로 늘어나기는 어렵다. 지불토큰이 화폐로 사용될 탄탄한 거래 환경을 구축하는 게 우선시되어야 한다.

그리고 지불토큰의 화폐로서의 거래매개 기능에 초점을 맞춘다면, 환율의 안정에 앞서, 환율을 안정시키기 위해 희생되어야 할 수도 있는 물가의 안정에 더 관심을 갖는 게 합리적이다.8 물가는 제쳐 두고 환율에 초점을 맞추는 것 자체가 아직 지불토큰의 화폐성에 대해 진지한 논의에 이르지 못하고 있다는 반증이기도 하다.

물가보다 환율이 압도적으로 중요한 경우도 있기는 하다. 지불토큰이 화폐 세계의 2층에서 기축통화 전문 화폐로 자리 잡는 경우다. 특정한 경제시스템에 화폐가 속박되지 않는 2층에서는 물가라는 개념 자체가 불분명하다.

---

8 예를 들어 외국에 전혀 나가지 않고 한 나라 안에서 모든 경제활동을 하는 이에게 환율은 크게 중요한 변수가 아니다. 환율이 크게 변동했다고 해서 당장 물건을 살지 말지 고민하지 않는다. 그러나 물가가 얼마나 오르내리는지는 이 사람의 경제적 의사결정에 바로 영향을 미친다. 물론 개방된 경제시스템에서 환율과 물가는 서로 밀접하게 연관되어 있기 때문에 이 사람이 환율에 관심을 갖지 않는다고 해서 환율의 영향에서 자유로운 것은 아니다.

디플레이션 경제

2019년 상반기까지 발행된 주요 지불토큰은 대부분 이른바 '디플레이션 화폐'를 지향한다. 토큰의 총 발행량이 정해져 있거나 더딘 속도로 증가해 단위 화폐당 구매력이 점차 증가하도록 설계되어 있다는 뜻이다. 그리고 이것이 지불토큰의 가장 큰 강점 중 하나라고 주장하는 이들이 꽤 많다.

화폐의 발행·공급 측면에 중점을 둬 디플레이션 화폐, 인플레이션 화폐라는 용어를 사용하는 것은 경제학적으로 엄밀하지 않다. 화폐공급 규모와 속도가 물가에 중요한 영향을 미치기는 하지만 그것만으로 물가가 결정되는 것은 아니다. 실물경제 활동과 그에 따른 화폐수요도 물가에 영향을 미치는 매우 중요한 요인이다. 9

'달러화의 인플레이션'이라는 표현을 쓰는 경우가 많고 그 뜻이 무엇인지에 대해 오해도 없다. 그러나 '미국 또는 미국경제의 인플레이션'이라고 얘기하는 게 정확하다. 인플레이션이나 디플레이션은 화폐가 아니라 특정화폐가 결부된 경제시스템, 즉 화폐시스템에 사용되어야 할 표현이다. 10 이 책에서도 편의상 '인플레이션·디플레이션 화폐'라는

---

9 지불토큰의 총 발행량을 제한하거나 일반적인 법정화폐와 비교했을 때 발행량 증가 속도가 매우 낮게끔 설계되었다고 하더라도 그것을 화폐로 사용하는 경제시스템에는 인플레이션이 발생할 수 있다. 아무리 긴축적인 통화정책을 사용해도 그 화폐가 기반을 두고 있는 경제시스템이 활력을 잃으면 화폐가치는 떨어지고 물가는 오른다. 국가경제로 치면 경기침체와 인플레이션이 동시에 일어나는 스태그플레이션(stagflation) 상황이다.

10 따라서 현재 시점에 비트코인과 같은 단순 지불토큰에 인플레이션, 디플레이션이라

용어를 사용하기는 하지만 '이른바'라는 단어가 그 앞에 생략되어 있다는 점을 명확히 해둔다.

디플레이션의 해악

문제의 쇼핑몰로 다시 돌아가 보자. 이번에는 돈가뭄이 발생한 캐릭터 상품점 C다. 돈이 돌지 못하니 화폐의 가치는 치솟는데, 정작 그 화폐를 사용해야 할 C상점에는 좋은 물건이 가득한데도 장사가 안 된다. 이처럼 디플레이션을 야기할 가능성이 높은 화폐로는 거래를 원활하게 매개하기 어렵다.

디플레이션은 화폐의 가치가 오르고 물가가 떨어지는 현상이다. 물가가 떨어지면 좋은 게 아닌가? 아니다. 실물경제에 특별한 비용절감 요인이 없는데 물가가 떨어지는 것은 경제시스템이 붕괴되어 가는 신호다. 화폐가치가 계속해서 오르면 화폐를 쓰는 것보다 가만히 들고 있는 것이 이익이다. 그러니 경제가 활력을 잃고 병들 수밖에 없다. 화폐가 거래를 위축시키고 경제성장에 해악을 미친다면 그건 화폐의 가장 중요한 임무에 위배되는 것이다.

아직 투기수요에 의해 지불토큰의 가치가 좌우되는 단계에서는 디플레이션의 문제점이 크게 드러나지 않는다. 그러나 블록체인 경제가 제대로 작동하기 시작하는 단계에 이르면 디플레이션은 이 경제시스템의 발전을 근원적으로 발목 잡을 수밖에 없다. 지나치게 보수적이고 사

는 용어를 사용하는 것 자체가 모순이다. 이들 단순 지불토큰에만 의존하는 경제시스템이 없기 때문이다. 물론, 플랫폼·사용권 토큰에 사용하는 인플레이션 등의 용어도 잘못된 경우가 많기는 마찬가지다.

전에 확정적으로 설계된 지불토큰 발행 규칙은 시간이 지나면 근시안적 선택이었다는 평가를 받을 가능성이 높다.

그럼에도 불구하고 디플레이션을 지불토큰의 금과옥조로 신봉하는 이들이 적지 않은 것은 비트코인의 영향이 크다. 현재까지 비트코인이 보여준 가능성을 새로운 디지털 자산이 아니라 탈중앙 디지털 화폐로서의 가능성으로 오해하면서, 사토시가 비트코인에 부여한 희소성을 암호화폐로서 성공하기 위한 필수 조건으로 잘못 받아들이는 것이다. 그래서 화폐 발행의 경직성을 유지한 채 해법을 찾으려 한다.

할인 균형가격?

디플레이션 경제에서도 돈이 돌게 하는, 이른바 '할인 균형가격'이 형성될 것이라는 주장이 있다. 발행량이 제한된 지불토큰은 시간이 지날수록 가치가 오를 테니 향후 가치상승 분을 감안해서 가격을 깎아 준다는 것이다. 예를 들어 보자. 달러화와 환율이 1:1인 지불토큰이 있다. 같은 물건을 구입하는데 달러화로 결제하면 가격이 100달러지만 지불토큰으로 결제할 때는 가격이 5% 할인된 95단위가 된다는 것이다.

비트코인의 가격이 가파른 상승세이던 시기, 비트코인을 받아주는 상점에서는 비트코인으로 결제하면 다소 할인된 가격을 적용하는 경우가 제법 있었다고 한다. 이런 얘기를 들으면 이 논리의 실현 가능성이 높아 보이기도 한다. 그렇지만 이 할인 균형가격의 논리는 일반적으로 성립하기 어렵다.

상점 주인이나 고객들이 모두 향후 비트코인의 미래를 밝게 보는 비트코인 지지자라면 이런 할인된 가격으로 거래가 성사되는 게 특별히 신기할 일은 아니다. 어디까지나 전체 거래 중 극히 일부를 차지하는 예외적 사례다. 그러나 이와 같은 할인 거래는 어느 수준 이상 증가할 수 없다.

이런 거래가 많아지면 어느 순간 무위험 재정거래arbitrage가 시작된다. 대 달러화 환율이 1:1인 가상의 지불토큰 예로 다시 돌아가 보자. 똑같은 상품이 달러화로는 100달러, 지불토큰으로는 95단위에 거래된다면 우선 95달러를 95단위의 지불토큰으로 환전한다. 지불토큰으로 해당 상품을 구입한 즉시 100달러로 다른 이에게 판매한다. 그러면 5달러가 거저 남는다. 이런 무위험 재정거래는 달러화와 지불토큰 사이의 환율이 1달러당 95단위가 되어 암호화폐 구매 할인율이 0%가 될 때까지 발생한다. 할인 균형가격 논리는 일반적으로 성립하기 어렵다는 뜻이다.

설령 할인 균형가격이 형성된다고 하더라도 이것을 근거로 디플레이션 경제의 해법을 찾았다고 할 수는 없다. 이 논리에서는 기존의 법정화폐 기반 경제시스템, 예컨대 미국에서의 일상적 거래에서 비트코인으로 결제하는 경우를 암묵적으로 상정하고 있다. 그러나 비트코인 가격이 지속적으로 상승하던 시기에 미국경제에 디플레이션이 발생했을까? 당연히 아니다. 따라서 이런 거래가 조금 더 늘어난다고 해서 지불토큰에 전적으로 의존하는 경제시스템, 즉 블록체인 경제가 디플레이션에 빠지더라도 큰 문제가 없을 것이라는 주장의 논거는 될 수 없다. 디플레이션 화폐라는 경제학적으로 엄밀하지 못한 용어를 사용하는 데에서 비롯된 잘못된 주장이다.

두 번째 장벽 넘기

그러면 지불토큰을 택한 블록체인 경제에 크게 기대할 건 없을까? 경제 시스템을 작동시키는 가장 기본적인 원동력은 가격 메커니즘인데, 가격이 제 구실을 하기 어려운 디플레이션 경제를 고집한다면 손쉬운 해결책은 떠오르지 않는다. 블록체인 경제 내에서 '진짜 디플레이션'이 발생하기 시작하면, 그로 인한 혼란은 INTRO에서 얘기했던 19세기 미국 경제와 크게 다를 바 없을 것이다.

인플레이션은 정말 나쁜가?

그런데 블록체인 경제에 인플레이션, 그것도 1~2% 수준의 낮은 인플레이션이 발생하는 게 과연 나쁜 것일까? 아니다. 오히려 지불토큰이 암호화폐로 발전하고 또 좋은 화폐가 되어 블록체인 경제의 성장을 뒷받침하려면 낮은 인플레이션이 있는 게 훨씬 낫다. 다만, 말로는 지불토큰이 화폐라고 하면서 실제로는 이것을 투자자산으로 여기는 이들은 지불토큰의 단위당 구매력이 떨어지는 상황을 투자손실로 간주해 인플레이션을 받아들이기 힘들 수 있다.

그러나 투자목적으로 지불토큰을 보유하고 있는 이들도 적당한 수준의 인플레이션은 겁낼 필요가 없다. 인플레이션 화폐라는 잘못된 용어를 사용하다 보니 인플레이션은 곧 화폐가치의 하락이고 투자손실이라는 잘못된 논리에 빠져드는 것일 뿐이다. 왜 이게 잘못된 논리일까?

첫째, 블록체인 경제에 인플레이션이 발생해도 지불토큰의 상대가치, 예컨대 달러화 대비 환율은 강세를 보일 수 있다. 인플레이션은 한국에서도 발생하고 미국에서도 발생한다. 아니 거의 모든 나라에서 발생한다. 그러나 그중에는 환율이 강세인 나라도 있고 약세인 나라도 있다. 몇 년간 추세적으로 강세를 보이는 경우도 있다. 언젠가 지불토큰을 팔고 이익, 즉 환차익을 실현할 지불토큰 투자자 입장에서는 인플레이션보다는 환율, 즉 지불토큰의 다른 화폐 대비 가격에 더 신경 써야 한다.

둘째, 블록체인 경제에 인플레이션이 발생하더라도 기존 지불토큰 보유자의 실질 구매력에 영향이 거의 없을 수 있다. 물가가 상승하면 화폐의 단위당 구매력은 떨어진다. 그러나 인플레이션의 직접적 원인인 추가 발행된 화폐가 기존 화폐 보유자들 사이에 큰 쏠림 없이 배분된다면 이들이 보유하는 화폐 전체의 구매력은 크게 줄어들지 않을 가능성이 높다.

물론, 인플레이션 경제에서 화폐의 보유만으로 막대한 수익을 얻기는 어렵다. 블록체인 경제가 제대로 작동하는 화폐시스템으로 성립한 이후에는, 즉 지불토큰이 암호화폐로 성숙한 이후에는 이것을 보유하는 것만으로 큰돈을 벌기 어렵다는 뜻이다. 투자 목적의 지불토큰 보유자라면 제대로 된 지불토큰 기반 화폐시스템이 성립된 이후에는 다른 투자 대상으로 옮겨 가는 게 나을 것이다. 다시 강조하지만 화폐는 화폐성을 위해 투자성을 희생한 자산이다.

블록체인 경제의 두 번째 장벽을 넘어서려면 인플레이션에 대한 막연한, 근거 없는 두려움부터 떨쳐내야 한다. 적어도 중앙은행 없는 블록체인 경제 내에서의 인플레이션은, 암호화폐 경제에 대한 일부 열성 지지자들의 주장처럼 이른바 '화폐권력'의 이익을 위한 '사악한' 인플레이션일 수는 없다.

지불토큰 발행에 대한 발상 전환

블록체인 경제가 성립해 경제활동이 활발히 이루어지는 시점이 되면, 그리고 돈이 돌 수 있는 경제 구조까지 갖춘 이후라면 이 경제시스템에는 적정 수준의 인플레이션, 즉 '착한 인플레이션'이 안정적으로 발생토록 해야 한다. 그러려면 현재 대다수의 지불토큰이 채택하고 있는 경직된 발행량 제한은 적합하지 않다. 명목화폐의 발행량을 고정하거나 미리 정해진 스케줄대로 발행량을 늘리는 방식으로는 물가 변동률이 안정적 수준에서 균형을 이루게 할 수 없기 때문이다.[11] 유연한 지불토큰 발행정책이 필요하다.

적정 인플레이션을 유지해야 한다는 제약조건은, 지불토큰이 특정 경제시스템을 위한 화폐로 자리매김하기 위해 반드시 충족시켜야 할 조건이다. 세 유형의 지불토큰 모두에 적용된다. 쉽게 달성하기 어렵다는 것은 셋 모두 마찬가지지만 단순 지불토큰에게는 더욱 어려운 과제다. 나머지 둘처럼 그것을 거래매개 수단으로 전적으로 의존하는 경제시스템이 없으니 인플레이션을 정의하는 것 자체가 어렵다. 단순 지불토큰이 물가 이슈에서 자유로운 화폐 세계의 2층 이외의 영역에서 쓰임새가 크게 확대되기 어려운 또 하나의 중요한 이유다.

적정 인플레이션 수준이 어느 정도인지, 어떤 방식으로 지불토큰의

---

11 페르난데즈 빌라베르데는 이 문제에 관해 화폐이론 전문가의 시각에서 상세하게 설명하고 있다(Fernández-Villaverde, 2018).

발행·유통물량을 조절할 것인지는 법정화폐 세계를 잘 모방하면 된다. 사실 가치안정토큰을 만드는 용도로 제안된 이중토큰 구조는 환율안정보다는 인플레이션 조절 용도로 사용하는 게 더 적합하다. 중앙은행들이 공개시장조작open market operation을 통해 통화정책을 수행하는 원리와 크게 다르지 않다. 착한 인플레이션을 구체적으로 어떻게 구현할 것인지에 대한 정답은 없다.

적정 수준의 인플레이션 균형을 유지하는 것 이상으로 중요한 것은 이 과정에서 증가하는 지불토큰 물량을 누가 가져갈 것인가이다. 이로 인해 블록체인 경제 구성원들 간 부富의 이동을 유발할 수 있기 때문이다. 기존 토큰 보유비율대로 균등하게 배분할 수도 있고, 플랫폼 성장 기여도에 따라 차등해서 나눌 수도 있다. 돈이 걸린 문제이니 규칙 마련에 세심한 주의를 기울여야 할 것이다. 뒤에서 다룰 블록체인 거버넌스 관점에서도 중요한 이슈다.

지불토큰이 처음 세상에 소개되는 단계부터 착한 인플레이션을 만들기 위해 고민할 필요는 없다. 한동안은 화폐라기보다 투자자산에 가까운데 발행량에 제한을 두더라도 크게 문제될 것 없다. 다만, 화폐로 기능하기 시작할 무렵부터는 발행량의 유연한 조절이 가능하도록 미리 여지를 만들어두는 게 좋을 것이다. 진정 화폐가 되고자 한다면 발행량의 고정 또는 기계적 증가를 최대의 강점, 특징으로 내세우는 것은 장기적 관점에서 위험한 선택이다. 막상 화폐로 기능해야 하는 단계에서 큰 혼란이 발생해 발행규칙을 바꿔야 하는 상황이 왔는데, 구성원 간 합의를 어렵게 하는 족쇄가 될 수 있다.

두 번째 장벽을 넘어서면

독자적인 화폐시스템을 구축해야 한다는 이 두 번째 난관은 블록체인 경제에 일반적인 플랫폼 경제와 구분되는 또 하나의 특성을 부여한다. 3장에서 강조했듯이 플랫폼은 가치의 창출과 교환을 지원하는 상호작용의 무대다. 그런데 자체적인 지불토큰을 가진 블록체인 경제는 가치의 창출과 교환에 더해 그 가치의 회전까지 고민해야 한다.

블록체인 경제 전체 차원에서 가치가 원활하게 회전하려면 이미 얘기했듯이 가치의 흐름 측면에서 상호보완적인 탈중앙 서비스들이 유기적으로 결합되어야 한다. 그러면서도 각각의 서비스들이 첫 번째 장벽을 넘을 수 있는 수준의 경쟁력을 갖추어야 한다. 따라서 두 번째 장벽은 첫 번째 장벽과 무관치 않다.

지불토큰이 막힘없이 유통될 수 있는 경제시스템을 구축하는 데에 성공한다면 블록체인 경제의 플랫폼으로서의 경쟁력은 한 차원 더 높아진다. 좋은 화폐시스템은 그 자체가 또 하나의 강력한 플랫폼이다. 블록체인 경제에 참여자들을 묶어 놓는 힘이 배가되고, 이 참여자들을 보고 좋은 서비스 공급자와 수요자가 모여드는 네트워크 효과가 극대화된다. 좋은 지불토큰이 좋은 경제활동을 뒷받침하고, 이것이 또 지불토큰의 화폐로서의 영향력 확대로 이어지는 선순환을 통해 블록체인 경제는 지속적으로 발전할 수 있다.

두 번째 장벽은 세 번째 장벽과도 아주 밀접한 관계에 있다. 지불토큰은 블록체인 경제가 국가권력과 불편한 관계를 형성할 수 있는 중요한 원인이 될 수 있기 때문이다. 화폐 세계에서 지불토큰이 법정화폐와 경쟁하는 대결구도가 부각되어 국가권력으로부터 견제 받을 수 있다.

자금세탁 방지나 실명거래 의무와 같은 화폐와 지급수단의 이동과 관련된 국제규범과 마찰을 일으킬 수도 있다. 따라서 순수하게 경제적 관점에서만 두 번째 장벽을 넘으려 해서는 그 과정에서 세 번째 장벽이 더 높아지는 결과가 초래될 수도 있다.

반대로 두 번째 장벽까지 성공적으로 넘어선다는 것은, 블록체인 경제가 국가권력이 함부로 대할 수 없는 시대적 흐름으로 자리매김할 수 있다는 뜻이기도 하다. 그렇다면 두 번째 장벽을 넘어선 여세를 몰아 화폐 이외의 분야에서 야기될 수 있는 기존 질서와의 부조화 문제 역시 그 해법을 쉽게 찾을 수도 있을 것이다. 그래서 첫 번째, 두 번째, 세 번째 장벽은 순차적으로 나타나는 별개의 장벽이 아니라, 서로 밀접히 연결된 삼중三重 장벽이다.

OUTRO

블록체인 경제의
세 번째
장벽 넘기

인류사회는 고도로 연결되고 고도로 지능화되어 가고 있다. 여러 디지털 기술의 도움으로 사람 간, 사물 간, 사람과 사물 간 물리적 거리가 점차 무의미해지고, 일상생활과 생산현장에서 극도로 자동화된 세상이 실현되고 있다. 이런 변화의 저변에 플랫폼이 자리 잡고 있다. 인류의 경제활동이, 나아가 생활양식이 디지털 서비스화, 플랫폼화를 통해 빠른 속도로 변화하고 있다.

그러나 인간의 육체는 쪼개고 나누어 디지털화할 수 없다. 설령 모든 것을 디지털 서비스화해 네트워크상에서 플랫폼을 통해 주고받을 수 있더라도, 정작 그 중심에 있는 인간은 어느 물리적 공간에든 자리 잡을 수밖에 없다. 네트워크 세계의 질서는 점차 플랫폼에 의해 좌우되더라도 현실 세계의 질서는 엄연히 국가가 지배한다. 물리적 공간의 제약을 극복하고자 하는 플랫폼의 이상과, 그 공간적 제약의 산물인 국가권력은 태생적으로 충돌 지점이 많을 수밖에 없다. 이른바 '구글세' 논쟁은 플랫폼에서의 가치 창출과 교환이, 국가를 중심으로 설계된 아날로 그 시대의 규격화된 경제질서, 규범체계와 조화를 이루기 어렵다는 것을 보여주는 좋은 예다.

이 시각에도 플랫폼화는 계속 진행되고 있다. 나라마다 플랫폼화의 속도와 규모는 다르다. 여기에는 그 나라의 경제규모와 발전 수준뿐만 아니라 국가별 규제가 크게 영향을 미친다. 플랫폼과 국가의 관계를 감안하면 당연한 결과다. 이러한 차이가 모여 어떤 나라는 글로벌 플랫폼들을 창출하기도 하고, 어떤 나라는 그 플랫폼에 종속되기도 하고, 또 어떤 나라에서는 자기만의 플랫폼 세계를 구축하기도 한다.

이러한 플랫폼화, 플랫폼 경제화의 극단에 블록체인 경제가 있다. 기존 기업형 플랫폼은 내심 국가권력의 간섭, 국경의 제약에서 자유롭고 싶어 한다. 그러나 플랫폼 기업 자체가 특정 국가에 소속될 수밖에 없고, 플랫폼 비즈니스 과정에서 각국의 규범체계를 존중할 수밖에 없다. 적어도 외형상으로는. 그러나 어느 국가에도 소속되지 않은 블록체인 플랫폼, 특히 높은 수준의 탈중앙화를 지향하는 개방형 블록체인 기반 플랫폼은 국가와의 관계에서 한결 자유롭다. 수차례 강조했듯이 이 자유는 블록체인 경제의 힘이 될 수도 있고, 독이 될 수도 있다.

블록체인 거버넌스

이 책에서는 주로 경제와 비즈니스 관점에서 블록체인이 가져올 수 있는 변화에 주목한다. 그러나 블록체인은 인류사회의 보편적 거버넌스 governance에도 큰 영향을 미칠 수 있다. 거버넌스란 모든 방식의 '다스림'governing을 총칭한다. 다스림의 주체는 정부, 기업, 이익단체 등 무엇이든 될 수 있다. 또한, 법, 제도, 관습, 언어, 문화 등에 의해 그 다스림이 이루어진다.

블록체인 경제가 활발하게 작동하는 시대가 오면, 블록체인은 중앙집중적이지만 한편으로는 국가, 지역 등을 경계로 분절된 기존의 거버넌스에도 깊숙이 침투해 큰 변화를 불러올 것이다. 블록체인을 기반으로 하는, 탈중앙적이면서 국가 등의 경계에 구애받지 않는 통합적인 거버넌스가 확산될 수 있다. 블록체인의 세상을 바꾸는 힘 중 탈중앙적 통합의 힘과 같은 맥락이다.

블록체인 경제, 특히 탈중앙화 수준이 높은 블록체인 경제가 기존 플랫폼 경제와 근본적으로 다른 점은 이 경제의 작동원리에 공감하는 이들이 자발적으로 모여서 스스로 만들어나가는 시스템이라는 것이다. 이익을 뚜렷하게 보호해주지 않는다면 참여자들이 특정 블록체인 경제에 머물러 있을 이유가 없다. 이익을 보호해준다는 것은 아무것도 안하는 이에게 불로소득을 보장한다는 뜻이 아니다. 커뮤니티에 기여한 만큼 공정하게 보상해주는 좋은 규칙을 갖고 있어야 한다는 뜻이다.

다른 플랫폼과 마찬가지로 블록체인 플랫폼 역시 기술 혁신만으로는 성공할 수 없다. 많은 사람들이 공감하는 합리적인 거래 규칙을 제시할 수 있어야 한다. 궁극적으로 블록체인 경제의 핵심 경쟁력은 데이터 관리와 컴퓨팅의 탈중앙화를 효과적으로 구현하고, 이를 토대로 플랫폼 참여자에게 더 큰 이익을 분배하는 이상적인 규칙들의 조합, 즉 거버넌스로부터 나온다. 따라서 관점을 달리하면 블록체인 플랫폼은 블록체인 거버넌스라고 바꿔 부를 수도 있다.

블록체인 거버넌스는 국경을 초월하여 탈중앙화된, 자유주의에 기반을 둔 거버넌스를 지향한다.[1] 또한, 치열한 자기경쟁과 집단지성을 바탕으로 성장하는 블록체인 플랫폼의 기본원리가 그대로 적용된다. 구성원들의 목소리를 끊임없이 경청하고 이들의 이익을 충실히 보장하기 위해 변화를 게을리 하지 않아야 한다. 절대적인 국가권력이나 독과점적인 거대자본이 설계한 하향식 거버넌스가 아니라, 구성원들이 스스로 설계하고 구현해나가는 민주적·자율적 거버넌스다.

블록체인 거버넌스를 조금 더 쉽게 얘기하면, 스스로 생각하기에 합리적이고 편하고 이익이 된다고 생각하는 법, 제도, 문화를 자신과 공감하는 전 세계 곳곳에 흩어져 있는 이들과 함께 만들어가는 것이다. 그러다가 자신의 이상과 조금 더 뜻이 맞는 커뮤니티가 있으면 자유롭게 옮겨 가도 되고, 유사한 커뮤니티들 간의 연계성을 강화해 더 큰 가치를 구현해도 된다. 그것을 가능하게 만들어주는 네트워크상의 상호작용 공간이 블록체인 플랫폼이다.

---

1 코웬은 블록체인이 거버넌스에 미칠 영향에 대해 정치학자의 시각에서 설명한다 (Cowen, 2018).

국가권력과의 충돌

2017년 5월 12일, 워너크라이WannaCry라는 랜섬웨어ransomware2가 전 세계를 시끄럽게 했다. 감염되면 컴퓨터 하드 디스크에 저장된 모든 파일들이 암호화되어 접근이 불가능해진다. 파일에 걸린 암호를 풀기 위해서는 해커에게 돈을 보내야 했다. 그때 해커들이 요구한 것은 300달러 상당의 비트코인이었다. 이들이 비트코인을 택한 것은 전 세계에 산재한 피해자들이 손쉽게 택할 수 있는 송금 수단이면서도, 각국 수사당국의 계좌추적·동결 등을 피할 수 있는 방법이기 때문이었을 것이다.

비트코인이 2009년 세상에 등장한 이후 전 세계인의 이목이 크게 집중된 2017년까지, 이 지불토큰의 가치를 떠받친 수요의 상당 부분은 어둠의 세계에서 비롯되었다. 워너크라이 사태 이전에도 비트코인은 해커들이 애용하는 갈취 수단이었다. 마약이나 장물 거래의 결제수단으로도 인기였다. 이처럼 블록체인의 강점인 탈중앙화가 기존 질서를 농락하고 회피하는 데 악용된 사례는 넘친다.

이 정도의 일탈이 아니더라도 탈중앙화 수준이 높은 블록체인 경제와 국가권력이 충돌할 수 있는 지점을 곳곳에서 발견할 수 있다. 가장 대표적인 영역은 금융 분야다. 블록체인 기반 금융 플랫폼은 기존의 자금조달 시장, 자산거래 시장의 패러다임에 도전하고 있다. 탈중앙화된 투자 플랫폼은 투자자 보호보다는 투자자 개개인의 자유와 선택을 우

---

2 컴퓨터에 침입해 저장된 파일을 암호화시키고 이것을 일종의 인질로 삼아 몸값 (ransom)을 요구하는 악성 소프트웨어를 말한다.

선시하기 쉽다. 또한, 자금세탁방지를 위한 전 세계적 차원의 오랜 노력을 무력화시킬 수도 있다.

블록체인 플랫폼에서 이루어지는 경제활동에 대해 전통적 방식으로는 과세하기 어렵다. 사실 글로벌 플랫폼에 기존의 국가별 과세체계가 제대로 작동하지 않는 현상은 이미 목도되고 있다. 플랫폼 기업의 가치는 전 세계에서 창출되고 있지만, 아직 아날로그 시대의 조세원칙에서 크게 벗어나지 못하고 있는 각국 정부는 이들에게 효과적으로 과세권을 행사하지 못하고 있다. 플랫폼 기업에 대해서는 비록 합리적인 방법은 아니지만 일부 국가라도 과세권을 행사할 수 있다. 그러나 네트워크상에서만 존재하는 블록체인 플랫폼에 대해서는 이것마저도 어려울 수있다. [3]

언뜻 보면 네트워크상에만 존재하는 가상의 시스템이니 국가권력의 개입이 불가능해 보이기도 한다. 그러나 주요국 정부의 규제 방침에 따라 암호자산 가격이 롤러코스터 행보를 보이는 것에서 보듯이 블록체인 경제라고 해서 공권력의 개입에서 자유로울 수는 없다. 이는 인가형 블록체인이든, 개방형 블록체인이든 마찬가지다.

혹자는 불특정 다수가 관리자로 참여하는 개방형 블록체인의 특성상 블록체인 플랫폼에서 일탈행위가 일어난다고 하더라도 실효적으로 처벌할 방법이 없다고 주장한다. 정말 그럴까? 어떤 개방형 블록체인

---

3 관점을 바꾸면 오히려 각국 과세당국에게는 기회가 될 수도 있다. 기업형 플랫폼은 몇몇 국가에 과세 기득권이 형성되어 있지만, 블록체인 플랫폼의 경우 과세권을 선점하는 국가가 없다. 디지털 플랫폼 시대에 부합하는 글로벌 과세체계를 논의하는 좋은 계기가 될 수도 있다.

이 자금세탁방지 의무를 위반했을 때 제재할 방법이 없을까? 아니다. 국제사회가 결의해 특정 블록체인 관리자 집단 전체에 자금세탁방지 의무를 부과하고, 불법행위가 실제로 발생할 경우 영향력이 큰 상위 10개 관리자, 좀더 정확하게는 관리자 노드로 참여하는 개인이나 기업을 제재하는 것은 불가능하지 않다.

비트코인처럼 중요 관리자 집단이 기업화된 경우 누가 시스템 관리를 좌지우지하는지 이미 많은 사람들이 알고 있다. 지분증명을 도입한 블록체인의 경우 주요 관리자는 많은 지분을 보유한 이들이다. 역시 불특정 다수의 익명성 속에 숨기 어려운 이들이다. 위임지분증명 같은 대의제 합의체계를 택하는 경우에는 관리자 집단을 특정하고 법적 의무를 부과하는 게 훨씬 수월하다. 주요 관리자들이 처벌받는 일이 발생한다면 해당 커뮤니티는 회복하기 힘든 타격을 입을 수 있다.

세 번째 장벽 넘기

국가권력과의 관계에서 어떤 일이 벌어질지 예단하기는 어렵다. 블록체인 경제의 집단지성이 앞으로 나아갈 방향을 기존 질서로부터의 일탈로 잡을지 아니면 타협이나 순응으로 잡을지 지금 시점에서 알 수 없다. 각각의 블록체인 경제마다 지향점이 다를 가능성이 높다. 한편, 개별 국가 차원에서 여러 가지 방식으로 1차적 대응이 이루어지고 있지만, 앞으로 국제사회가 블록체인 세계에 어떻게 대응하기로 합의할 것인지도 속단할 수 없다.

다만, 블록체인 커뮤니티이든 각국 정부이든 국제공조 체계이든, 장기적으로는 시대 흐름에 순응할 수밖에 없다. 블록체인 세계가 첫 번째, 두 번째 장벽을 넘어 블록체인 경제의 유용성을 입증하고 이에 더해 인류 보편의 가치에 순응하는 거버넌스를 구축하는 길을 택한다면 두터운 지지층을 확보할 수 있을 것이다. 그렇게 되면 국가별로 속도의 차이는 있겠지만, 국가권력도 블록체인 경제를 포용할 수 있도록 제도를 점차 정비해 나갈 수밖에 없을 것이다.

아직 블록체인 경제로 가는 여러 관문이 남아 있다. 블록체인 경제를 포용할 수 있는 제도를 미리 준비할 것인지, 어느 정도 가능성이 보이는 단계에서 본격적인 제도화에 착수할 것인지는 선택의 문제다. 국가별로 기존 제도의 모습이 다르고 변화를 받아들이는 속도와 방식이 천차만별이기 때문이다.

따라서 어느 시점에 어떤 방식으로 제도화하는 게 바람직하다고 섣불리 얘기할 수 없다. 더구나 블록체인에 대한 사회 전반의 논의 수준이 변화의 핵심에 제대로 근접하지 못하고 있다면 제도 개선을 위한 사회적 합의는 더더욱 어렵다. 제도화에 관한 직접적 논의와는 별도로 블록체인에 대한 깊이 있는 연구와 진지한 토론에 우리 사회가 더 관심을 가져야 하는 이유이다. 그리고 이 문제는 시야를 더 넓혀 블록체인 플랫폼뿐만 아니라 플랫폼 전체를 조망하는 관점에서 우리 경제의 모습을 어떻게 바꾸어갈 것인지와 함께 논의하는 것이 효과적이다.

플랫폼 시대의 혁신

이제 우리나라 얘기를 조금 하자. 안타깝게도 우리나라는 글로벌 플랫폼 경쟁에서 뒤처져 있다. 개인 고객을 대상으로 하는 플랫폼, 기업을 대상으로 하는 플랫폼 모두 마찬가지다. 플랫폼 경쟁에서 뒤처져 있다는 것은 디지털 서비스, 그리고 데이터 분야에서 낙후되어 있다는 뜻이기도 하다.

플랫폼이 없는 것은 아니다. 그러나 그 플랫폼의 경계가 대한민국을 벗어나지 못하는 경우가 대부분이다. 우리에게 이름이 친숙한 플랫폼일수록 더더욱 그렇다. 전 세계를 대상으로 비즈니스를 하며 성공 스토리를 만들어온 산업화 시대와 선명하게 비교된다.

이미 글로벌 플랫폼 관점에서 일상화된 것들이 우리 사회에서 혁신으로 둔갑하는 경우가 많다. 여러 이유가 있지만 글로벌 플랫폼이 우리 시장에 영향을 미치는 것을 유형·무형의 규제로 막아온 것이 크게 기여했다는 점을 부인하기 어렵다. 그러나 언제까지 그 흐름을 막고 비켜갈 수는 없다. 블록체인 플랫폼이 아니더라도 플랫폼은 우리 시장을 언제든지 넘으려고 준비 중이다.

글로벌 플랫폼은 안 되는 일로 제쳐 두고, 우리는 우리식 플랫폼에 만족하면서 우리가 잘해온 제조업 부문의 경쟁력 강화와 신산업 창출에 매달려야 할까? 그러나 제조업이나 무엇일지 모르는 그 신산업도 궁극적으로 디지털 서비스화, 플랫폼화의 영향에서 자유로울 수 없다. 전세계를 대상으로 하는 플랫폼 비즈니스는 우리 경제가 피할 수 없는 숙명이다.

글로벌 플랫폼 경쟁에서 뒤처지지 않으려면 우리 경제의 구조개혁 structural reform이 반드시 이루어져야 한다. 구조개혁이 성과를 내면 그것이 곧 혁신이다. 플랫폼 시대의 혁신은 산업별 경쟁력 강화나 구조조정 관점에서 접근해서는 한계가 있다. 파이프 시대의 낡은 구조개혁·혁신 패러다임으로는 효과를 내기 어렵다. 다양한 가치사슬이 다층적으로 교차하는 플랫폼 경제의 기본 속성에 부합하는 혁신 체계가 마련되어야 한다. 벤치마크할 좋은 사례도 있다. 독일의 '플랫폼 인더스트리 4.0'Plattform Industrie 4.0이다.

플랫폼 인더스트리 4.0은 플랫폼의 원리를 활용한 민간 주도의 상시적인 혁신 체계다. 독일의 모든 역량을 결집해 플랫폼 시대에 독일경제·산업이 나아가야 할 방향을 기민하게agile 탐색한다. 독일 인더스트리 4.0 전략의 의제 설정과 구체화, 그리고 실행방안 모색까지 이 플랫폼을 중심으로 이루어지고 있다.

플랫폼 시대에 걸맞게 가치네트워크 관점에서 대안을 찾기 위해 최대한 다양한 분야에서 많은 전문가들이 자유롭게 참여해 집단지성을 발휘하도록 한다. 논의를 이끌어가는 것은 민간부문이지만, 독일 정부도 의장으로 참여해 플랫폼 인더스트리 4.0의 좋은 제안이 정책화될 수 있도록 지원한다.4

이들은 스스로를 열린 네트워크open network로 정의한다. 실제 논의는 수많은 워킹그룹을 통해 진행된다. 네트워크든 싱크탱크든 명칭은 중요치 않다. 독일의 모든 역량을 모아 대안을 모색하고, 그것이 논의에

---

4 경제에너지부 장관과 교육연구부 장관이 함께 의장을 맡는다.

만 그치지 않고 정부의 예산 지원과 규제 개혁으로, 기업 간 협업을 통한 새로운 비즈니스 창출과 투자로 이어지는 '열린 혁신'open innovation의 공간이라는 것이 핵심이다.

한국 실정에 맞는 플랫폼형 구조개혁·혁신 추진체계를 도입해볼 만하다. 형태는 열린 싱크탱크think-tank나 열린 포럼, 어떤 방식이든 될 수 있다. 중요한 것은 독일의 사례처럼 의제의 선정부터 해법의 모색까지 민간부문을 중심으로 대한민국의 모든 역량을 결집해 우리의 나아갈 길을 고민하고, 열린 토론의 성과물을 바탕으로 민간과 정부가 함께 미래를 설계하고 실현해 나가는 것이다. 우리가 가진 강점들을 데이터와 디지털 기술을 활용해 혁신적으로 결합시켜 플랫폼 시대 대한민국의 새로운 경쟁력, 새로운 성장엔진으로 키워 나가야 한다. 정부만의 힘으로는 감당하기 어려운 과제이다.

민관합동위원회 수준을 넘어 우리 사회의 집단지성이 실질적으로 발휘될 수 있는, 열려 있는 상호작용과 소통, 그리고 혁신의 장이 마련될 수 있기를 기대한다. 블록체인 경제의 현실성 진단과 구체화 방안은 이 열린 혁신 플랫폼에서 다룰 좋은 주제 중 하나가 될 것이다.

플랫폼 세계, 누가 이끌어갈까?

탈중앙 플랫폼과 중앙집중형 플랫폼 중 어떤 것이 플랫폼 세계의 주류가 될까? 블록체인 기반 탈중앙 플랫폼은 지향하고 있는 탈중앙화 수준이 다양하다. 각 플랫폼별로 넘어야 할 장벽의 수와 난이도도 달라 기존의 중앙집중형 플랫폼과 일률적으로 비교하는 것은 무리다. 일단 블록체인의 특징이 가장 선명하게 드러나는, 점진적 합의체계를 갖는 개방형 블록체인 플랫폼과 기존 플랫폼으로 논의를 단순화해 보자.

앞에서 살펴보았듯이 탈중앙화 수준이 매우 높은 플랫폼이 단독으로, 광범위한 분야에 걸쳐 플랫폼 세계의 최강자가 되는 것은 매우 어렵고, 실현되더라도 꽤 오랜 시간이 걸릴 것이다. 디지털 기술은, 굳이 블록체인이 아니더라도 개개인의 다양성을 존중하고 잠재력을 극대화하며 인류사회를 바꾸어 가고 있다. 피할 수 없는 시대적 흐름이다. 그러나 아날로그 시대에 형성된 기존의 질서는 여전히 정치, 경제, 사회 모든 분야에 뿌리 깊게 자리 잡고 있다. 탈중앙화의 극단에 있는 블록체인 플랫폼이 득세한다는 것은 인류 사회를 지배하는 기본 질서의 대전환을 뜻하는 것이기도 하다. 이 주도권 싸움은 단기간에 결판날 수 없다.

블록체인 플랫폼 중 태생적으로 기존 질서와 타협점을 쉽게 찾을 수 있는 것들은 단기간 여러 분야에서 가시적 성과를 낼 수 있다. 4장에서 언급했던 저탈중앙 블록체인 플랫폼, 기업 주도 블록체인 플랫폼을 말한다. 그런데 저탈중앙 블록체인 플랫폼은 초기 단계에 돌파해야 할 난관이 상대적으로 작다는 장점이 있지만, 기존 플랫폼과 차별화하기 어렵다는 근본적 문제를 안고 있다. 외형상 주인 없는 플랫폼처럼 보이지만, 기존 기업의 이익 보호장치 중 하나가 될 가능성도 상당하다. 그래서는 블록체인 기반 플랫폼 혁명이 아니라 기존 플랫폼의 개선에 그치게 된다. 물론, 출발은 기존 플랫폼 기업의 사업분야 중 하나였지만, 장기적으로 이들 기업의 이익에도 기여하면서 탈중앙화 수준을 높여가는 방향으로 진화할 수도 있다.

새로운 방식으로 탈중앙화를 구현하는 블록체인 경제 모델이 제시될 수도 있다. 순수 개방형 블록체인은 언뜻 이상적인 탈중앙화 수단처럼 보이지만, 비트코인 사례처럼 소수 세력이 사실상 의사결정을 좌지우지할 수 있다. 그렇다면 차라리 다수의 보편적 이익을 확실히 대변할 수 있는 이들이 관리자로 참여하는 인가형 블록체인 플랫폼을 만드는 것도 대안이 될 수 있다.

예를 들어 플랫폼 경제 시대의 소비자의 권리, 데이터 주권을 보호하기 위한 NGO들이 이러한 인가형 블록체인을 주도할 수 있다. 플랫폼 경제 시대에는 플랫폼 참여자로서의 소비자, 데이터 생산자로서의 소비자, 고도로 자동화된 시대에 생산력과 구매력을 잃고 소외되기 쉬운 소비자의 권익을 보호하기 위한 요구가 강해질 것이다. 그러나 이러한 시대적 요구에 부응하는 데 영리추구 집단이 중심이 될 가능성이 낮지 않은 개방형 블록체인이 효과적일지, 소비자의 이익을 직접 대변하는 기구들과 이들의 이상에 공감하는 개발자들이 만들어가는 인가형 블록체인이 뛰어날지 섣불리 얘기하기 어렵다.

다양한 형태의 블록체인 플랫폼이 각자의 이익을 극대화하고, 서로의 부족함을 보완하기 위해 협력할 가능성은 꽤 높다. 이 협력 관계는 기존 기업형 플랫폼과의 관계에서도 형성될 수 있다. 그 협력의 실마리는 이 책 여기저기에 언급되어 있다. 이와 같은 관점에서 본다면, 기존 플랫폼과 블록체인 플랫폼, 그리고 다양한 형태의 블록체인 플랫폼 간의 관계를 경쟁 관계로만 보고 미래의 플랫폼 세계를 예견하는 것은 잘못된 접근일 수 있다.

또한, 중앙집중적이든 탈중앙적이든 미래 소비자의 선택을 받아 살아남는 플랫폼들은 경제적 실질 면에서 매우 유사할 가능성이 높다. 만약 탈중앙 플랫폼이 소비자에게 차별화된 이익을 주는 데 성공하고 이를 바탕으로 세력을 넓혀가는 시나리오가 실현된다면 기존 플랫폼도 자신의 영역이 잠식되는 것을 가만히 지켜보고 있을 리 없다. 그렇다면 플랫폼 경제의 패권 다툼에서 누가 이기든 소비자 입장에서는 크게 중요치 않다. 누가 더 큰 이익을 주는지에 대해서만 관심을 가지면 된다.

좋은 블록체인 경제

블록체인 경제는 일종의 플랫폼 경제다. 그러니 플랫폼의 기본에 충실해야 한다. 좋은 서비스로 고객 만족을 극대화해 많은 참여자들을 모으는 것은 좋은 블록체인 경제의 가장 기본적이면서도 중요한 요건이다. 다시 강조하지만 블록체인의 강점인 탈중앙은 고객 만족을 위한 수단일 뿐, 목표가 아니다.

나아가 좋은 블록체인 경제는 플랫폼 세계가 추구해야 할 근본적 지향점을 제시할 수 있어야 한다. 그러기 위해서는 블록체인 경제의 최종 목표를 '사람'에 두고, 단순히 고객 만족 차원을 넘어 인류 보편의 삶을 적극적으로 개선할 수 있는 플랫폼 모델을 제시할 수 있어야 한다. 한 시간의 가치를 더욱 소중하게 만드는 플랫폼 비즈니스의 가치 창출 원리가 블록체인이 추구하는 탈중앙화와 만나 지속가능한 포용성장inclu-sive growth을 구현하는 것을 목표로 삼고 플랫폼 혁명에 도전해야 한다. 생산성 제고와 분배 개선을 조화롭게 이루어내야 블록체인 경제가 플랫폼 세계의 패러다임을 바꿀 수 있다.

블록체인 경제는 외부와 단절되지 않고 조화를 이루는 경제시스템이 되어야 한다. 초연결 시대에 단절된 생태계여서는 미래가 어둡다. 외부의 도움 없이 스스로의 힘만으로는 존립하기도 어렵다. 블록체인 경제의 토대인 디지털 네트워크부터가 기존 중앙집중형 시스템에 근간을 둔 인프라다. 외부와 조화를 이루고 나아가 적극적으로 협력하는 생태계가 되어야 하고, 그렇게 될 수밖에 없다.

그러려면 블록체인 경제가 기존 질서를 무시하고 회피하는 수단이 되어서는 안 된다. 블록체인 경제의 경쟁력을 '일탈의 힘'에서 찾아서는 곤란하다. 기존 질서의 창조적 파괴는 어려워도 가야 할 길이다. 그러나 전 세계인이 보편적으로 따르는 합의된 질서를 농락하는 '반칙 기술'로 블록체인이 사용된다면 블록체인 경제의 미래는 어둡다. 기존 주류 플랫폼이 도전하지 않는 어둠의 영역에서 존재 의의를 찾는 것도 바람직하지 않다. 다만, 초기 개방형 블록체인 플랫폼에서 이루어지고 있는 일탈을 근거로 블록체인의 미래를 단언해서는 안 된다. 인터넷도 초기 단계에서는 일탈의 경로로 이용되는 비중이 높았다.

블록체인 경제에는 정부라는 공익의 최종 대변자가 개입하기 어렵다. 이곳에서 발생하는 시장의 실패market failure를 강제적으로 조정해 줄 이가 없다는 뜻이다. 시장의 실패 문제를 포함해 모든 문제를 정해진

규칙에 따라 합의를 거쳐 해결해야 한다. 그러다 보면 시장의 실패가 방치될 수도 있다.

겉으로는 탈중앙화, 분산화를 지향하지만 블록체인 경제에는 사실상의 생태계 주인, 지배자, 독재자가 나타날 수도 있다. 블록체인 플랫폼 위에 냉혹한 시장 논리가 여과 없이 그대로 투영되는 디스토피아가 펼쳐질 수도 있다. 그러나 걱정할 필요는 없다. 블록체인의 이상과 반대로 가는, 인류 보편의 이익에 기여하지 못하는 블록체인 경제는 결국 버림받을 것이다.

프롤로그에서 밝혔듯이 이 책은 많은 분들로부터 도움을 받아 완성되었다. 우선, 부족한 초고를 인내심 갖고 읽고 논리, 구성, 서술방식 등이 틀을 잡아갈 수 있도록 조언해준 여러 전문가들께 감사드린다. 이분들의 고견은 책의 곳곳에 스며들어 있다.

강중식 박사(IMF)는 따뜻한 격려와 함께 자상하면서도 날카로운 코멘트로 어수선한 초고에 더할 것과 뺄 것이 무엇인지 정확히 제시해주었다. 또한, 거시경제 전문가의 시각에서 'PART 4'의 화폐에 관한 논의들의 이론적 정합성을 점검해주었다. 나아가 이 책이 저자의 생각과 논리의 나열에 그치지 않고 독자의 만족을 위해 무엇을 다루어야 할지 중심을 잡아 주었다.

권철환 대표(자베즈파트너스)와는 책의 전체적인 체계, 그리고 본문에서 다루는 다양한 주제에 대해 여러 차례 토론했다. 크고 작은 오류를 바로잡으며 논리를 다듬는 것에서부터 각 장의 배치와 가독성을 높이기 위한 가상 사례들까지, 저자의 다양한 시도에 대해 객관적이고 애정 어린 시각에서 평가해주었다.

김민국 대표(VIP자산운용)는 한국 최고의 가치투자 전문가이자 스테디셀러의 저자다. 투자자산으로서 암호자산의 의의에 대한 통찰력 있는 시각을 공유해주었을 뿐만 아니라, 책의 구성과 서술방식에 대해서도 매우 소중한 조언을 주었다. 그 조언을 바탕으로 초고의 체계를 원점에서 재구성했다.

김민석 박사(IMF)는 블록체인의 본질에 관한 이 책의 시각이 독자들에게 효과적으로 전달되기 위한 유용한 아이디어들을 여러 가지 제시해주었다. 그 아이디어들은 책의 곳곳에 논리로, 그림으로, 표로, 주석으로, 가상 사례와 실제 사례로 다양하게 반영되어 있다.

김창원 대표(Robeco자산운용)와는 집필 초기부터 블록체인과 암호자산에 관해 수차례 토론했다. 김 대표는 첫 버전의 초고와 어느 정도 다음어진 초고에 대해 두 차례에 걸쳐 세밀하게 리뷰해주었다. 암호자산을 깊이 있게 이해하고 있는 투자 전문가의 코멘트 덕분에 많은 오류가 시정되었고 누락된 중요한 이슈들이 책에 포함될 수 있었다.

김현섭 교수(서울대 철학과)는 난삽한 초고를 처음부터 끝까지 정독하고, 섬세하고도 깊이 있는 수많은 코멘트들을 보내주었다. 그의 조언을 반영해 바로잡은 실수와 오류, 치우친 시각이 셀 수 없다. 또한, 피상적 설명이나 경제학 전공자의 관점에 치우친 구성의 보완 방향도 함께 제시해 주었다. 특별한 고마움을 표하지 않을 수 없다.

박명주 대표(Tandem Investors)와 그의 동료는 정제되지 않은 논리의 나열에 불과했던 초기 원고에 공감하고, 저자가 낙담하지 않도록 성원해주었다. 과연 책이 될 수 있을지 고민하던 시기에 큰 힘이 되었다. 지불토큰에 관한 균형 잡힌 시각, 블록체인 업계에 대한 객관적 평가 등으로도 도움을 주었다.

박준규 상무(삼성생명)는 중앙집중 중개자의 관점에서 블록체인 세계의 여러 주장들의 논리적 약점을 지적해주었다. 블록체인 플랫폼의 한계에 대해서도 직관적인 의문을 몇 가지 제기해 주었다. 또한, 각별한 관심이 아니라면 발견하기 어려운 초고의 허점들을 낱낱이 드러내주었다.

신호식 대표(Tridge)와 함께 플랫폼에 관해 많은 대화를 나누면서 'PART 1', 궁극적으로 책 전체의 논리와 스토리를 풀어나갈 중요한 실마리를 찾았다. 플랫폼 불모지 대한민국에서 혁신적인 글로벌 플랫폼을 구축하고 있는 신 대표의 비즈니스가 번창하길 진심으로 기원한다. 그리고 바쁜 와중에도 졸고에 쏟아준 시간과 관심에 대해 특별한 고마움을 전한다. 참고로 Tridge는 3장의 농산업 플랫폼 가상사례에 등장하는 거래주선 플랫폼 T사의 모델이다.

안재빈 교수(서울대 국제대학원)는 원고를 마무리하는, 바둑으로 치면 '끝내기' 단계에서 저자의 짐을 같이 져주었다. 부드럽지만 정곡을 찌르는 코멘트는, 책이 거의 완성되어 가는 단계에까지 남아 있던 허술함을 하나하나 들춰내주었다. 이름을 걸고 책을 낸다는 것은 큰 부담이다. 안 교수께서 준, 불합격은 면한 점수에 안도하고 탈고하였다.

이상목 과장(기획재정부)은 목차 구성부터 서술 방식, 스토리 전개, 주요 논지에 대한 논리적 뒷받침까지, 마치 본인의 일처럼 관심을 갖고 토론하고 대안을 제시해주었다. 그리고 이 책이 가장 중요시하는 '균형 잡힌 시각'이 견지되는지 객관적 시각에서 면밀히 점검해주었다. 원고를 준비한 1년여의 기간 대부분을 한 사무실에서 부대끼며 가족보다 더 오랜 시간을 같이 보낸 동료이기도 한 이 과장께도 특별한 사의를 전한다.

이태희 교수(계명대 경제통상학부)는 초고의 첫 장부터 마지막 장까지 한 페이지도 그냥 넘어가는 법 없이 꼼꼼하게 문체와 표현, 어색한 논리들을 다듬어주었다. 공급망·유통 분야의 생소한 개념들을 이해하는 데에도 도움을 받았다. 아울러 책의 마지막 교정 작업에도 기꺼이 참여해주었다.

최상엽 교수(연세대 경제학부)는 원고 마무리 단계에서 이 책이 세상에 나가도 큰 문제가 없을지 전반적으로 점검해주었다. 덕분에 안심하고 출간을 결정했다. 'PART 4'의 논지를 보강할 수 있는 코멘트와 권위 있는 전문가의 논문도 공유해주었다.

다른 지인들로부터도 다양한 도움을 많이 받았다. 초보 저자를 지인으로 둔 탓에 수고해준 권문연, 김규동, 김문건, 김은한, 박새아, 오준혁, 송한길, 신지훈, 심승현, 이미숙, 이운호, 이재우, 이정우, 홍광표, 황석채. 이분들에 대한 감사의 마음 역시 결코 작지 않다. 이외에도 실명을 밝히지는 못하지만, 책을 쓰기로 결심하고 완성해가는 데에 절대적인 영향을 준 몇 분께도 심심한 감사를 드린다.

가족들에 대한 고마움과 미안함도 크다. 세상 모든 힘든 일들을 다 잊게 해주는 두 아들과, 그 두 아들을 키우는 육아전쟁 속에서도 책 쓰는 일을 이해하고 응원해주며 그 동안 가장 큰 희생을 감내한 아내가 없었다면 이 책은 완성될 수 없었다.

설익은 초고의 작은 가능성을 크게 보고 나남출판사라는 전통 있는 '플랫폼'을 통해 독자들과 '상호작용'할 수 있는 기회를 준, 나남의 조상호 회장께도 마음속 깊이 감사드린다. 나남을 통해 이 땅에 뿌리 내려 자라고 있는 수많은 지식들이, 나남의 숲에서 크고 있는 나무들과 함께 우리와 후손의 삶을 길이길이 풍요롭게 만들어가길 기원한다. 편집부 신윤섭 부장도 얘기하지 않을 수 없다. 그의 섬세한 손길을 거치면서 책이 나남의 품격에 어울리는 모양새를 갖추게 되었다.

아울러 저자의 출판 의도에 공감하고 나남과의 인연에 다리가 되어 준 손영채 선배에게도 고마움을 전한다. 3년 전 워싱턴에서 그와 나눴던 짧은 대화가 씨앗이 되어, 이제 곧 나남의 숲에 옮겨 심어질 묘목 한 그루로 자라났다. 새삼 인연因緣이라는 말의 뜻을 되새겨 본다.

좋은 친구이자 이 책을 리뷰해준 전문가 중 한 명이 이런 얘기를 해주었다. 책을 내는 것, 특히 첫 책을 내는 것은 자식을 낳는 것과도 같다고. 첫 책의 마지막 페이지를 써내려가니 그의 얘기가 가슴으로 이해된다. 일 년이 훌쩍 넘은 기간 동안, 정성을 다해 쓰고 다듬은 자식 같은 책을 이제 세상에 내보낸다. 살아오며 인연 맺은 많은 이들의 도움과 희생을 양분 삼아 태어난 이 책이 새로운 좋은 인연의 문을 열어주길 기대하며 마지막 마침표를 찍는다.

고란·이용재(2018), 《넥스트 머니》, 다산북스.

오세현·김종승(2017), 《블록체인노믹스》, 한국경제신문사.

한국은행(2018), 《암호자산과 중앙은행》.

Accenture(2016), "Five Ways to Win with Digital Platforms".

_____(2017), "Smart Services: Creating Sustainable Customer Value".

Allmendinger, Glen, and Ralph Lombreglia(2005), "Four Strategies for the Age of Smart Services", *Harvard Business Review*.

Alstyne, Marshall W. Van, Geoffrey Parker, and Sangeet Paul Choudary(2016), "Pipelines, Platforms, and the New Rules of Strategy", *Harvard Business Review*.

Back, Adam, Matt Corallo, Luke Dashjr, Mark Friedenbach, Gregory Maxwell, Andrew Miller, Andrew Poelstra, Jorge Tim, and Pieter Wuille(2014), "Enabling Blockchain Innovations with Pegged Sidechains".

Bank for International Settlements(2017), "Central Bank Cryptocurrencies," *BIS Quarterly Review*.

BitFury Group(2015a), "Proof of Stake versus Proof of Work".

_____(2015b), "Public versus Private Blockchains Part 1: Permissioned Blockchains".

_____(2015c), "Public versus Private Blockchains Part 2: Permissionless Blockchains".

_____(2015d), "Smart Contracts on Bitcoin Blockchain".

Blockchain Team(2018), "The State of Stablecoins".

Buterin, Vitalik(2013), "Ethereum White Paper: A Next Generation Smart Contract & Decentralized Application Platform".

Castro, Miguel and Barbara Liskov(1999), "Practical Byzantine Fault Tolerance".

Cowen, Nick(2018), "Markets for Rules: the Promise and Peril of Blockchain Distributed Governance".

Credit Suisse(2017), *Global Wealth Report* 2017.

_____(2018), *Blockchain* 2.0.

Deloitte(2017), "White Paper: The Blockchain (R)evolution - The Swiss Perspective".

Dilley, Johnny, Andrew Poelstra, Jonathan Wilkins, Marta Piekarska, Ben Gorlick, and Mark Friedenbach(2016), "Strong Federations: An Interoperable Blockchain Solution to Centralized Third-Party Risks".

Fernández-Villaverde, Jesús(2018), "Cryptocurrencies: A Crash Course in Digital Monetary Economics".

Financial Stability Board(2018), "Crypto-assets".

Gao, Yuefei, and Hajime Nobuhara(2017), "A Proof of Stake Sharding Protocol for Scalable Blockchains.

Hearn, Mike(2016), "Corda: A Distributed Ledger".

International Monetary Fund(2016), "Virtual Currencies and Beyond: Initial Considerations", Staff Discussion Note.

_____(2018), "Casting Light on Central Bank Digital Currency", Staff Discussion Note.

Juglar, Clément(2006), "A Brief History of Panics and Their Periodic Occurrence in the United States", Hard Press.

Kazdin, Alan(1982), "The Token Economy: A decade Later", *Journal of Applied Behavior Analysis*, No.3, pp.431~445.

Lamport, Leslie, Robert Shostak, and Marshall Pease(1982), "The Byzantine Generals Problem", ACM Transactions on Programming Languages and

Systems, Vol. 4, No. 3.

Nakamoto, Satoshi(2008), "Bitcoin: A Peer-to-Peer Electronic Cash System".

Parker, Geoffrey, Marshall W. Van Alstyne, and Sangeet Paul Choudary (2016), "Platform Revolution: How Networked Markets Are Transforming the Economy - and How to Make Them Work for You", W. W. Norton & Company.

Poon, Joseph, and Vitalik Buterin(2017), "Plasma: Scalable Autonomous Smart Contracts".

Raval, Siraj(2016), "Decentralized Applications", O'Reilly Media.

Schwartz, David, Noah Youngs, and Arthur Britto(2018), "The Ripple Protocol Consensus Algorithm".

Swiss Financial Market Supervisory Authority(FINMA)(2018), "Guidelines for Enquiries Regarding the Regulatory Framework for Initial Coin Offerings(ICOs)".

Weese, Leohard(2017), "Blockchain Forks: How to Upgrade a Network".

World Bank(2017), Distributed Ledger Technology(DLT) and Blockchain.

World Economic Forum(2017), Realizing the Potential of Blockchain: A Multistakeholder Approach to the Stewardship of Blockchain and Cryptocurrencies.

Yang, Bill(2007), "What Is (Not) Money? Medium of Exchange $\neq$ Means of Payment", *The American Economist* Vol. 51. No. 2, pp. 101~104.

이차웅

IMF로부터 구제금융을 받던 해에 서울대 경제학부에 입학했다. 혹독한 구조조정이 계속되던 우울한 시기에 경제학을 공부하는 마음이 가볍지는 않았다. 외환위기 여파가 아직 크게 남아있던 2000년 행정고시에 합격해 이듬해 재정경제부에서 공직을 시작했다. 기획재정부로 이름이 바뀐 그곳에서 지금까지 일하고 있다.

주로 국제금융·외환 분야를 담당했다. 글로벌 금융위기를 최일선에서 대응하는 부서의 일원이었고, 국부펀드 KIC의 해외투자 전문가들과도 함께 일했다. 원화의 국제화, 외환규제 개선 등의 업무도 맡았다. 첫 저서에서 주로 다룬 글로벌 플랫폼, 화폐시스템, 국가 간 자산거래·지급결제 등과 밀접히 연관된 일들이다.

2009년에는 영국으로 유학 가 런던비즈니스스쿨(LBS)에서 2년간 공부했다. 그 기간 BlackRock, Barclays Capital 등 금융투자회사에서 인턴으로도 근무하며 글로벌 금융허브 런던이 어떻게 작동하는지 현장에서 경험했다. 2014년 봄부터 3년 동안은 미국 워싱턴의 IMF에서 이코노미스트로 일했다.

**한국 VS 중국 VS 일본!
아시아 경제를 이끌
나라는 어디인가?**

한·중·일 경제 삼국지

누가 이길까?

안현호(한국산업기술대학 총장) 지음

세계 경제를 움직이는 IT, 자동차, 전자 등의 분야에서
한·중·일 3국의 치열한 전쟁이 시작되었다. 엄청난 물
량공세와 대대적인 개발로 높은 경제성장률을 보이는
중국, 엔저 카드로 전열을 가다듬는 일본, '한강의 기적'
을 이루고 다음 기적을 준비해야 하는 한국. 우리의 위
치는 어디인가? 그리고 이길 방법은 무엇인가?

신국판·양장본 | 320면 | 18,000원

**격변하는 한·중·일
경제 삼국지의 지형,
그 운명을 건 전면전에서
한국경제의 생존전략을
제시한다!**

한·중·일 경제 삼국지 2

새로운 길을 가야 하는 한국경제

안현호(한국산업기술대학 총장) 지음

30년간 한국 경제·산업 분야 정책을 운용해 온 저자가
수많은 경제 전문가들과 함께 4년간의 지적 협업을 통
해 내놓은 역작. 4년 전 펴낸 1권에서는 한·중·일 3국이
상호보완적 협업관계에서 벗어나 생존을 건 전면전을
벌일 것이라 전망했다. 중국의 비약적 발전으로 경제
삼국지의 막이 올랐고 저자는 이번 2권에서 경제 삼국
지의 전황을 살피며 한국경제의 생존전략을 제시한다.
3국이 산업의 주도권을 놓고 벌이는 추격전에 대한 명
쾌한 해설은 이 책의 백미이다.

신국판·양장본 | 488면 | 24,000원

돈과 금융에 대한 가장 쉽고 흥미로운 이야기

금융방정식

사칙연산으로 보는 금융의 원리

손영채(금융위원회) 지음

사칙연산만 알면 금융의 원리가 보인다!
자녀와 함께 읽는 금융생활 지침서

투자 열풍에 휩쓸리지 않고 경제현상의 본질을 제대로 볼 안목과 경제활동을
스스로 경영할 지혜를 선사하는 금융생활 지침서. 누구나 알아야 할 금융의 원
리는 의외로 쉽고 간단한데 이를 제대로 익힌 사람은 많지 않다. 이 책에서는 자
녀들과 함께 쉽고 재미있게 읽을 수 있도록 필수 금융지식을 사칙연산에 비유
해 명쾌하게 정리했다.

신국판 I 308면 I 20,000원

코리안 미러클

홍은주 전 iMBC 대표이사가 쟁쟁한 경제거물들의 생생한 육성을 통해 통화개혁, 8·3조치, 수출정책, 과학기술정책 추진과정을 둘러싼 비화들을 풀어냈다. 크라운판 I 568면 I 35,000원

코리안 미러클 2 도전과 비상

1960~1970년대 순항하던 한국경제호는 살인적 물가폭등과 기업과 은행의 부실, 개방압력 등으로 흔들리기 시작한다. 한국경제 연착륙을 위해 물가 안정, 기업과 은행의 자율, 시장 개방을 추진한 경제정책 입안자들의 인터뷰를 담고 있다. 크라운판 I 552면 I 35,000원

코리안 미러클 3 숨은 기적들

1권《중화학공업, 지축을 흔들다》2권《농촌 근대화 프로젝트, 새마을 운동》
3권《숲의 역사, 새로 쓰다》
전후 황폐한 농업국가에서 경제대국으로서 도약한 대한민국의 발전 배경은 무엇인가? 그동안 제대로 조명되지 않은 대한민국 발전의 역사를 밝힌다. 크라운판 I 각 권 244~436면 I 1권 26,000원·2권 20,000원·3권 20,000원

코리안 미러클 4 외환위기의 파고를 넘어

초유의 외환위기 사태를 극복하기 위해 추진했던 다양한 정책을 이규성, 강봉균, 이헌재, 진념의 생생한 목소리로 들어본다.
크라운판 I 752면 I 39,000원

코리안 미러클 5 한국의 사회보험, 그 험난한 역정

서상목 전 복지부장관, 김종인 전 의원, 정병석 전 노동부차관이 이야기하는 한국 사회보험 역사와 함께, 성장과 복지의 바람직한 관계를 모색해 본다. 크라운판 I 448면 I 28,000원

코리안 미러클 5 모험과 혁신의 벤처생태계 구축

'벤처의 선구자' 이민화 교수, '변신의 천재' 김익래 회장, '벤처 어게인' 장흥순 대표 등의 이야기를 들으며 벤처생태계와 한국 경제의 미래를 설계한다. 크라운판 I 416면 I 26,000원